21세기 新 설문해자

한글과 한문(자)를 창제한 문화민족의 자부심

21세기 新 설문해자

조옥규 著

우리말과 한자는 서로 긴밀한 인과성을 가지고 발전해왔다.
한자는 지난 글이고 한글만이 우리글이라고 주장하는 것은 우리 역사의 무지에서 오는 지독한 편견이다.
원시성 형체 문자를 해석하는 데에는 오히려 우리의 토속적인 말이 진가를 발휘한다. 아니 우리말이 아
니고는 한자의 본 뜻을 도저히 풀어낼 수가 없다.
이것으로부터 우리는 한글과 한자를 동시에 창제한 우수한 문화민족의 후예임을 확인할 수 있다.
우리가 일반 년의 한민족사를 자랑 스럽게 여기는 것은 단순히 그 시대가 오랜 것을 존중해서가 아니다.
그 안에는 금싸라기 같은 소중한 문화유산이 가득 담겨 있기 때문이다.

한자학 문헌들의 해독 길잡이자,
고대 유가(儒家) 경전의 길잡이

브라운힐
BrownHillPub

들어가는 글 9
일러두기　19

1.　문자의 어원

　| 　22
　一　32

1.1.　'│'에서 기원한 한자

부(父) 38　　신(神) 40　　조(祖) 42　　철(屮) 44　　윤(尹) 45
군(君) 46　　군(群) 48　　재(在) 50　　임(壬) 51　　짐(朕) 52
주(舟) 54　　주(柱) 56　　수(壽) 59　　도(禱) 60　　주(籌) 61
집(△) 64　　취(取) 66　　고(高) 70　　상(相) 72　　유(幼) 74
여(余) 75　　려(旅) 76　　성(成) 78　　성(盛) 80　　여(餘) 81
자(子) 82　　신(辛) 84　　제(帝) 87　　산(山) 88　　숭(崇) 90
백(伯) 91

1.2.　'乙'에서 기원한 한자

을(乙) 94　　토(土) 96　　지(地) 97　　진(辰) 98　　모(母) 100
여(女) 102

2. 사람에게서 기원한 한자

인체
천(天) 106 대(大) 108 왕(王) 110 이(夷) 112 구(咎) 115
부(夫) 116

머리
문(文) 118 신(囟) 121 남(男) 122 사(思) 125 흉(兇) 126
창(窓) 127 린(吝) 128 민(奆) 129

눈

신(臣) 130 희(熙) 132 감(監) 134 중(衆) 136 구(瞿) 138

심장
심(心) 139

3. 토템에서 기원한 한자

양(羊)
의(義) 142 선(善) 144 미(美) 146 선(鮮) 148 강(姜) 150

돼지
시(豕) 152 해(亥) 154 저(猪) 156 가(家) 158

새(鳥)
조(鳥) 160 효(梟) 161 척(隻) 162 기(䳌) 164

4. 천문현상에서 기원한 한자

북두칠성
시(示) 166 시(尸) 168 도(屠) 170 미(尾) 172 굴(屈) 173
옥(屋) 174 거(居) 176 시(屍) 178 뇨(尿) 179

5. 제사에서 기원한 한자

제(祭) 182 축(祝) 184 추(醜) 186 전(奠) 188 수(酬) 189
이(彝) 190 단(檀) 192

6. 길흉 제도에서 기원한 한자

아(亞) 198 악(惡) 199 구(仇) 200 아(我) 202 형(兄) 204

7. 나라이름으로 쓰이는 한자

한(桓) 208 조(朝) 214 한(韓) 218 왜(倭) 222 노(魯) 225

8. 주제가 있는 한자

계절
춘(春) 230   하(夏) 232   추(秋) 235   동(冬) 238

방위
동(東) 240   서(西) 242   남(南) 244   북(北) 246

성 · 명 · 정
진(眞) 248
성(性) 250   명(命) 253   정(情) 256
죄(罪) 258   벌(罰) 260
복(福) 261   화(禍) 264   복(服) 265

9. 그 외의 한자

모(旄) 270   역(易) 274   성(聖) 278   화(和) 280   예(禮) 282
소(蘇) 284   공(孔) 288

자(者) 290   서(書) 292   영(永) 294   패(貝) 296   호(虎) 297
향(鄕) 298   지(知) 300   인(寅) 302   재(宰) 303   미(未) 304
화(禾) 305   필(畢) 306   촉(鏃) 307   속(束) 308

곤(鯀) 310   순(舜) 312   근(槿) 315   위(韋) 316   설(薛) 318
전(田) 320   유(兪) 323   파(播) 324   합(盒) 326

찾아보기 329
참고도서 334

들어가는 글

1.

한자의 기원을 밝힌다고 하는 것은 참으로 어렵고 힘든 일이다. 한자의 아류국의 신세에 처한 우리로서는 더욱 그러하다.

우리글이 아니라는 오해로 한때 국민교육에서조차 외면했을 정도로 한자가 소홀히 취급되었을 뿐만 아니라 서구화되어가는 생활의 양태도 한자가 설 자리를 위협하고 있는 실정이다.

한글전용을 주장하는 학자들은 아예 한자를 써서는 안된다고 목에 힘을 준다.

어려움은 이런 외적인 것에만 있는 것이 아니다.

상형(象形)으로부터 시작되는 한자의 특수성 때문에 동굴의 벽화와 초기의 문자는 구분하기조차 모호하며 또 고대에 존재한 것으로 이름만 전해오는 소위 녹서(鹿書), 우서(雨書), 화서(花書), 용서(龍書), 신전(神篆) 등의 문자들과 녹도문(鹿圖文), 가림다문(加臨多文), 설형문(楔形文), 쐐기문, 과두문(蝌蚪文) 등 그 흔적만 남아있는 문자들도 있다.

이렇게 산적한 문제들로 인해 한자의 기원을 명확히 밝힌다는 것은 어쩌면 불가능한 일인지도 모른다.

2.

'한자의 기원'과 관련해서는 몇몇 설화(說話)가 전해온다.

첫째는 '신지(神誌) 혁덕(赫德)'이 한자를 만들었다는 설화다.

「한웅천황의 신하였던 혁덕이 어느 날 무리와 더불어 사냥에 나갔는데 갑자기 튀어 나오는 한 마리의 암사슴을 보고 활을 당겨 쏘려고 했으나 둘러보는 사이에 암사슴의 종적을 놓치고 말았다. 이에 사방을 수색하면서 산과 들을 지나 평평한 모래땅에 이르러 비로소 발자국을 발견하였는데 어지러이 흐트러져 있었으나 향한 곳은 절이 확실하였다. 마침내 머리를 떨구고 침묵 끝에 다시 크게 깨닫고 말하기를 '기록으로 남기는 법은 다만 이것뿐이리라'라고 하며 그날 사냥을 끝내고 돌아와 되풀이하여 다시 깊이 생각하고 널리 만물의 모양을 관찰하여 오래지 않아서 처음으로 문자를 만드는 법을 깨닫게 되었다. 이를 태고 문자의 시작이라 한다. 그런데 후세에는 연대가 까마득히 흘러서 태고 문자는 다 사라져서 존재하지 않는다.」

다음은 '창힐조자설(倉頡造字說)'이다.

「황제의 사관이었던 창힐이 사냥터에서 짐승을 쫓다가 바닷가에 이르러 새와 짐승들이 남긴 발자국을 보고 마침내 문자를 만들었다. 그런데 창힐이 문자를 만들자 하늘에서 곡식이 비처럼 쏟아져 내리고 밤중에 귀신들이 울고 다니는(天雨粟, 鬼夜哭) 커다란 사건이 일어났다. 사람들은 곡식이 하늘에서 쏟아져 내린 것을 두고는 문자를 발명한 것을 하늘이 축하하여 그런 것이라고 해석하였다.

귀신이 밤에 울고 다닌 것에 대해서 사람들은 두 가지로 해석하였다. 사람이 문자를 발견하게 됨으로써 이제 더 이상 귀신을 존경하지도 섬기지도 않게 되었으므로 이를 서러워하여 울고 다녔다고 하는 것이며, 또하나는 '鬼'자가 '兎'자와 비슷하므로 兎자를 잘못 쓴 것으로 사람들이 문자를 쓰게 됨으로써 붓이 필요할 것이고 붓을 만들기 위해서 양질의 토끼털이 필요 할 테니 털을 얻으려고 얼마나 많은 토끼가 목숨을 잃어야 할 것인가를 생각하고 처지가 슬퍼서 밤새도록 토끼들이 울고 다녔다고 풀이하였다.

이는 그 내용의 진실 여부에 관계없이 인간이 문자를 만든 사건이 얼마나 경천동지할 일인지를 말해주는 일화라고 하겠다.」

첫 번째의 설화는 『한단고기』 태백일사 신시본기 제3에 기록된 내용이며, 두 번째의 설화는 『회남자(淮南子)』에 기록된 내용으로 지나인들이 전통적으로 인용하는 설화다. 각각 주인공의 이름이 다를 뿐 그 내용은 비교적 유사함을 알 수 있는데 지나의 지식인들 가운데 이 설화가 진실일 것으로 믿는 사람들은 많지 않다. 다만 한자는 존재하는 것이므로 언제나 그 기원이 화제에 오르고 필요에 의해 만들어진 것이 '창힐조자설(倉頡造字說)'과 같은 이야기라고 여길 뿐이다.

3.   현대적인 시각에서 한자의 기원을 논한다면 인간의 삶의 양태만큼이나 다양한 동기를 인정할 수밖에 없다.
    한자의 상관관계를 살펴서 체계화한 것이 '6서법(六書法)'으로 상형(象形), 지사(指事), 회의(會意), 형성(形聲) 전주(轉注), 가차(假借)를 말하는데 보통 '한자 만드는 법'이라고 한다.

이들을 또 구분하여 상형(象形)과 지사(指事)를 '본체자(本體字)'라 하고 그 외에는 본체자를 이용하여 만든 '용체자(用體字)'라고도 부른다.

따라서 6서법에 의하면 한자는 상형과 지사자로부터 시작되는 셈인데 사실은 상형자가 주를 이루는 까닭에 '한자는 상형문자로부터 시작되었다'고 말한다.

4.   1900년대 초 은허(殷墟)에서 갑골문이 대량으로 발견된 이래 전문가들의 공통된 견해는 '현대 한문의 체계를 갖춘 최초의 시원자는 바로 갑골문'이라고 하는 것이었다.

그러나 갑골문의 위세에 밀려 아직 제대로 인정받고 있지는 못하지만, 오제시기(五帝時期) 금문에 대한 연구가 진행되면서 갑골문보다도 시대가 앞선 고금문(古金文)이 있음이 밝혀졌다.

이 금문이 오제시기(五帝時期)의 원시상형체문자다.

갑골문(甲骨文)과 금문(金文)의 선후관계에 대해서는 그 소재가 짐승의 뼈(거북이나 소의 뼈)와 금속(청동기)이라는 차이에서 오는 선입견 때문에 제대로 평가되지 못했다. 그러나 금문 가운데서는 갑골문보다도 그 글자의 형태가 훨씬 원시적인 모양의 문자가 드러나면서 금문도 시차를 두고 여러 종류가 있음을 알게 되었다.

오제금문(五帝金文, 원시상형체 문자), 은주금문(殷周金文), 춘추금문(春秋金文) 등은 금문을 시대를 중심으로 구분하여 부르는 명칭인데, 이 가운데 오제금문은 은나라 때 주로 사용된 갑골문보다 무려 1000년이나 앞서 사용된 것으로 그 가운데에 '아버지 누구'라는 식의 사람의 이름자를 표시하는 금문이 있으므로 특히 '명씨금문(命氏金文)'이라 부르며 오제금문의 특징으로 삼는다.

명씨금문에 대해서는 곽말약(郭沫若)의 다음 글귀를 참고할 필요가 있다.

"글자는 인명(人名) 이외에 다른 뜻이 없다"

고대인들은 최초로 문자를 만들어 자신의 이름자로 사용하였다는 사실을 제대로 지적한 사람이 바로 정당(鼎堂) 곽말약(郭沫若)이다.

갑골문에 관한 탁월한 연구로 나진옥, 왕국유, 동작빈과 더불어 '갑골4당(甲骨四堂)'으로 꼽히는 대학자의 이 주장은 그 명성에도 불구하고 지금까지 크게 주목을 받지 못했다.

그러나 명씨금문에 대한 연구가 깊어지면서 한자가 사람의 이름자로부터 시작되었다는 주장이 다시 관심을 끌게 되었고, 역사의 초기에 이름자를 만든 사람들은 고대 조선의 왕족으로써 대제사장의 직위를 가지고 하늘과 조상에 대한 제사를 주관했던 사람들임이 밝혀졌다.

이들은 자신의 이름자를 자랑스럽게 여겨 청동 제기나 농기구에 새겨

자손 대대로 전해지기를 희망했다.

    원시상형체금문과 갑골문의 회화성을 살리면서 한 단계 발전한 글자가 '대전(大篆)'이며 대전을 조금 더 간편하게 정리한 문자가 진시황의 통일기에 완성된 소위 '소전(小篆)'이다.

    이때까지만 해도 옛 상형체문자의 형체를 유지하던 한자는 그러나 진시황의 어사(御使)였던 정막(鄭邈)이 '예서(隷書)'로 정리하는 과정에서 대부분 그 회화성을 잃고 단순한 형태로 탈바꿈하게 된다. 이 예서를 또다시 '모범이 될만한 서체'로 정리하여 출현하는 것이 오늘 날 우리가 사용하는 한자로 '해서(楷書)'라 한다.

    원시금문(原始金文), 갑골문(甲骨文), 금문(殷, 周, 春秋金文), 대전(大篆), 소전(小篆), 예서(隷書), 해서(楷書) 등으로 변하는 한자의 이름이 말해주듯 한자는 사실 여러 차례의 가공을 겪게 되고 이 과정에서 본래의 형체를 알아보기 힘들만큼 변화를 거듭하게 된다.

    특히 예서를 만들었다고 전해지는 정막이라는 사람은 진나라에서 감옥의 사무를 담당하는 관리였다. 그가 죄를 범하여 감옥에 갇히게 되었는데 무료한 시간을 면해볼 요량으로 이전에 관리로 근무할 때 보았던 한자들을 조금 더 쉽게 써보기를 반복하였다. 긴 획은 짧게 줄이고 상하로 이어진 결구를 좌우로 정리하는 식으로 모양을 다듬기 시작하였다. 이렇게 해서 진시황에게 바쳐진 글자가 '예서(隷書)'다.

    그 내용을 통달하고 있는 사람이라도 문자를 단순하게 정리한다는 것은 그리 쉬운 일이 아니다. 그럼에도 불구하고 감옥에서 무료함을 달래려고 그냥 정리해본 '예서'는 그 굴절이 얼마나 심했을 것인가. 지금의 한자와 한자의 시원자가 크게 차이가 나는 이유가 또한 이에서 설명이 될 수 있다.

5. 하늘을 나는 날짐승을 통칭 '새'라고 부르는데 하늘과 땅의 '사이'를 자유롭게 왕래할 수 있기 때문에 붙여진 이름이다. 새(사이)는 또 다른 말로 '금'이라고도 한다.

서로 다정한 사이가 깨지면 '금이 갔다'고 한다. 이 때의 금은 사이가 생겼다는 말이다. 그래서 새를 또 금(禽)이라고 한다. 금수(禽獸)는 날짐승과 들짐승을 부르는 말이다.

금(禽)은 또 금(金)이다. 금은 또 쇠다. 쇠는 다시 우리말 사이다.

또 '새'는 해(太陽)를 말하기도 하므로 태양 속에 산다는 새 삼족오(三足烏)의 이야기는 음운학적으로도 풀이가 가능한 이야기다. 어린시절 '형'을 '성'이라고 불렀던 기억을 되살려보면 'ㅎ'과 'ㅅ'의 상관관계를 짐작할 수 있다.

새는 또 '신(新, new)'이다. 해는 매일 매일 목욕을 하고 다시 올라오기 때문에 해는 노상 새로울 수밖에 없다.

새(鳥, 隹 또는 禽)와 사이(間), 해(太陽)와 신(新, new) 그리고 쇠(金)가 서로 의미나 음가를 매개로 연결되어 있음을 알 수 있다.

이런 관계에 대한 이해가 한자를 공부하는데 필요한 선결지식이다. 고대인들이 문자를 만들어가는 과정이 그러하기 때문이다. 음이 같으면 서로 빌려다 쓰거나 의미가 같으면 또 같이 통용하였다.

이렇게 우리말과 한자는 서로 긴밀한 연관성을 가지고 발전해왔다. 한자는 지나글이고 한글만이 우리글이라고 주장하는 것은 우리역사의 무지에서 오는 지독한 편견이다. 원시상형체문자를 해석하는 데에는 오히려 우리의 토속적인 말이 진가를 발휘한다. 아니 우리말이 아니고는 한자의 본 뜻을 도저히 풀어낼 수가 없다.

이것으로부터 우리는 한글과 한자를 동시에 창제한 우수한 문화민족의 후예임을 확인할 수 있다.

우리가 일만 년의 한민족사를 자랑스럽게 여기는 것은 단순히 그 시대가 오랜 것을 존중해서가 아니다. 그 안에는 금싸라기 같은 소중한 문화유산이 가득 담겨 있기 때문이다.

6. 　　우리나라에서 금문을 거론할 때는 사전에 두 분 선생님에 대해서 소개하지 않으면 안된다. 한 분은 한족(漢族) 출신의 소설가 낙빈기(駱賓基, 본명 張璞君) 선생이며 또 한 분은 소남자(召南子) 김재섭(金載燮) 선생이다.

낙빈기 선생은 인문주의의 존재가 의심되는 제도적 한계 속에서도 고대 금문에 대한 연구를 성취하여 『금문신고(金文新攷)』를 펴냄으로써 한자문화권에서 통용되고 있는 한자의 원시 상형문을 읽어낼 수 있는 바탕을 마련해 주셨다.

이로써 비로소 동양의 고전처럼 되어있는 전적(典籍)들을 비판할 수 있게 되었으며 마침내 신화나 전설처럼 전해지던 동양의 고대사 즉 삼황오제의 이야기가 실재한 역사적 사실임을 증명하였다.

소남자 김재섭 선생은, 식민사관이 팽배한 척박한 한민족학의 풍토 속에서 일인(日本人)들이 왜곡하여 마침내 신화의 세계로 꾸며버린 고대 조선(朝鮮) 찾기를 염원하던 중 우연히 한 서점에서 낙빈기 선생이 저술한 『금문신고(金文新攷)』를 접하시고 금문 공부에 몰두하셨다.

금문에 대한 연구가 일정 궤도에 오르자 상호 서신교환과 방문토론을 통하여 오제시기(五帝時期)가 곧 고대 조선(朝鮮)이었음을 주장하셨고 낙빈기 선생도 이를 인정함으로써 고대 조선의 실체가 마침내 새 빛을 보게 되었다.

이후 서울의 인사동에 소재한 (사)한배달 강의실에서 금문강의와 기고를 통하여 금문의 보급에 힘을 기울이셨다.

낙빈기 선생에 이어 소남자 김재섭 선생이 금문 연구에 참여하게 되면서 원시상형체금문의 연구는 새로운 국면을 맞이하게 되었다.

우리가 일상에서 사용하는 우리말이 금문을 읽어내는데 크게 도움이 되었기 때문이다.

이것은 물론 두 분 석학의 높은 안목이 이뤄낸 쾌거일 뿐만 아니라 금문과 관련하여 현재 우리가 사용하는 우리말의 가치를 재인식하는 계기가 되었다.

그러나 그럼에도 불구하고 금문이 출토되는 지역의 한계, 기존 학계의 두터운 인식의 벽, 기존 민족사학의 고대사에 대한 인식의 차이 등으로 인해 아직 금문의 위력은 미미하다.

현재까지 밝혀진 금문의 수는 9천여자로 알려져 있으나 이 가운데 풀이가 가능한 글자는 이제 겨우 1000여자에 불과하다.

이것은 금문의 연구가 이제 시작의 단계에 있으며 앞으로 나아갈 길이 멀다는 것과 새로운 가능성이 무궁함을 동시에 말해준다.

따라서 지금까지 밝혀진 내용을 가지고 동양 고대사 전체를 재단하는 일은 성급하고도 위험한 일이다.

현재로써는 다만 조심스럽게 앞서 언급한 두 분 선생님이 밝혀 놓으신 문자의 시원을 살피는 정도에 머물 것이다.

물론 배경으로 역사적인 사실에 대하여 언급할 수밖에 없겠지만 이 부분은 정말 끊임없는 논쟁의 여지가 남아 있기 때문에 소모적인 논쟁을 피하기 위하여 아직은 가급적 가볍게 여겨주기를 희망한다.

7.　　　　문자는 역사나 사상, 문화, 이념을 담아놓는 그릇인 까닭에 한자를 배우다보면 그 문자에 관련된 인물 즉 문자 탄생의 주체와 만나는 즐거움을 만끽할 수 있으며 그 문자에 녹아있는 그 시대의 역사를 저절로 알게 되는 이로움이 있다.

그뿐 아니다.

글자 하나하나를 형상(形)과 음(音)과 뜻(義)을 따라 접근해 가다보면 어느새 자신을 둘러싸고 있는 두터운 인식의 벽과 그 벽으로부터 저절로 자유로워지는 자신을 발견할 수 있다.

그것은 한자의 연구를 통해 영혼이 자유로워지는 뜻밖의 독특한 체험이며 인간을 둘러싸고 있는 온갖 관념의 벽을 넘어 자유인, 자연인이 되어가는 과정에서 우러나는 자연스런 기쁨이다.

이것은 한자의 연구를 통하여 단순히 한자의 뿌리나 고대 역사를 알게 되는 정도에 그치는 것이 아니라 바로 인식의 주체인 나 자신의 존재에 대한 새로운 이해를 의미하는 것이며 기존의 학문이 이룩해 놓은 거짓의 틀을 극복하고 인간본연의 가치를 재발견하는 것을 의미한다.

반면 우리가 고전을 통하여 접할 수 있었던 동양의 가치와 문화에 다소간 가공되고 왜곡된 부분이 포함되었음을 발견할 수 있다.

가공되지 않은 자연 그대로의 원재료를 통하여 우리의 고대사와 직접 대면할 수 있다는 사실은 오늘 나를 감싸고 있는 상식화된 여러 제도와 관념, 문화 그리고 사상의 실상을 직접 들여다보고 비교 비판할 수 있는 안목을 가질 수 있기 때문이다.

학문의 즐거움과 깨달음의 기쁨을 독자들께서 직접 체험해 보기를 희망한다.

모두 고대문자를 배우면서 덤으로 얻게 되는 기쁨이다.

8. 이 책은 저자의 연구서라기보다는 낙빈기 선생과 소남자 김재섭 선생께서 밝혀 내신 것을 독자들이 읽기 쉽도록 약간 정리한 것에 불과하다.

그럼에도 불구하고 격려해 주시고 기다려 주신 주위의 선배, 동지, 친지들께 깊은 감사를 드린다. 이 분들의 격려가 아니었으면 이 책을 내는 일은 엄두를 내지 못했을 것이다.

'아직 완성이 아니고 이제 시작에 있다'는 말로 이 책의 부족함에 대하여 미리 변명하고자 한다.

신시개천 5892(2005)년 7월

桓義 趙玉九

일러두기

1. 설명이 필요한 주요 인물에 대해서는 해당 면이 끝나는 부분에 대강을 소개하였다.

2. 본서의 내용 가운데 기존의 역사 년대 또는 상식과 다른 부분은 금문연구의 결과에 따랐다.

3. 본서는 문자가 만들어지던 당시의 의미를 상고했으므로 현재의 개념 또는 의미와 다른 경우가 있을 수 있다.

4. 통상 '漢字'로 표기해온 '한자'는 새로운 시각으로 다시보자는 의미에서 한글로 '한자'라고 쓰며 필요한 경우 같은 음의 '桓字'로 쓴다.

5. '중국'이란 국호는 명확한 개념정립이 필요한 역사용어이다.

따라서 현재의 중화인민공화국이나 한족(漢族)의 역사를 거론할 경우 중화인민공화국의 본래의 이름인 '지나(支那)'로 표기한다.

大 且 且 且 且 且 且
且 日 日 日 日 日 日
日 丁 乙 庚 丁 巳 巳
巳

且 大 大 中 父 父 父
日 父 父 父 日 日 日
乙 日 日 日 癸 辛 巳
　 癸 癸 癸

大 兄 兄 兄 兄 兄
兄 日 日 日 日 日
日 戊 壬 癸 癸 丙
乙

고대 조선의 왕실귀족의 족보가 새겨진 청동제 병기(창날).
삼병명(三兵名)이라 부른다. 1900년대초 하북성 보정에서 출토되었다.

문자의 여명

한자를 공부하는데 있어서 누구나 겪는 이려움의 하나는 한자의 모양(形)과 음(音)과 의미(義)에 대하여 일목요연한 설명을 들을 수 없다는 것이었다.

그러나 우리 고대사와 원시상형체 금문(金氏金文)의 인구가 깊어지면서 초기의 한자는 사람의 이름자인 'ㅣ'과 'ㅡ'로부터 비롯되었음이 드러났고, 이들로부터 만들어지는 한자들의 모양과 음과 의미에 대하여 어렴풋이나마 그 연원을 살피는 것이 가능하게 되었다.

①뚫을 곤
②정수리 신
③물러날 퇴
④하나님 신

필경 문자라는 것이 시대적 산물이므로 'ㅣ'자는 그럴만한 배경을 가지고 있을 것이지만 우리의 고대사를 몽땅 잃어버려 한자가 만들어지던 당시의 역사나 문화, 철학 등에 아무런 연고를 내세울 수 없는 우리로서는 기존에 알려져 있는 사실을 먼저 살펴보는 것이 도움이 된다.

이 글자에 대한 자전(字典), 옥편(玉篇), 사전(辭典)류의 풀이로는 대체로 다음과 같이 요약 정리할 수 있다.

'ㅣ'
셈대세울 곤(袞, 象數之縱也)
위아래로 통할 곤(囟, 上下通也)
위로 그어 정수리 신(囟, 引而上行 讀也 囟)
아래로 그어 물러날 퇴(退, 引而下行 讀也 退)

'ㅣ'자가 가지고 있는 알 듯 모를 듯한 여러 의미들에 대하여 한번쯤 의문을 가져볼 만도 했지만, 그러나 'ㅣ'자의 정체를 파악하기 까지는 명씨금문의 연구 결과를 기다려야만 했다.

명씨금문에 의하면 'ㅣ'은 동양사의 초기에 문자를 만들어 사용함으로써 문명의 씨앗을 심은 신농(神農)씨의 이름자다.

사람들은 그를 '염제(炎帝)'라 부르며 그의 업적을 기리고 존경을 아끼지 않았다.

염제(炎帝)란 다른 말로 '불임검'인데 불임검은 또 '밝임검'이며 또

'배달임금'을 의미함으로 우리 배달겨레의 기원과는 어떤 관련이 있는 것인지 지속적인 연구가 필요하다. 그 관계가 드러난다면 한자의 기원과 관련해서 기존의 인식을 재고하는 계기가 될 수도 있을 것이다.

1) 'ㅣ'은 불임검의 이름자

인류 최초로 이름자를 갖게 됨으로써 새 문명의 기원을 이룩한 역사적인 인물은 불임검(炎帝 즉 밝임검, 배달임검)이라는 존칭으로 불리는 신농(神農)씨로 그 이름자가 'ㅣ'이다.

동양 역사의 막을 연 소위 삼황오제(三皇五帝) 중의 한분으로 칭송되는 신농씨는 사상 처음으로 자신의 이름을 표시하는 방법을 만들어냈을 뿐만 아니라 사람에 이어서 다른 사물에 대해서도 비로소 이름을 붙여 부르기 시작하였다.

'ㅣ'의 옛글자

사람이 자신의 이름을 표시할 방법을 알기 이전에 자연이나 사물의 이름을 먼저 사용했다고는 볼 수 없으므로 이때부터 비로소 삼라만상이 자신의 속성에 맞는 이름을 갖게 되었다고 말한다.

농경과 목축을 가르쳐 여기저기 떠돌아다니며 살던 유목생활을 접고 한곳에 정착하여 생활하도록 새 삶의 방식을 개척함으로써 동양 문명이 싹틀 기반을 마련하였을 뿐만 아니라, 하늘과 조상에 대한 엄중한 제사로 인간의 근본에 대하여 잊지 않도록 하였으며, 시장을 열어 화폐경제의 기초를 닦고 차(茶)를 음용토록하여 백성의 건강을 돌본 불임검의 이름자 '│'을 사람들은 '꾼'이라 불렀다.

'꾼'이란 적어도 어떤 분야에 '귀신같이 도가 트인 사람'을 부를 때 쓰는 호칭이다.

역사적으로는 인류 최초로 자신의 이름자를 만들어 사용하고 온갖 사물의 이름을 지어 부름으로써 문명의 기원을 연 신농씨로부터 기원한 호칭이다.

그러나 역사를 잃어버리면서 '│'자가 가지고 있는 '꾼'이란 음가는 사라지고 '전문 기술을 가진 사람'을 일컫는 존칭은 비칭(卑稱)으로 전락하고 말았다.

2) 상형으로 본 '│'

한자가 만들어지는 과정을 논리적으로 체계화한 '6서법' 가운데 상형(象形)과 지사(指事)를 '본체자(本體字)'라 하고 회의(會意), 형성(形聲), 전주(轉注), 가차(假借)를 본체자를 이용하여 만든 '용체자(用體字)'라 하므로, 용체자를 제외하면 한자는 본래 상형(象形)과 지사(指事)에서 시작되었다는 말이 되며 이 가운데서도 상(上)·하(下) 등과 같은 몇몇 지사자를 제외하면 결국 한자는 상형자에서 시작되었다는 말이 된다.

그렇다면 불임검의 이름자인 '│'은 무엇을 상형한 것일까?

• 나무 또는 기둥

신농씨의 이름자인 '│'은 신농씨 때 비로소 떠돌이 생활을 마치고 정착생활을 시작하였으므로 이를 기념하여 '입주정거(立柱定居)'의 상징인 '기둥'을 자신의 이름자로 삼았다.

나무 또는 기둥의 형상을 이용한 문자의 발전과정이 그 사실을 입증한다.

$$| \rightarrow Ψ \rightarrow Ψ \rightarrow 義 \rightarrow 相$$

| : 나무 또는 기둥을 세워놓은 모양으로 신농씨의 표시

Ψ : 나무에서 싹 또는 가지가 돋아나는 모양으로 신농씨의 아들 표시

Ψ : 나무에 씨앗이 잉태된 모양으로 신농씨의 손자 표시

義 : 재상이 되었음을 눈(目)으로 표시한 모양으로 신농씨의 증손 표시

이런 과정을 통해서 만들어지는 한자가 '相(상)'이다. 명씨금문에 나타난 이름자를 토대로 밝혀낸 '相'자에는 이렇게 신농씨로부터 4대에 이르는 후손들의 이름이 고스란히 담겨있다.

마치 나무줄기에서 가지가 나서 열매를 맺고 마침내 새 생명이 탄생하는 듯한 과정이 눈이 보이듯 선명하게 그려지지 않는가!

• 남성의 성기(性器)

인간의 자기 혈통에 대한 애착은 본능적·원초적이면서도 성스러운 것이다. 따라서 생산의 직접 도구인 남녀의 성기를 신성시하고 숭배하는 것은 당시로서는 자연스러운 것이었다. 지금은 거짓과 위선이 활보하는 세상이므로 정말 성스러운 것은 부끄럽게 여기게 되었지만.

남자의 성기를 우리말로는 '자지(自持)'라고도 하고 '좆(god)'이라고도 하는데, 신농씨의 'ㅣ'이 남성의 성기 모양을 본뜬 문자라는 사실은 다음의 문자들이 증명한다.

$$① \ | \rightarrow 人 \rightarrow 父$$
$$② \ | \rightarrow Ω \rightarrow 且 \rightarrow 且 \rightarrow 祖$$
$$③ \ | \rightarrow Ω \rightarrow 且 \rightarrow 且$$
$$④ \ | \rightarrow | \rightarrow | \rightarrow 在$$

이 때의 'ㅣ'은 반듯한 기둥의 형상이 아니고 중앙이 조금 도드라져 보이는 즉 내부에 씨앗과 같은 생명체를 간직한 모습이다.

'十'이란 그런 글자다. 내부가 점점 부풀어 오르다가 결국은 닫힌 문

을 열고 나오게 되는데 '열 십'이란 바로 '열 개(開)'와 같은 말이다.

지금은 상스런 말이 되어 사용을 꺼리지만 우리말 '씹'이란 남자와 여자가 만나 새로운 생명을 탄생시키는 성스런 행위를 일컫는 말인데, 그 말속에는 '새로운 세상으로 향한 문을 열다'라는 뜻이 내포되어 있다.

『설문해자(說文解字)』의 'ㅣ'의 풀이에 '종구자지야(從臼自持也)'라는 글귀가 있다.

이 말을 그대로 풀이하면 '여성의 보지(寶地 또는 保持)를 쫓아 자지(自持)라 한다'가 된다.

지금 우리의 정서로는 '보지·자지'하면 얼굴을 붉히게 되지만 문자가 만들어지던 당시 이런 표현들은 왕실에서나 사용하는 고귀한 표현들이었다. 우리의 바탕이 고대 문명을 창시한 왕족들이었으나 온통 뿌리를 잃어버리고 자신이 누구인지도 모르다보니 어리석게도 그런 표현들을 부끄러워하게 된 것이다.

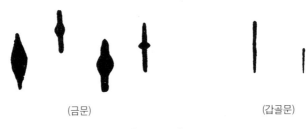

(금문) (갑골문)

'ㅣ'의 옛글자들

모든 동물들이 자기 종족의 보존을 위해 진화해왔다고 하는 것은 상식에 속하는 이야기다.

인간도 이에서 크게 다르지 않다. 인간이 생산에 관련된 기관을 성스럽게 여겼으며 이 기관으로 자신의 상징을 삼았다고 하는 것은 당시로서는 당당한 일이었다.

종족보존의 관념이 문자에 반영되었다고 하는 것은 오히려 문자의 기원이 인간의 본질에 바탕을 두고 있음을 입증하는 살아있는 증거라고 할 수 있겠다.

3) 'ㅣ'의 변화

'시작이 반이다'라는 우리 속담은 세상만사 시작이 어렵다는 것을 단적으로 말해준다.

그러나 일단 신농씨가 문자에 대해 눈을 뜨게 되면서 문자의 사용은 왕실 귀족들을 통하여 점차로 확대되어가기 시작하였다.

신농씨가 'ㅣ'을 자신의 이름자로 사용하면서 'ㅣ'은 신농씨의 자손들의 이름자에 쓰이기도 하였으며 다양한 모습으로 변하여 새로운 개념들을 표현하는데 사용되었다.

다음은 신농씨의 부호인 'ㅣ'이 변화하는 모습이다.

ㅣ → ㅓ → Ⴍ → Ꙅ → Ꙅ → Ꙅ → Ꙅ
→ Ꙅ → Ꙅ → ㄹ → Ꙅ → 몸 → ⓜ

초기의 단순하던 모양이 점차 복잡해져가는 것은 사람들의 관념이 이미 복잡해져 가고 있음을 말해준다.

1. 동양의 역사는 염제 신농으로부터

동양의 역사에 약간의 지식이 있는 사람들은 의례히 '동양의 역사는 삼황오제 (三皇五帝)로부터 시작되었다'고 말한다.

삼황오제란 복희(伏羲), 신농(神農), 황제(黃帝) 세 황(皇)과 금천(金天), 고양 (高陽), 요(堯), 순(舜), 우(禹) 다섯 임금을 말하는데, 이런 지식의 근거는 아마도 사마천(司馬遷)의 『사기(史記)』에서 기원한 것으로 보인다.

사마천은 『사기(史記)』에서 '염제(炎帝)의 덕이 쇠해지자 천하가 황제(黃帝)에 게 복종하였다'고 하여 황제로부터 동양의 역사가 시작되었다고 기록하였다.

그러나 사마천은 황제를 높이려는 의욕이 앞서 황제보다 앞에 염제가 제위에 있었던 사실을 언급하는 중대한 실수를 저지르고 말았다.

동양사의 기록은 당연히 황제보다도 앞선 염제로부터 시작해야 했음에도 염제를 의도적으로 제외해 버렸던 것이다. 그의 이런 실수는 역으로 동양의 역사가 염제로부터 시작되었음을 입증하는 단서가 되고 말았다.

다만 황제의 역사는 기록으로 남고 염제의 역사는 기록에서 제외됨으로써 신농씨에 대한 사실은 많은 부분 기록에서는 사라져갔으나 민속에, 문자에, 전설에, 사람들의 뇌리에 남아 기나긴 세월을 견디어 내고 있는 것이다.

2. 우수인신(牛首人身)의 외모

신농씨의 모습을 나타내는 말에 '우수인신(牛首人身)'이란 표현이 있다. 이 때문에 사람들은 신농씨가 마치 머리에 두개의 뿔이 난 소처럼 생긴 모습을 떠올리게 된다.

이것은 사마천이 의도적으로 폐기한 신농씨의 이야기가 신화나 전설로 전해지는 과정에서 불가피하게 겪게 되는 신화화의 산물이다.

염제 신농씨는 4500여 년 전 지금의 호북성 수현(隨縣) 역산(歷山)에서 양(羊)을 토템으로 하는 부족의 일원으로 태어났으며 섬서성 기산 아래 강수(姜水)라는 물가에 내려가 성장기를 보냈다.

이런 이유로 신농씨의 성을 '강(姜)'이라 했다고도 하고 신농씨의 어머니가 치우씨 집안의 여인이므로 어머니의 성씨를 따라 '강'이라 했다고도 한다.

장성하여서는 황제족의 임사(妊巳)씨에게 장가들어 중원의 양대 세력의 하나인

황제족과 '합혼족(合婚族)'의 연을 맺게 되었다.

결혼해서는 4명의 아들과 1명의 딸을 두어 모두 하늘의 '태양' 즉 '해'로 이름을 지었는데, 희화(羲和) 주(柱), 해(亥), 희(熙), 수(脩), 뉘조(嫘祖)가 그들이다.

그러나 먼저 정착생활을 시작한 염제족과는 달리 전투적이고 아직도 떠돌아다니던 습성을 버리지 못한 황제족과의 정치적인 갈등이 깊어지자, 사위이며 황제의 아들인 소호(少嗥)씨에게 제위를 물려주고 호북성 대파산으로 들어가 차(茶)를 비롯하여 약초(藥草)를 기르며 약성을 파악하여 백성들의 건강을 돌보는 일로 여생을 보냈다.

3. 신농씨로부터 기원한 것들

한 때 지나인들의 훼방으로 역사의 기록에서조차 제외되는 대우를 받기도 했지만 그러나 동양에서 최초로 문명의 싹을 키운 신농씨의 역사는 사람들의 입에서 입으로 전해지면서 불멸의 명성을 이어오고 있었다.

다음은 신농씨로부터 기원한 인류 문명의 자락들이다.

1) 문자(文字)의 기원

언제부터 인류가 문자를 사용했는가 하는 것은 역사학의 중요한 주제의 하나인데, 고금문 가운데 명씨금문에 대한 연구가 진행되면서 소위 한자는 염제 신농씨로부터 시작되었음이 밝혀졌다.

염제 신농씨야말로 최초로 문자를 발명하여 자신의 이름을 표시함으로써 비로소 사람들이 이름자를 표시하는 기원을 이루었으며 이로부터 '역사'가 시작되었으므로 역사는 신농씨로부터 시작되었다고도 말한다.

2) 농경(農耕)의 기원

인류의 역사 가운데는 인류의 생활방식을 송두리째 뒤바꾸는 큰 변화 예를 들면 모계사회에서 부계사회로의 전환과도 같은 큰 변화가 있었는데 그 가운데 첫 번째 변화로 '농경'의 시작을 꼽는다.

인간이 역사를 시작하기 이전에는 야수와 같이 생활했다고 하는 것은 다 아는 일이다.

먹이를 찾아 여기 저기 떠돌아다니며 살았으므로 동물들의 삶과 크게 다를 바가 없었던 것이다.

그러다가 마침내 농경을 시작하게 됨으로써 정착생활이 가능해졌으며 정착생활

이 가능해짐으로써 인류가 여유를 가질 수 있었고 문화나 문명이 싹틀 수 있는 배경
이 되었다고 하는 것이 인류학의 주장이다.

동양사에서 최초로 정착생활을 시작한 집단이 신농족이라는 사실은 문자의 연구
로도 입증이 된다.

정착과 농경을 뜻하는 '입주정거(立柱定居)'의 상징이 ' | '이다.

머리에 뿔이 난 것처럼 묘사되는 신농씨의 모습은 신농씨 때 이미 가축(소)을 이
용한 농사(牧畜)가 시작되었음을 말해주는 또 다른 증거이며 '뿔' 또한 '불'로써
'염제(炎帝)'라는 호칭이 '불임검'이므로 '뿔'이라는 이름도 신농씨의 호칭으로부
터 기원하였음을 알 수 있다.

3) 차(茶)의 기원

정치에 회의를 느낀 신농씨가 제위를 물려주고 호북성 대파산으로 들어가 약초
를 기르며 약성을 파악하여 백성들의 건강을 돌보았다는 이야기는 이미 널리 알려
진 사실이다.

백가지 풀을 직접 입으로 맛을 보고 약성을 파악하는 과정에서 때로는 풀독에 중
독이 되어 고생하다가 '차(茶)'를 마시고 독을 풀었다.

지구상에서 차(茶)를 즐기고 배우는 사람들이 염제를 '차신(茶神)'으로 모시는
까닭은 이처럼 일일이 맛을 보아 먹어도 괜찮은 풀과 먹어서는 안되는 풀을 가려주
신 신농씨의 공을 기억하기 위한 것이며 우리 한민족의 민속에 명절날 조상에게 드
리는 제사를 '차례'라고 부르는 것 또한 염제 신농씨를 제외하고는 생각할 수 없다.

4) 시장(市場)의 기원

'신농작시(神農作市)'란 '신농씨가 시장을 열었다'라는 말로써 신농씨 때에 이
미 시장에 대한 개념이 성립되어 있음을 말하는 것이었으나 많은 지식인들은 신농
씨 때에 시장이 들어섰다는 말에 대하여 신뢰하지 않았다.

시장이라는 말 자체가 근대적인 용어일 뿐만 아니라 역사학에서 신농씨란 신화
나 전설 속에서나 존재가 가능한 인물이었기 때문이다.

그러나 신농씨의 이름이 새겨진 화폐가 발견되면서 '신농작시'란 표현이 결코
근거 없이 떠돌아다니는 말이 아님을 알 수 있게 되었다.

청나라 왕실에서 편찬한『사고전서』에 청동기로 만든 신농씨의 화폐가 기록되어
있는데 화폐의 중앙에 신농씨의 표신인 ' | '이 새겨져 있으며, 호미처럼 생겼다하여
'조폐(鉏幣)'라는 이름으로 청나라 황실 내고에 실물이 보관되어 있다.

신농씨 때에 이미 시장이 열렸을 뿐만 아니라 화폐가 사용되었다는 사실은 역사

학은 물론 경제학의 분야에서도 큰 반향을 불러 일으켰다.

기존의 학식이나 입장으로서는 수용하기조차 어려운 일일지 모르나 그러나 이것은 역사적으로 입증되는 엄연한 사실이다.

5) 간지(干支)의 기원

서양의 기년법이 들어온 이후 우리 사회에는 동서양의 기년법이 동시에 사용되고 있지만 유구한 역사와 전통을 가지고 있는 우리 한민족은 우리 고유의 기년법을 가지고 있었다.

그것이 곧 '간지기년법'이다.

간지가 고대 동방사회의 수사(數詞)로 사용되었다고 하는 것은 널리 알리진 사실이다. 심지어 주역보다도 60갑자의 실용이 앞섰다는 이야기도 있다.

그런데 우리 고유의 기년법인 간지 기년법은 언제부터 시작되었을까? 어느 해 무엇을 기준으로 간지의 첫 번째 '갑자(甲子)'년을 시작했을까? 그리고 그 첫 해를 찾는 것이 가능할까?

무언가 특정한 기준이 없이 간지의 중간쯤에서 불쑥 시작했을 리가 없으니 지금으로부터 간지를 역으로 셈해 들어간다면 언젠가는 처음 시작했던 년도를 만나게 될 것인데 간지가 60진법임을 고려하여 60년씩 반복해서 옛날로 뒤돌아 간다면 처음으로 시작되었을 것으로 보이는 몇 개의 '갑자(甲子)'년을 만날 것이다. 한국기원으로 지금이 9202년이므로 이를 60으로 나눈다면 적어도 156회 이상의 갑자년이 있었던 셈인데 과연 간지로 셈하게 되는 첫해는 언제일까?

고대 문자 연구를 통해 확인된 바에 따르면, 염제 신농씨가 산동성 곡부로 장가들어 나라를 세운 첫 해가 기원전 2517년이며 지금으로부터 간지를 역으로 추산해 들어가면 이 해가 '갑자년'이 되므로 동양에서 간지 기년법이 시작된 것이 바로 신농씨가 나라를 세운 이 때로부터일 것으로 추측한다.

신농씨로부터 시작되는 여러 가지 의미있는 사건들과 또 고대에 처음으로 나라가 세워진 것의 의미를 생각하면 간지 기년의 기원으로 손색이 없다 할 것이다.

신농씨가 나라를 세운 이 해를 사람들은 '상원갑자(上元甲子)'라 한다.

	① 한(하나) 일	하나, 한번,
	② 첫째 일	처음, 혹시
	③ 오로지 일	
	④ 온(온통) 일	

'一' 은 누에의 신 뉘조의 이름자

남성들이 수렵과 어로를 통하여 먹을 것(食)을 마련하는 동안 여성들은 열심히 '누에'를 치면서 입을 것(衣)을 마련하였다.

그러나 누에로부터 얻어지는 것은 옷감만이 아니었다. 1년을 4시와 12달로 나누는 역법을 비롯하여 자연의 변화하는 이치와 삶의 지혜를 터득하게 되었다.

'누에'를 다른 말로 '잠(蠶)'이라 하는데 이 '蠶'의 다른 표현이 '잠(蚕)'이다. '蚕'은 '天虫'이 합해진 글자로 '하늘벌레'라는 말인데, 동양 역사의 초기에 이 하늘벌레 즉 누에와 관련된 상징적인 인물이 뉘조(嫘祖)다.

뉘조(嫘祖)는 우리말로 '누에할머니'라고 하는데 역사기록에 의하면 불임검 신농씨의 딸이며 황제 헌원의 부인이다.

우리가 손위 여성을 '누님'이라고 부르며 다른 말로 '누이', '누부', '뉘', '누님' 등으로 부르는데 이들 표현이 모두 '누에'로부터 비롯된 것이므로 뉘조는 최초의 '누님'이자 만인의 '누님'이라 할 수 있다.

만인의 누님인 뉘조는, 신농씨가 입주정거의 상징인 기둥과 양물(陽物)로써 자신의 이름자를 삼은 것처럼 누에를 치던 당시의 생활상을 배경으로 누에의 모습으로 자신의 이름자를 삼았다.

그 누에의 모습을 모방한 글자가 '一'이다.

' | '이 최초로 사용된 남성의 이름자라면 '一'은 최초로 사용된 여성

의 이름자다.

‘ㅣ’이 ‘나무기둥’ 또는 ‘남성의 성기’를 상징하는 글자라면 이 ‘ㅡ’은 누에의 모습을 형상화한 글자다.

‘ㅣ’이 ‘신’ 또는 ‘곤(군)’의 음가를 가지고 있다면 ‘ㅡ’은 ‘일’이란 음가를 가지고 있다.

일(一)은 곧 일(日)이며 일(日)은 태양이고 태양은 양(陽)이며 양(陽)은 양(羊)이므로 ‘ㅡ’의 음가 역시 거슬러 올라가면 염제 신농씨로부터 비롯되었음을 알 수 있다.

‘ㅣ’에 이어 ‘ㅡ’을 이름자로 사용한 두 분을 한꺼번에 부르는 말이 우리말의 ‘일꾼’이다.

우리 역사상 최초의 ‘일꾼’은 농경을 시작한 신농씨와 누에를 기르며 옷감을 만든 뇌조를 말한다.

문자로 사용된 누에의 모습

뽕나무를 기르고 누에를 길러 길쌈을 하는 일은 예로부터 여성의 고귀한 임무였다.

궁중의 여성을 두 패로 나누어 서로 길쌈 겨루기를 하여 길흉을 가늠하던 신라의 ‘한가위’ 풍습이나 ‘선잠단(先蠶壇)’을 지어 종묘, 사직에 이어 ‘누에의 신’께 제사를 올린 조선조의 궁궐 예절은 곧 여성들에게 있어서 길쌈의 위상이 어떠한지를 짐작케하는 좋은 증거들이다.

'一'자의 변화

'一'자는 본래 '누에'의 모습을 모방하였으므로 누에의 생태를 살펴보는 것은 '一'자를 이해하는데 도움이 된다.

누에는 뽕잎을 먹고 잠을 자기를 여러 차례 반복하다가 마침내 고치를 짓고 번데기로 생을 지낸 다음 나방으로 다시 태어나 날아다니다가 알을 낳고 알에서 다시 누에가 태어난다.

누에에서 고치로 고치에서 나방으로 나방에서 알로 알에서 다시 누에로의 변화는 '一'자가 다양한 모습으로 변신하게 되는 배경이 된다.

그뿐 아니다. 누에는 먹이를 먹을 때는 일자로 곧게 기어 다니지만 뽕잎을 충분히 먹고 난 다음에는 잠을 자는데 특이하게도 고개를 '乙'자처럼 쳐들고 잔다.

날을 표시하는 한자인 '日'자에 '日'자가 있는데 이는 '一'과 '乙'을 같이 보았던 옛 사람들의 인식의 표현이기도 하며 태양 속에 살고 있다는 전설속의 세발달린 까마귀 즉 '삼족오(三足烏)' 이야기의 배경으로 서로 참고할 만 하다.

신농씨와 신농씨의 딸 뉘조의 이름자로 시작되는 'ㅣ'과 '一'은 이분법적 관념이 보편화 되면서 그 적용 범위를 넓혀 나갔다.

남자에 대한 여자를, 양에 대한 음을, 하늘에 대한 땅을, 좌에 대한 우를, 동에 대한 서를 상징하는 식으로 상대적인 개념이 확대되어 나갔으며 'ㅣ'과 '一'은 양자의 상징부호로 일반화되어 갔다.

동양철학에서 자주 거론되는 용어들 예를 들면, 좌청룡 우백호(左靑龍 右白虎), 남좌여우(男左女右), 건도성남 곤도성녀(乾道成男 坤道成

음양의 개념 비교

ㅣ	天	해(日)	남(男)	양(陽)	건(乾)	아	궁(弓)	좌(左)
一	地	달(月)	여(女)	음(陰)	곤(坤)	어	을(乙)	우(右)

ㅣ	청룡	동(東)	木	○	靑	卯	神	凶	上	父	宇
一	백호	서(西)	金	□	白	酉	鬼	臼	下	母	宙

女), 천원지방(天圓地方) 등의 표현은 서로 상대적인 개념을 설명하는 것인데 그 기원은 신농씨와 뉘조의 표시이자 이름인 '｜과 一'로부터 비롯된 것이다.

뉘조(嫘祖)

'뉘조'는 '서릉씨', '누에의 신' 등 이름 외에 친근한 우리말로 '뽕할메', '누에 할머니'라고 부르는데 여성으로서는 역사상 최초로 이름자를 가진 인물이다.

염제 신농씨의 딸로 황제 헌원과 결혼하였으며 누에치는 일을 주로 맡아 의복사에 신기원을 이룩하였을 뿐만 아니라 천문역법에 대해서도 눈을 떠 동양 정신의 바탕을 마련한 인물이다.

동양의 천문학에서는 하늘을 자미원, 태미원, 천시원 등 3개의 권역으로 구분하여 하늘의 중심을 자미원이라 하는데 이 자미원(紫微垣)의 주인이 곧 뉘조다. '자미원'이라는 말은 '잠의 뜰' 또는 '잠의 궁전'으로 풀이할 수 있는데 이 말은 '잠(蠶)' 즉 누에가 사는 궁궐이란 뜻으로 '뉘조가 거처하는 하늘 궁전'이란 뜻으로 붙여진 이름이다.

동쪽하늘에 있는 창룡 7수 가운데 심수(心宿)를 다른 말로 '대진(大辰)'이라고 하는데 '대진(大辰)'이 또 '큰 누에'라는 뜻으로 곧 뉘조를 말한다.

'辰(진)'은 별뿐만 아니라 년, 월, 일, 시 즉 때를 나타내기도 하는데 그것은 '辰'이 누에를 뜻하므로 누에를 치면서 때를 가늠했던 옛 역사가 반영된 것이다.

우리 민속에는 칠월칠석의 두 주인공인 견우와 직녀의 설화가 있는데 견우는 불임검 신농씨를 말하고 직녀는 누에를 길러 옷감을 만들어 사람을 추위와 더위로부터 보호한 만인의 누님 뉘조의 이야기로 이 두 분의 업적을 세세이 잊지 않으려고 그것을 민속에 심어 우리 곁에 남겨두신 선조들의 배려를 읽어낼 수 있다.

모계사회(母系社會)

인류는 공히 유인원(類人猿)에서 원시인류로 발전하고 재산의 공유를 기초로 하는 모계중심의 사회를 거쳐 사유제를 기초로 하는 부계중심의 사회로, 다시 노예제사회와 봉건제사회를 차례로 거쳐 현재의 자본주의 사회로 발전해왔다는 것이 학계의 공통된 견해다.

특히 어느 종족에게나 약간의 시차는 있을 지라도 반드시 모계중심의 사회에서 '푸나루아'라고 부르는 독특한 결혼제 과정을 거치는 것으로 밝혀졌다.

우리 동양에서는 기원전 2700년경에 이 푸나루아식 가정으로 진입했음을 말해주는 금문이 발견되었는데 이 금문에는 당시의 씨족관계가 나타나 있어 명씨금문(命氏金文)이라 부른다.

이 명씨금문의 내용에 따르면, 노예제와 사유제를 기초로 '대부(代父)'가 집안의 우두머리가 되며 남자가 여자 쪽으로 장가들어 처가의 아들이 되는데 형제가 공동 아내의 공동남편이 되어 서로를 '짝(仇)'이라 부르며 하나의 가정을 이루는 것이 당시의 결혼풍속이었다.

역사적으로는 고대 조선시대에 양족(羊族)과 곰족(熊族) 두 종족이 서로 모계를 중심으로 교차하여 혼인하였음이 밝혀졌다.

그러나 모계 중심의 사회라 해서 정치 경제 등 사회 전반을 여성위주로 이해해서는 곤란하다. 모계사회란 혈연의 계승이 모계를 중심으로 이루어진다는 뜻으로 정치적인 지위는 여자 집으로 장가를 들어온 사위가 계승하여 유지된다.

결혼한 남자를 장인 장모의 입장에서 호칭할 때 '사위'라고 한다. 지금은 '서(胥)'를 주로 쓰지만, 이 '사위'라는 말의 한자 표기는 '사위(嗣位)' 즉 '지위를 계승한다', 또는 '제사지낼 권리를 계승한다'는 뜻이 담겨 있으며 심지어는 제위(帝位)의 승계마저도 '아들'이 아닌 '사위'에게 전하는 것이 당시의 풍속'이었다.

'丨'에서 기원한 한자

丨 → ♈ → ♉ → ♊ → 相

丨 → ♈ → ♋ → ♌ → 旅

丨 → ♍ → ♎ → ♏ → 且 → 且

丨 → △ → ♐ → ♑ → ♒ → 余

丨 → ♓ → ♔ → 聚

丨 → 丿 → ♕ → ♖ → ♗ → 舟

丨 → ♘ → ♙ → ♚ → 幼

丨 → 一 → △

丨 → △ → ▽ → ♛ → 子

丨 → △ → ▽ → ♜ → ♝ → 辛

丨 → △ → ▽ → ♞ → ♟ → ♠ → 帝

父	① 아비 부	만물을 나게하여
	② 늙으신네 부	기른 것,
	③ 남자미칭 보	어른의 존칭

한자를 말하는 대부분의 사람들은 '父' 자를 『설문해자(說文解字)』의 해석에 따라 '손으로 나무막대를 잡고 아들을 나무라는 모습' 또는 '오른손에 채찍을 들고 가족을 거느리는 것' 이라 풀이한다.

아버지의 역할 가운데 가정을 거느리고 자녀를 훈육하는 일이 중요한 것임에는 틀림이 없다. 하지만 어찌 채찍과 회초리가 동원되어야 비로소 가장의 역할이 가능하겠는가!

여기에 나타난 'ㅣ'은 채찍이나 회초리가 아니라 집안의 혈통을 이어주는 씨앗을 전달하는 '남성의 심볼'이다.

우리말의 '아버지'를 뜻하는 '父'는 원시 상형문에서 보듯이 신농씨의 상징 'ㅣ'을 붙잡은 형상이다.

다시 말해 'ㅣ'은 신농씨의 부호이자 신농씨로부터 씨앗이 전해지는 남성 성기의 상징이다. 이 상징을 붙들고 있는 사람이 곧 아버지다. '父'를 '부'로 새김하는 이유도 신농씨의 상징을 '붙들다'에서 온 것이라고 말한다.

父에는 '아비'라는 뜻 외에도 '만물을 나게 하여 기르는 것', '연로한 사람'이란 뜻이 함께 포함되어 있다. 아버지의 본질은 '생명을 나게 하여 기르는 것'이다.

이런 생물학적 기능이야말로 아버지의 속성 중에서도 가장 본질적인 것이다.

신농씨가 아들(역사서에 희화 주씨로 알려짐)을 낳아 지어준 이름이다.
글자의 변화하는 모습은 다음과 같다.

$$| \rightarrow \text{남} \rightarrow 父$$

| : 꾼, 신농씨의 심볼(상징), 신농씨의 이름

남 : 신농씨의 상징을 손으로 붙잡다

父 : 그런 사람이 곧 아버지다. 희화 주씨의 이름자(희화 주씨는 신농씨의 아들)

'父' 자의 쓰임새를 알 수 있는 글자로 순서대로 아버지 계, 아버지 을, 아버지 알로 읽을 수 있다.

① 귀신 신	불가사의한 것,
② 정신 신	정신, 혼
③ 영묘할 신	

'신은 필요적 존재다'라고 선언한 철학자가 있었다. 그는 인간 세상에서 도저히 설명할 수 없는 문제들을 신의 작용으로 돌려버림으로써 문제로부터 벗어나려 하였다.

신은 전지전능하므로 평계로 삼기에는 그만한 대상이 없을 것이지만 과연 신은 그런 존재일까?

'神'자는 '示'와 '申'의 합체로 되어 있으며 '申'은 또 'ㅣ'과 'ㅌㅕ(두 손)'의 합체로 구성되어 있는데 그 변화 과정을 살펴보면 다음과 같다.

$$ ㅣ → ㅌㅕ(\text{탐}, \text{옹}) → 申 → 神 $$

'神'자가 만들어지는 모습

위의 과정을 참고하면 '神'의 중심은 'ㅣ'이다. 'ㅣ'은 신농씨의 표시로써 남성의 상징(男根)이며, 'ㅌㅕ'은 두 손으로 받든다는 개념과 확(臼)을 의미한다. '示'는 '申'의 의미를 나타내는 부수(示항목 참조)로서 '하늘의 해와 달과 별과 같은 존재'라는 의미를 나타낸다.

이들 각각의 개념을 모아보면, '神'이란 불임겹 신농씨를 두 손으로 받들어 모신다는 개념을 말하는 것이며 돌아가서서 하늘의 해와 달과 별이 되어 다시 인간 세상을 비추는 신성한 조상을 말한다.

신농씨의 상징을 두 손으로 보호하는 까닭은 그것이 신성하고도 소중한 씨를 보유하고 있기 때문이다.

그뿐 아니라 두 손은 변하여 여자를 상징하는 '臼(확 구)'가 되는데 확과 절구공이의 결합은 곧 음양의 결합을 의미하므로 '神'자는 또 내게 생명을 주신 조상, 부모를 의미하는 글자로 풀이할 수도 있다.

'신'이란 음가 역시 결국은 씨앗을 의미하는 '시'에서 오는 것이고 '신'은 또 신위나 신주로 남아있는 것에서 유추해보면 죽어서도 영원히 살아있는 한국인 특유의 '영생'의 개념은 이 '씨'에 대한 이해가 전제될 때 비로소 가능한 것이다.

'神'의 옛글자

『설문해자(說文解字)』의 '神'자 풀이에, '천신인출만물자야(天神引 出萬物者也)' 즉 '하늘의 신이 세상 만물을 이끌어 나게 하셨다'는 구절 이 있는데, 이 말은 실제로 세상 만물을 창조한 분이 신이라는 말이 아니 라 태초 이래 존재해온 사물들의 이름자를 지어 부르게 됨으로써 사물들 로 하여금 세상에 다시 태어나는 것과 같은 의미 있는 일을 한 신농씨의 업적을 묘사한 것이다.

후세의 학자들이 '神'의 기본 내용인 'ㅣ'에 대해서 잘 몰랐기 때문에 신의 옛 글자의 하나인 'ᙾ'을 보고 '번개가 칠 때 구름사이로 나타나는 번개 불의 모습'으로 보았다. 그리고는 설명을 덧붙이기를 '옛날 사람들 은 번갯불이 번쩍이는 것은 신(神)이 자신의 모습을 드러내 보이는 것이 라고 여겼기 때문'이라고 하였다. 그러나 번개를 동원하지 않더라도 'ㅣ'은 스스로 다양한 모습으로 우리 생활 가운데 동행한다.

실재하는 신이 있어 그 모습을 보여주는 것인지 아니면 고대로부터 사람의 관념이 문자에 반영되는 것인지는 각자의 상상에 맡긴다.

① 할애비 조	사당,
② 조상 조	시초,
③ 시초 조	근본

　조상이란 혈통을 매개로한 관계 위에 존재하며 그 혈통은 부계중심의 사회에서는 남자의 자지를 통하여 전승된다. 이런 개념을 형상화한 한자가 '祖'다.

　'祖' 자는 '示'와 '且'가 합쳐진 글자로, 중심어인 '且'의 뿌리가 되는 원시상형체 금문은 'ㅣ'이다. 그 변화하는 모습을 살펴보면 다음과 같다.

　① ㅣ → Ω → Ꝉ → 且 → 祖(示+且)
　② ㅣ → △ → A → A → 且 → 祖
　③ ㅣ → Ꝉ → Ꝉ → 且 → 祖

　'且'에 하늘의 해와 달과 별을 상징하는 '示'가 첨가되는 것은 돌아가신 선조들은 모두 하늘나라에 계시다는 관념이 반영된 것이다. 생전의 선조들은 모두 사람(人)이었으나 돌아가시면 신(神)으로 모신다. 선조의 제사 때마다 모시는 '신위(神位)'가 그 증거다.

　혹 '且(차)' 자의 상형 '血'을 근거로 '조상에게 제사지내는 사당'이라고 풀이하는 경우가 있으나 사당의 경우 'ㅅ'와 같이 지붕이 강조된 모습임을 감안한다면 'ㅣ'은 남성의 상징임이 분명하다.
　인도 벵갈이나 네팔의 사원 중에는 '링감'이라고 부르는 남성 성기의 모형을 모신 사당이 있다. 성기의 생산성에 착안하여 풍요를 기원하는 고대인들의 신앙의 한 형태라고 설명한다.

(갑골문)   (금문)   (전문)

'祖'의 옛글자들

이 '링감'이 고대 문자에서 말하는 '且'의 상형이다. 따라서 '且'를 모신 것은 곧 '조상'을 모신 것이며 이것이 원시 신앙으로 발전한 것은 자연스러운 것이었다.

왕릉이나 사대부가의 옛 묘역에 가보면 묘의 좌우측에 박혀있는 둥그런 알 같은 모습의 석물(石物)을 볼 수 있는데 이것이 곧 '링감'이다.

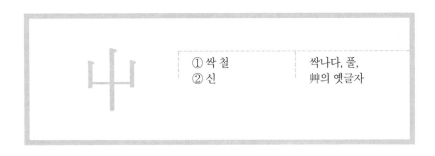

| | ① 싹 철 | 싹나다, 풀, |
| | ② 신 | 艸의 옛글자 |

$$| \rightarrow Y \rightarrow 屮$$

'屮' 자의 변화하는 모습

초목이 처음 태어나는 모양을 상형한 글자로 하나의 줄기에 가지가 나온 모습이다.

'Y'(싹 철)에 뿌리를 그리면 朮, 朿이 되는데 이것이 나무를 나타내는 '木'의 옛글자가 된다.

이 '屮'은 본래는 신농씨의 아들 희화 주씨의 이름이었다. 신농씨를 상징하는 기둥(丨)에 양쪽으로 가지가 나온 모양으로 아들의 이름자를 지음으로써 후손이 나무처럼 번창해 가기를 기원하는 마음을 표현하였다.

지금은 '싹 철', '풀 초(艸)의 옛글자' 정도로 알고 있는 이 글자는 『설문해자』에는 '독약신(讀若囟)' 즉 '신(囟)으로 읽는다'고 되어 있다. 여전히 '丨'과 같은 '신'의 음가를 지니고 있음에 주목할 필요가 있다.

| 尹 | ① 다스릴 윤
② 바를 윤
③ 맡 윤
④ 장관 윤 | 벼슬아치,
미쁨,
참 |

ㅣ → ㄹ → 尹

'尹' 자의 변화하는 모습

　'손에 자를 쥐고 있는 모양을 본뜬 글자. 공사를 감독한다는 뜻에서 다스린다는 뜻을 나타낸다'고 풀이한다.

　실제로 '尹' 자의 상형을 보면 손에 무언가를 잡은 것임에는 틀림없다. 그러나 손에 잡은 것은 '자'가 아니라 신농씨의 상징이다. 손으로 신농씨의 표시인 'ㅣ'의 윗부분을 잡고 있는 것이다.

　그런데 손으로 잡고 있는 위치가 'ㅣ'의 '정수리'쪽에 가까운 모양이므로 이에서 유추해보면 '尹'은 제정일치사회에서의 보다 종교적인 벼슬을 맡은 관리를 나타내는 말이다. 父가 'ㅣ'의 아랫부분을 잡고 있는 것과 비교 된다.

　『설문해자』에서 '尹' 자의 뜻으로 말하는 '치야(治也)', '달야(達也)', '정야(正也)' 등이 지금으로 말하면 전문관리인의 속성을 말하는 것이며 '중정관지장야(衆正官之長也)' 즉 여러 관리 가운데 우두머리라고 하는 설명이 정신적인 지도자로써의 위상을 말해준다.

　고대에는 'ㄱ'과 'ㅇ'와 'ㅎ'은 서로 통용되는 글자였으므로 '윤'이라는 음도 '꾼'과 관련해서 생각해볼 수 있다.

君

① 임금 군　　　봉작,
② 남편 군　　　군자,
③ 그대 군　　　자네
④ 어진이 군

'군자(君子)'라는 말은 동양에서 이상적인 인격을 소유한 인물을 부르는 존칭이다.

이것이 『설문해자』에는 하나의 낱말로써 '君尊也(군존야)'라 표현되어 있다. '君尊'이란 각기 다른 글자가 이미 하나의 용어처럼 되어버린 것으로 의례히 '君'은 '尊'과 더불어 쓰인다는 말이다.

'君'자가 이처럼 당연히 존경받는 존재가 된 것은 어떤 까닭일까?

글자가 만들어지는 과정을 살펴보자.

|　→　阝　→　君

글자의 모양에서 보면 '尹(윤)'자의 변화와 비슷한데 다만 '口'가 하나 더 추가되어 있는 모습이다.

'口'는 '입'을 뜻하기도 하고 또 때로는 '영토'를 의미하기도 하는데, 이 요소로부터 의미를 살펴보면 '尹'자가 불임검의 정신적, 정치적 지도력을 비교적 그대로 계승했다고 한다면 '君'은 점차 정신적인 지도력보다는 정치 성향의 지도력을 지향하고 있음을 말해 준다.

이것은 벌써 제정일치사회에서 제정분리사회로의 진행을 의미한다. 종교적 지도자가 정치적 지도력을 동시에 행사했던 사회로부터 종교와 정치간 업무가 분리되고 벼슬이 세분화되는 현상이 일어났다.

이런 사회적인 변화는 그대로 문자에 반영되었는데 '| → 尹 → 君'으로의 진행이 그것이다.

'君'의 고문인 '鬲'으로부터 '임금이 앉아 있는 모습'이라고 풀이한다.

그러나 이것은 '君'으로 호칭되는 사람들이 정말로 고매한 인격을 갖추고 존경할만한 경지에 올랐기 때문이 아니라 이 글자가 원래 신농씨를 전제로 한 글자이기 때문에 신농씨에 대한 존경의 의미가 글자에 남아 있다고 보아야 한다.

'君'의 옛글자

신농씨가 모든 분야에서의 '꾼'이라고 한다면 '君'은 비교적 정치적인 전문가를 일컫는 글자다. '군'이라는 음속에 여전히 '꾼'의 흔적이 남아 있음을 알 수 있다.

그러나 지나인들은 '君'을 '쥔'이라고 발음한다.

신농씨의 표시인 지휘봉을 '쥐었다'는 뜻으로 풀이 할 수 있다.

| 群 | ① 무리 군 | 무리, 떼, 떼지을, 많을 |

　한가로이 산기슭을 떼지어 옮겨다니며 풀을 뜯는 양의 모습은 평화로운 풍경을 떠올리게 한다. 바보스러우리만큼 착하고 순한 이미지 때문인가? 양은 동양 역사의 문을 연 신농족의 토템으로 선정되는 행운(?)을 얻었다.

　초기에 만들어지는 문자와 민속 등에 양과 관련된 요소들이 많이 포함되어 있는 것은 그런 연유에서다.

　'群(무리 군)'자 또한 무리 지어 다니기를 좋아하는 양의 특성이 잘 반영된 글자다.

　『설문해자』에 '양위군견위독(羊爲群犬爲獨)'이라는 문구가 있는 것을 보면 고대인들은 이미 양의 특성을 충분히 파악하고 있었던 것으로 보인다. 무리를 지어 다니기 좋아하는 양과 홀로 다니기를 좋아하는 개의 특성을 서로 비교한 좋은 표현이거니와 양이 무리지어 다니는 특성이 있음에 착안하여 만든 글자가 '群'이다.

　'정치 지도자가 거느리는 양떼'를 연상시키는 한자로 '무리'를 나타낸다.

　'群'은 좌우결구로 된 문자인데 해서로 만들어지기 전에는 상하결구인 '羣'으로 썼다. 같은 글자다.

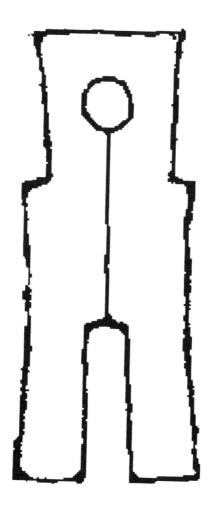

신농씨의 표시(|)가 새겨진 청동화폐.
호미처럼 생겼다하여 조폐(鉏幣)라 하며 청나라 황실 내고에 보관되어 있다.

① 있을 재	있다. 보다,
② 살 재	살피다,
	제멋대로하다

신농씨를 표시하는 '丨' 자는 외관상 반듯한 작대기 모양이나 사실은 그 안에 생명의 씨앗을 내포하고 있는 살아있는 생명체이다.

이런 생명의 실존을 꿰뚫어본 고대인들의 관념이 반영된 글자가 '在' 자다.

내면에 간직하고 있는 생명의 씨앗으로 인해 '있다' 라는 의미를 표현하는 글자로 쓰이게 되었다.

$$丨 → 丬 → 丬 → 在$$

예서(隸書)에서 在는 才(재주, 근본 재)와 土(흙 토)가 합해진 글자로 才는 음을, 土는 뜻을 나타낸다고 말하는데 원래는 신농씨의 상징인 '丨'에서 발전한 글자다.

따뜻한 봄이 되면 뭇 생명을 토해내는 흙의 이미지와 생명의 씨앗을 간직하고 있는 남성의 심볼(丨)의 동질성을 반영하고 있다.

신농씨의 이름자인 '丨'에서 시작되었다.

壬

① 천간 임
② 간사할 임

아홉째천간,
짊어지다,
아첨하다

'壬'자를 '人'과 '土' 또는 '士'의 합체로 보고 '생명이 땅으로부터 나와서 탄생하는 모습'으로 풀이하는 것이 지금까지의 상식이었다.

특히 '壬'의 옛 글자인 '𡈼'는 그런 내용을 반영하는 것으로 자주 인용되곤 하는데, 아랫부분의 '土'에 대해서는 '土'라는 설과 '士'라는 설이 있다.

그러나 어느 경우든 '壬'자는 본래 'ㅣ'으로부터 비롯된다.

여인이 잉태하면 시간이 흐름에 따라 점점 배가 불러 오듯이 'ㅣ'의 가운데 부분이 점차 부풀어 오르고 마침내 위아래의 하늘과 땅에 연결되면 천지간에 책임을 맡은 님(壬)이 된다.

$$ \text{丨} \rightarrow \text{丰} \rightarrow \text{壬} $$

위아래의 '二'는 모계제의 내용인 한 가정의 두 부인을 의미하며 이로부터 아이들이 잉태했다는 의미의 임(姙)이 된다.

따라서 '壬'자의 원래의 의미는 '姙'이었으나 점차 의미가 세분화되면서 '壬'은 '천간'을, '任'은 '일을 맡은 사람'을, 원래의 의미인 '아이를 배다', '임신하다'는 '女'를 추가하여 '姙'을 만들어 쓰게 되었다.

| ① 나 짐 | 천자의 자칭, |
| ② 조짐 짐 | 조짐 |

우리가 스스로를 '나'라고 부르듯이 근엄하신 임금님이 스스로를 말할 때는 '짐'이라 한다.

임금의 이름자는 '기휘(忌諱)'라 하여 일반인들이 사용하면 불충이 되는 것이었으며 '짐(朕)'이란 호칭 역시 임금만이 쓸 수 있는 호칭이었다.

'나 짐', '천자의 자칭', '조짐' 등의 뜻을 가지고 있는 '朕'이 'ㅣ'에서 발전하였다는 사실은 朕의 옛글자인 '朕'의 모습에서 알 수 있다.

① 朕 → 朕 → 朕 → 여(余, 艅, 餘)
② ㅣ → 朕 → 朕 → 짐(朕)

'朕'의 옛글자인 '朕'에서 보면 'ㅣ'을 두손으로 받들어 모시고 잔을 올린다는 뜻이다. '余'자를 '사당에 잔을 올리는 사람이 나'라고 풀었듯이 '朕'도 '사당에 잔을 올리는 제주가 곧 나'라는 뜻이다. 모두 고양씨의 셋째아들 중여 곤이 자신을 '나'라고 부른 것이 계기가 되어 자신을 부르는 호칭의 기원이 되었는데 훗날 순임금의 사위가 순임금을 일컬어 '짐황고(朕皇考)'라 높여 부른 사례가 있다. 고대 사회에 있어서 제사를 전제로 탄생한 문자다.

지금은 누구나 자신을 '나'라고 부르지만 문자가 처음 만들어질 당시의 '余'나 '朕'은 왕실 귀족가운데서 종묘에 제사를 드릴 제사장만이 쓸수 있는 특별한 호칭이었다.

그러나 이 두 글자는 왕실 귀족문자로서의 태생은 같았으나 운명은 달랐다. '余'가 자신을 일컫는 일반명사가 된 반면에 '朕'은 임금이나 천자가 자신을 일컫는 말로 나뉘어지게 되었던 것이다.

'朕'의 옛글자

세계 여러 인종 가운데 제1인칭을 '나'로 당당하게 쓰는 우리 민족은 인류의 정신세계를 이끌어갈 대제사장의 직분을 가지고 있는지도 모른다.

<table>
<tr><td rowspan="2">舟</td><td>① 배 주</td><td>싣다,
술잔을 받치는 쟁반</td></tr>
</table>

넓고 푸른 바다는 보는 것만으로도 마음을 시원하게 씻어주는 맛이 있다. 그런 바다에 해가 뜨거나 또는 해가 지는 장면은 오랜 세월을 뛰어넘어 인간의 시원을 생각하게 한다. 거기에다 두둥실 한척의 배라도 등장하게 되면 그 서정성이란 무딘 사내마저도 금방 시인이 되게 한다.

그런가 하면 두둥실 떠있는 나뭇잎 같은 배는 그 가늠할 수 없는 방향으로 인해 '인생'에 비유되기도 한다. 물결따라 파도치는 대로 떠다니는 모습이 떠오르므로……

그러나 고대인들의 배는 오늘날 우리의 그런 배와는 달랐던 모양이다.

'月'는 고대인들이 그린 배의 모양이다. 그러나 이 배는 바다에 떠다니는 배 이전에 술도가니에 두둥실 떠있는 '술잔'이었다. 넘실대는 파도를 따라 둥실거리는 배와 술도가니에 떠있는 술잔을 동일하게 여겼던 것이다.

그 흔적이 우리 말 '一杯一杯 又一杯(일배 일배 우일배)'에 남아 있다. 풀이하면 '한잔 한잔 또 한잔'으로 '杯'는 '잔'을 나타낸다. 어쩌면 그 음이 또 '배'일까?

$$| \rightarrow 月 \rightarrow 日 \rightarrow 月 \rightarrow 舟$$

'舟' 자의 변화하는 모습

舟에는, '배'와 '술통을 받치는 쟁반', '술 치는데 쓰는 예기(禮器)' 등의 뜻이 있는데 본래 '제사에 올리는 잔'을 의미하는 글자다.

음이 여전히 '주' 음인 것은 신농씨의 표시인 기둥을 뜻하는 '주(柱)'
에서 온 까닭이다.

(금문)   (고문)   (전문)

'舟'의 옛글자들

술잔이 문자의 기원에 참여할 수 있었던 것은 그것이 제사에 사용되
는 제기의 하나로써 신의 음식인 술을 담는 그릇이었기 때문이다.

많은 문자들이 제사를 배경으로 탄생하게 되는 것은 사학자들이 지적
하는 바와 같이 고대국가에서는 전쟁과 제사가 가장 중요한 일이었기 때
문이다.

① 기둥 주	줄기
② 버틸 주	
③ 기러기발 주	
④ 받칠 주	

'썩은 나무로는 기둥을 삼을 수 없다'는 말은 지붕을 떠받치고 있어야하는 기둥의 튼튼해야 함을 강조하는 말이며 '집안의 기둥'이라면 그 집을 지탱해주는 중심이 되는 인물을 말한다.

'입주정거(立柱定居)'라는 말은 인류가 비로소 유목생활을 접고 정착생활을 시작한 사건을 상징적으로 표현하는 말이다. 따라서 '입주(立柱)' 즉 '기둥을 세우다'라는 말은 단순히 말뚝하나 박는 것을 뜻하는 것이 아니라 집이라는 포괄적인 구조물을 의미하며 나아가 정착생활이 시작되었음을 나타낸다.

신농씨와 희화 주씨의 표시 'ㅊ'에다 정옥 고양씨의 표시인 '구슬(●)'이 합쳐져 'ㅊ'가 되었는데, 신농씨와 희화 주씨의 표시는 '나무'라는 의미를 표시하고 고양씨의 '구슬'은 음인 '주'를 나타낸다.

$$| → Ⴤ → Ⴤ → 柱$$

우리말의 구슬을 한자로 표현하면 '주(珠)'가 되는데 구슬과 기둥의 '주'가 같은 음을 갖는 배경이기도 하다.

한편 희화 주씨는 '주'라 부르는 다른 이름을 가지고 있는데 옛문자를 이해하는데 도움이 되므로 덧붙여 설명한다.

'ㅊ' 희화 주씨의 주

이 글자는 4개의 요소가 합해져 이루어져 있는데, 이 요소들을 하나씩 구분하여 설명해보겠다.

우선 머리 부분의 '⅋'은 금문의 통례대로 당연히 본인이 제사지내는 씨족인데, 신농씨가 양을 토템으로 하였음을 기억한다면 양머리의 옆모습임을 쉽게 눈치 챌 수 있을 것이다.

염제 신농씨의 아들 희화 주씨는 교대로 임금의 자리에 오르게 되는 당시의 관례에 따라 제위에 오르지 못한 인물이므로 똑바로 그린 모습이 아니라 옆모습으로 그려졌다. 이 모양은 점차 '머리'를 뜻하는 '수(首)'로 변해간다.

머리를 받치고 있는 다음의 'ㅅ'는 우리가 '사람 인'이라고 읽는 'ㅅ'자다. '인'이라는 음가는 '머리에 이다'고 할 때의 '이다' 또는 '머리에 인'의 '인'에서 온 소리다.

이로써 미루어 알 수 있는 것은 사람이란 '태양이나 신을 머리에 이고 있는 존재'를 의미한다는 것이다.

'柱'의 옛글자

신농씨를 머리에 이고 서있는 기둥이 옆으로 차고 있는 '禾'은 돈 꾸러미와 이을 계(系) 두 가지로 푼다. 먼저 돈 꾸러미로 해석할 경우 동전을 뜻하는 '붕(朋)'의 시원자는 이 돈 꾸러미가 2개(棽) 있는 모습이다. 그러나 주씨의 표시에 나타난 돈 꾸러미는 하나뿐이므로 이 경우는 보통 '반붕'이라 부른다.

한국인이 화폐를 부르는 말이 '돈'이다. 그런가 하면 돼지를 또 다른 말로 '돈(豚)'이라고 한다. 우리 민속에 '돼지꿈을 꾸면 횡재한다', '꿈에 돼지를 보면 재수가 좋다'는 등의 말은 돼지를 뜻하는 '돈(豚)'과 화폐를 뜻하는 우리 말 '돈'의 발음이 같으므로 돼지는 곧 돈을 상징한다고 여기게 된데서 연원한 말이다.

'禾'는 또 '이을 계'로 풀기도 하는데, 이 말은 희화 주씨가 여자 쪽으로 장가를 들어 사위가 됨으로써 '그 집의 대를 잇는다'는 모계중심 사회의 제도를 반영한 글자이다.

맨 밑 부분의 '止'는 신농족의 표시인(族稱) '발 족(足)'이다. '한민족(韓民族)'이라 할 때의 '族'자다. 글자가 만들어지던 초기에는 '足'으로 '발'과 '종족' 모두를 표시하였다. 후에 점차 의미가 세분화되면서 '足'은 '발'만을 표시하고 '族'은 '종족의 표시'로 사용하게 되었다.

희화씨를 '주(柱)'라고 호칭하는 근거는, 『좌씨춘추(左氏春秋)』「소공 29년」에 '열산씨의 아들 주(柱)는 직신이 되어 하나라 이상에서 제사지냈다(有列山氏之子曰柱爲稷 自夏以上祀之)'는 기록에 근거하고 있다.

이상의 역사적 사실을 종합 해보면 신농씨의 이름이 신(神)이고 그 아들 희화 주씨의 이름이 '인(人)'이다. '사람 인'으로 새김하고 있는 이 '인'은 아들인 희화 주씨가 아버지 신농씨 즉 '신'을 머리에 '이고 있다'는 의미이다. 사람을 '인'이라 부르는 시원이 된다.

| ① 목숨 수 | 목숨, 수명, |
| ② 나이 수 | 장수, 오래살다 |

'목숨'을 의미하는 '壽(수)'는 그 획이 복잡하여 쉽게 익숙해지지 않는 글자중의 하나이다. 우리 민속에서 실타래가 장수를 의미하므로 혹 실타래가 아닌가 할 정도로 실타래처럼 여러 줄이 겹쳐 보이기도 하는데 도대체 무엇을 의미하는지 그 모양으로는 감이 잡히지 않는다.

일견 복잡하게만 보이는 '壽' 자도 그러나 금문을 보면 뜻밖에 'ㅣ'이 변한 글자임을 알 수 있다.

'壽' 와 'ㅣ' 과는 또 무슨 관련이 있을까?

그 변화하는 모습을 살펴보자.

$$ㅣ → 乁 → 乢 → 乢 → 乢 → 壽$$

'ㅣ'은 '신'을 표현하는 문자인 만큼 무한한 능력만큼이나 그 변화가 무쌍한데 수차례의 오묘한 변신을 거쳐 만들어진 문자가 '壽(수)' 자다.

우리말에는 '인명은 재천'이라 하여 그것이 신의 영역임을 인정하고 있는데 그러한 내용을 반영하고 있는 글자가 '壽' 자다.

'壽'의 옛글자

| ① 빌 도 | 신명에게 일을 고하고 그것이 이루어지도록 빌다 |

'壽' 자가 신의 표시인 ' ㅣ'이 변해서 된 글자임을 알았으므로 '조상'과 '신'의 개념을 먼저 떠올린 다음에 좌변에 첨가된 의미부호인 '示'를 생각해 보자.

'示(보일 시)' 자는, 하늘의 해와 달과 별이 그 빛을 땅에 내려 비쳐 인간에게 길흉을 알린다는 의미를 가지고 있으므로 이를 종합하면 사람이 빌고 기도하는 행위가 어떠한가를 알 수 있다.

'禱(도)'란 하느님과 조상님 그리고 하늘의 해와 달과 별과 주체인 내가 교통하는 정신적 행위를 말하는 것이다.

| ① 부어만들 주 | 감화도야하다,
인재를 양성하다,
녹 |

鑄의 금문은 ''이다. 두 손으로 '기둥'을 조작하여 쇠붙이를 다루고 있는 형상을 표현하였다.

윗 부분의 'ハ'자는 '규범(規範, 본보기)'을 표시한 것으로 금문의 내용을 토대로 풀이하면, 동양에서 최초로 철을 주조하여 생활도구와 제기를 만들었던 주체가 곧 염제 신농족이라는 표시이다.

『한자정해(漢字正解)』에는, 두 손으로 솥을 잡고 그것을 불 위에 얹어서 금속을 녹인 다음 다시 그 아래에 있는 거푸집에 쏟아 붓고 있는 모습이라고 설명하고 있다. 그러나 이 설명으로는 옛 금문의 '徧'를 설명할 길이 없다.

'金'과 '壽'가 합쳐진 '鑄'는 신이 금속을 가지고 신묘하게 새로운 물건을 만드는 것을 의미한다.

쇠를 녹여 주물을 만들고 거푸집을 이용하여 필요한 새로운 철기를 만드는 일은 당시로는 신의 영역에 속하는 일이었다. 신만이 할 수 있는 이러한 공작을 통하여 기존에 볼 수 없었던 새로운 생산도구나 제기가 탄생하곤 했던 것이다.

'鑄'의 옛글자

동양의 옛 기록에 따르면 '희화씨'는 열산씨의 아들 즉 신농씨의 아들이라 하였다. 희화라고도 하고 희화 주씨라고도 한다.

염제 신농씨는 4명의 아들을 두었는데 각각 희화(羲和), 희(熙), 해(亥), 수(脩)라는 이름을 지어 주었다. 모두 해 즉 태양을 뜻하는 이름이다.

이 네 아들 가운데 가장 큰 아들이 희화(羲和) 주씨이며 1명의 딸이 '뉘조(嫘祖)다. 물론 이 밖에도 더 많은 자녀들이 있겠지만 역사의 기록에는 5명의 자녀만 기록되어 있다.

'희화'라는 이름은 고대 역법의 첫머리에 설화의 형태로 등장하는데, 『여씨춘추(呂氏春秋)』(勿窮篇)에 '황제사희화점일 상의점월(黃帝使羲和占日 尙儀占月)' 즉 '황제가 희화로 하여금 날(해)을 점하도록 하고 상의로 하여금 달을 점하도록 하였다'라는 기록이 있다.

마치 어릴 때에 풀밭에 누워 '저별은 나의 별 저별은 너의 별'하는 식으로 하늘의 별을 마음대로 골라 가졌던 것처럼 고대에 자기의 별을 갖는 다는 것은 커다란 권위에 해당하는 것이었다.

황제의 배려 속에 희화와 상의는 각각 '日(해)'와 '月(달)'을 맡아 주관하게 되었는데 '占'이란 '점치다'라는 뜻도 있지만 '점령하다' 또는 '차지하다'처럼 장악한다는 의미도 있으므로 황제는 희화씨와 상의에게 해와 달과 별을 마치 봉토처럼 분봉함으로써 자기 권위를 세웠던 모양이다.

또 『좌전』의 다음 기록도 희화씨의 역사를 살펴볼 수 있는 주요한 단서가 된다.

유열산씨지지자왈주위직, 자하이상사지, 주기역위직, 자상이래사지,

有列山氏之子曰柱爲稷, 自夏以上祀之, 周棄亦爲稷, 自商以來祀之,

'열산씨의 아들이 있어 주(柱)라고 불렀는데 직(稷)이 되었습니다. 하나라 이전에는 주(柱)를 직신(稷神)으로 모셔 제사지냈습니다. 주나라의 시조 기(棄)도 직(稷)이란 벼슬을 지냈으므로 상(商)나라 이후로는 기(棄)를 직신으로 모시고 제사지내게 된 것입니다'〈소공(昭公)29년(bc513년)〉

'종묘(宗廟)'는 임금이 조상을 모시고 제사지내는 사당을 말하며, '사직(社稷)'은 백성들이 잘 먹고 살 수 있도록 '토지의 신'과 '곡식의 신'에게 제사 드리는 곳을

말하는데 종묘와 사직이 세워져야 비로소 나라의 체제가 갖추어 졌다고 말한다.

나라가 서는데 있어서 기본이 되는 것이 종묘와 사직이다. 나라나 개인이나 모두 뿌리를 소중히 여기기 때문이다.

그런데 고대 하나라 때까지 희화씨를 직신(稷愼)으로 모시고 제사 드렸다는 것이 좌전의 기록이다.

이것은 천지자연에 대한 고대인들의 관념을 이해하는데 있어서 의미심장한 단서를 제공한다.

희화씨가 직신으로 모셔졌으며 상나라 이후에는 또 주나라를 세운 기(棄)를 직신으로 모셨다는 것은 천신과 지신이 결국은 신비한 신령의 세계에 존재하는 것이 아니라 인간의 역사를 반영한 것임을 말하는 것이다.

염제 신농 열산씨는 하늘의 신(天神) 그리고 열산씨의 아들 희화 주씨는 땅과 곡식의 신(稷神)으로 모셔졌다면 이 두 분 부자(父子)를 하늘과 땅을 맡은 신으로 모신 사람들은 누구일까?

이런 신화나 전설 같은 이야기를 남긴 사람들은 고대 조선의 왕족들이다.

그러나 역사에 대한 이해 부족으로 '희화'는 '희' 씨와 '해' 씨로 나뉘어져 두 사람의 이름인 것처럼 번역되고 있다.

	① 삼합 집	집합

『설문』에 의하면 '△'은 '삼합 집(三合也, 讀若集)'이라 읽는다. 이 말은 '△'이 도형이 아니라 세 개의 서로 다른 요소가 합해진 글자라는 것을 의미한다.

'셋을 합하여 집이라고 한다'는 이 말은 무슨 말일까? '△'이 세 개의 요소가 합해져 만들어진 글자라면 요소마다 각각의 의미가 있을 것이다. 이 '△'을 이해하기 위해서 지금까지의 지식을 동원해 보자.

／ → 하늘님, 하늘(天), 아버지 신농, 비칠 별
一 → 하누님, 땅(地), 누님 뉘조, 한 일(日)
＼ → 하날님, 사람(人), 희화 주씨, 파임 불

이렇게 요소를 나누어 놓고 보면 '△'이란 아버지 신농(丨)과 누님 또는 어머니인 뉘조(一), 그리고 신농씨를 머리에 인 자신을 합쳐 만든 희화 주씨의 이름자이며 또 천지인(天地人)의 합체임을 알 수 있다.

천지인은 동양철학의 3요소라고 하며 도형으로 표시하면 '원방각(○□△, 圓方角)'이 되는데, 이들은 서로 각각 이면서도 하늘에는 땅과 사람이, 땅에는 하늘과 사람이, 사람에게는 하늘과 땅이 동시에 내재하는 특이한 관계를 맺고있다.

또 원방각에서는 사람을 '각' 즉 '△'으로 표시하는데 이것은 천지인의 합체(△)이기도 하여 결국 사람을 중심으로 하늘과 땅이 하나가 되는 인본주의를 표방하고 있기도 하다.

천지인의 합체인 '△'은 '집'이라 읽는데 집은 우리가 사는 가정이나 가옥이라는 뜻 외에도 '합한다', '모인다'는 뜻이 내포되어 있다. 그래서 '집합'이란 단어가 쉽게 연상된다.

여기서 우리는 '집'의 개념을 다시 생각하게 된다.

집의 기초적인 기능은 편안한 휴식공간이 아니라 '제사'에 있다. 나라에는 '좌묘우사(左廟右社)'라 해서 종묘와 사직을 두어야 하듯이 개인의 집에는 사당을 두어 하늘과 조상을 섬기는 것이 고대인들의 일상이었다.

별도의 사당이 마련되어 있지 않은 집에서는 대청에서 조상을 모시고 제사를 드렸다. 이 곳이 돌아가신 조상님들의 공간이기 때문이다.

결국 '△'이 가지고 있는 '합한다', '모인다'는 뜻은 당연히 제사를 전제로 한 행위들이다.

집이란 그런 곳이다.

| 取 | ① 가질 취
② 취할 취
③ 할 취
④ 빌릴 취 | 聚 : 모일 취 |

'取' 자는 기존(『한자정해』)의 설명에 따르면, 옛날 중국에서 전쟁에서 상대를 쓰러뜨리면 그 왼쪽 귀를 잘랐으므로 '귀(耳)'와 '손(又)'을 합하여 '가진다'는 뜻을 나타냈다고 한다.

'取' 자가 '耳'와 '又'가 합해져 있으므로 그런 설명을 붙인 모양인데 이 설명은 몇 가지 기초적인 문제점을 알고 있다.

'옛날 중국에서'라는 표현은 막연하고도 정말 무책임한 표현이 아닐 수 없으며, 또 '쓰러뜨린 상대의 왼쪽 귀를 잘랐다'는 표현도 전쟁터에서 한가하게 상대의 귀를 잘랐다는 표현도 이해가 되지 않을 뿐만 아니라, 더구나 왼쪽 귀를 골라 잘랐다는 표현은 더욱 이해하기 어렵다.

'取' 자의 예서체나 소전 또는 대전을 한번이라도 제대로 살펴본다면 '取' 자는 전혀 그런 뜻이 아니란 것을 알 수 있다.

'取'의 옛글자

지금은 학술 용어처럼 되어버린 '취락(聚落)'이란 '정착(定着)'을 뜻하는 말로 요즈음의 마을처럼 사람들이 모여 사는 곳을 말한다.

이 말의 기원은 고대 조선의 정옥 고양씨로 거슬러 올라가는데 고양씨가 자신의 봉지(封地) 이름을 자신의 이름을 따서 '추'라고 부르기 시작한 것에서 기원하였다.

취(取)의 시원자인 '𦥑'은 고양씨의 이름자이며 동시에 고양씨가 봉지(封地)로 받은 지역의 땅이름이다. 사람의 이름과 동시에 그 봉지에도 주인의 이름이 그대로 적용되었다.

취락의 어간인 취의 시원자는 '𦥑'이다. 신농씨의 상징인 기둥(지휘봉, 심볼)을 잡고 있는 모습이다.

'𦥑'는 어떤 내용을 담고 있는지 살펴보자.

$$| \rightarrow 𦥑 \rightarrow 取 \rightarrow 聚$$

'取'가 만들어지는 모습

'|'을 '𠂤'의 반대편에서 잡고 있는 것으로 선대의 이름자를 이용해서 후손의 이름을 짓는 전통에 따라 신농씨의 표시인 '|'을 이용하여 손자인 정옥 고양의 이름자를 지었다. 그 이름이 '𦥑(추)'다.

예서로 고치면서 '取'자가 되었다.

우리말 '취하다', '잡고 있는'이란 뜻의 '취'의 음은 고양씨의 이름인 '주'와 통용자로써 주로부터 추가 되었다. 고구리를 세운 주몽을 '추모'라고 부르는 것이 한 예이다.

정옥 고양씨가 제위를 계승하기 전에 소호씨의 딸 칭씨와 혼인하여 받은 이름자이며 이로 인해 자기 봉토의 이름으로 삼았다.

우리의 성씨에 본관(本貫) 또는 관향(貫鄕)이라 하여 선조가 벼슬하며 살았던 터전을 중요시하는 관례는 이렇게 문자가 만들어지던 당시로부터 이어진 전통이다.

삼황오제(三皇五帝) 가운데 한분인 소호(少暭) 금천(金天)씨는 황제헌원의 아들로 동양의 역사에서는 물론이고 우리 한민족에게 있어서는 성씨의 정점에 있는 인물이다.

선대가 '제천금인(祭天金人)' 하였으므로 '김'을 성씨로 삼았다는 휴저국(休屠國)의 설화 때문이기도 하지만 동양에 거주하는 모든 '김씨'들은 소호 금천씨를 조상으로 받들어 모신다.

특히 한국인의 성씨 분포를 보면, 김(金)씨가 전체 인구의 21.9%, 이(李)씨가 14.9%, 박(朴)씨가 8.5%를 차지하고 있는데, 이씨가 김씨에서 나왔고 박씨 또한 김씨로부터 나왔다고 하니 대한민국 전체 인구에서 이들 세 성씨가 차지하는 비율은 무려 절반에 가까운 45.3%에 달한다.

김씨가 우리나라에서 소위 '삼한갑족(三韓甲族)'으로 손꼽히는 것은 그만한 근거가 있는 말이다.

소호 금천씨의 이름은 '▽己' 또는 '▼己'다. '▽'와 '▼'는 지금 말로는 '帝'라 읽는다. 그러니까 장인인 희화씨의 이름자인 '△'를 가져다가 뒤집어 '▽, ▼'로 하고 모계제의 전통에 따라 자신이 큰부인의 아들이 아니라 작은 부인의 아들이므로 성씨를 '己'로 하였다. '己(기)'란 최초로 나타나는 자성(子姓)인 까닭에 소호금천씨를 또 '자성의 시조'라고도 한다.

'자성의 시조', '김씨의 시조' 외에도 소호 금천씨에게는 '새족의 시조', '새서방' 등의 수식어가 따른다.

＊ 새족의 시조

우리 한민족을 일컫는 말에 '동이조족(東夷鳥族)'이라는 말이 있다. 이 표현은 소호금천씨가 나라의 주요 관직의 이름을 모두 새 이름으로 정하고 새 이름을 이용하여 제도를 표시했으므로 후세에 소호씨로 시작되는 후손들을 '동이조족'이라고 불렀다.

소호씨는 즉위할 때 봉황이 날아들었으므로 이로써 관직명을 모두 새의 이름으로 삼았다고 하는데, 봉황새가 천시(天時)를 알리므로 역정(曆正)의 관직으로 삼았으며, 제비(玄鳥)는 춘분에 왔다가 추분에 가므로 이분(二分)을 관장하고, 백로(白鳥)는 하지에 울어 동지에 그침으로 이지(二至)를 관장하고, 꾀꼬리(靑鳥)는 입춘에 울어 하지에 그침으로 이 사이를 관장하고, 꿩(丹鳥)은 입춘에 왔다가 입동에 감으로 이 사이를 관장하며 뻐꾸기(鳲鳩-시구)는 평균하므로 수토(水土)를 다스리는 사공(司空)을, 매는 치안을 담당(司寇)하며, 축구씨(祝鳩氏)가 초구(鷦鳩·남방 신조로 봉과 비슷함)가 효성스런 새이므로 교육을 담당하는 사도(司徒)의 관직명으로 삼았으며, 국방부장관은 독수리, 교육부장관은 비둘기, 농림부장관은 종다리 등의 방식으로 새의 특성을 살펴 관직명으로 사용했던 것이다.

우리 대통령의 휘장에 '봉황'이 사용되고 있는 것을 보면 소호씨로부터 시작된 전통이 우리의 핏속에 그리고 문화유습에 남아 오늘날까지 전해지고 있음을 알게 된다. 한석봉의 천자문을 인용하면, '조관인황(鳥冠人皇)'의 문구가 바로 소호금천씨의 역사 실질내용을 표현한 구절이다.

* '己姓'의 유래

모계제 특히 푸나루아(양급제)에 의하면, 남녀의 결혼은 남자와 여자가 짝을 이루어 맺어진다. 남자는 삼촌과 조카, 외삼촌과 조카, 형과 아우 등으로 짝을 이루게 되고 여자는 고모와 조카가 짝을 이루는 것이 양급제의 큰 특징이다. [이 때 큰 부인을 모일급처속(母一級妻屬), 작은 부인을 자일급첩속(子一級妾屬)이라 부른다.]

이렇게 짝을 이루어 결혼하여 자녀들을 낳게 되면 큰부인의 자식들은 어머니의 성과 아버지의 씨를 이어 받지만 작은 부인의 자녀들은 성과 씨를 계승하지 못하고 이들이 쓰는 성이 별도로 정해져 있었다.

이처럼 작은 부인의 소생들이 사용하는 성을 '己' 성이라고 한다.

이 '己姓'의 종류에는 己, 巳, 私, 似, 姒, 以, 鷦, 摯, 匕, 比 등이 있다.

우리말의 '사생아(私生兒)'란 아버지가 누구인지 모르게 태어난 아이를 말하는데 이 사생아라는 말에 '사성'의 흔적이 남아 있다.

高	① 높을 고	높다,
	② 비쌀 고	뽐내다,
	③ 뛰어날 고	높아지다

'높이 솟아 있는 누대(樓臺)'의 모양으로 그 속에 있는 '口'는 그 누대에 들어가는 입구의 문이다. 출입문보다 누대는 월등 높다는 데서 '높다'란 뜻을 나타낸다고 설명한다.

상자 위에 또 상자를 높여 쌓은 것처럼 또는 높이 솟아 있어 누각처럼 '높다'는 의미와 잘 어울리는 '高'자는 그 외양과는 관계없이 정옥 고양씨의 이름자에서 기원한다. 고양씨는 아버지인 희화주씨의 이름자 '△'과 장인인 소호금천씨의 이름자 '▽, ▼'을 가져다가 다시 뒤집은 '△, ▲'을 합쳐(상하로 쌓아) 자신의 이름자를 만들었다.

$$△ → ☆ → ⿱ → ⿱ → 高$$

'高'가 만들어지는 모습

△ : 할아버지 신농씨와 뉘조 그리고 아버지 희화 주씨를 동시에 표현한 문자로 희화 주씨의 이름자에 속한다.

우리말로 '집'이라 읽으며, 기하학에서는 '집합'이라고 읽는다.

▽ : 소호금천씨는 희화 주씨의 사위다. 이런 까닭에 희화 주씨의 이름자인 '△'을 가져다가 뒤집은 '▽'으로 자신의 이름자로 하였다.

'▽'이나 '▼'은 같은 표시이다.

△△ : 고양씨 이름자에 등장하는 2개의 '△'는 아버지의 이름자와 장인인 소호금천씨의 이름자를 뒤집어 본래의 모습이 된 '△'을 합친 것이다.

△을 받치는 기둥 '｜'은 조상을 모신 사당에 술잔을 올리는 것을 뜻한다.

다음의 상형문자들로부터 그 기원을 찾아볼 수 있다.

｜ → 𝄢 → 𝄢 → 𝄢 → 𝄢 → 𝄢 → 𝄢

아버지의 이름자를 활용하여 자신의 이름을 지었던 희화 주씨와는 달리 고양씨는 자신의 장인인 소호금천씨의 이름까지 고려해야 했던 것이다. 이것은 정치적인 관계를 고려한 불가피한 배려였다.

(제곡 고신씨의 고)   (정옥 고양씨의 고)

'高'의 옛글자

相	① 서로 상 ② 볼 상 ③ 도울 상 ④ 모습 상 ⑤ 재상 상	서로, 보다, 자세히 보다, 바탕

　내각책임제 국가에 있어서 국정의 책임자는 '수상(首相)'이다. 전통 국가에서는 재상(宰相)이 최고통치자를 대신하여 국정을 총괄하였다.

　이들의 호칭에 공통으로 등장하는 '相'의 의미는 무엇일까?

　'相' 자가 만들어지는 과정을 살펴보자.

$$| \rightarrow \Psi \rightarrow \Psi \rightarrow 相$$

| 은 염제 신농씨의 표시

Ψ 은 염제 신농씨의 아들 희화 주씨의 표시

Ψ 은 희화 주씨의 아들인 정옥 고양씨의 표시

ᘒ 은 정옥 고양씨의 첫 번째 눈(첫째 아들)의 표시

　'相'은 신농씨의 손자인 정옥 고양씨의 첫 번째 아들의 이름자이다.

　정옥 고양씨는 자신의 큰아들 성축을 국정의 최고 책임자로 임명하고 이를 기념하여 '相'이란 이름을 새로 지어 주었다.

　'相'이 주로 하는 일은 국정을 살피는 일이다. 그래서 '相'은 본래 '살 피다'라는 뜻을 가지고 있었다.

　그런데 그 살피는 것이 어느 정도인가 하면 설문의 해설을 빌리면 '물 건 가까이에 눈을 대고 보는 것' 같이 보는 것이다.

　우리말에 '보살피다'라는 말이 있다. 살피는 것은 보는 것이다. 보살

핀다고 하는 것은 부족한 것은 없는지, 불편한 것은 없는지, 어려운 것은 없는지 서로 도와주는 마음으로 보는 것이다.

가까이서 살펴보는 대상이 강조되면서 '서로'라는 의미가 덧붙여졌고 또 서로를 너무 가까이서 살피다보니 그 바탕을 꿰뚫어 알게 되는데서 '바탕', '질'이란 의미가 덧붙여졌다.

관리가 국정을 살피는 마음이 바로 이러해야 한다는 것을 알게 된다.

'相'의 옛글자

幼	① 어릴 유	어리다, 어린아이, 사랑하다

'幺(작을 요)'와 '力(힘 력)'으로 이루어져 아직 힘이 약함을 나타낸 다고 풀이된다.

지금의 글자 모양으로 본다면 가능한 설명이지만 그러나 옛 글자를 본다면 그렇게 요소별로 나누어 설명하는 것이 얼마나 어색한 것인지를 알 수 있다.

$$丨 → 幺 → 幼 → 幼 → 幼$$

'幼' 자의 시원은 신농씨의 표시인 '丨'이다. 우측을 바라보고 신농씨 의 표시인 지휘봉을 잡고 있는 모습이 보이고 다시 좌측을 향한 채 신농 씨의 표시를 잡고 있는 한 인물이 표시되어 있는데 이 인물을 뒤에서 받 치고 있는 손이 보인다.

우측을 향하여 지휘봉을 잡고 있는 인물은 정옥 고양씨의 이름자이 다. 취락의 어간이 되는 '취(聚)'의 시원자이다. 좌측을 향하여 지휘봉을 잡고 있는 인물은 정옥 고양씨의 이름자를 좌우로 뒤집은 글자이다. 금 문의 규칙에 따르면 글자를 뒤집은 것은 아들을 표시하는 방법이다.

따라서 '幼'는 정옥 고양씨의 아들중의 하나이다. 고양씨의 '幼'과 비교하여 아직 머리가 둥그렇게 남아있는 것과 뒤에서 받치고 있는 손은 역시 아직은 부모의 보살핌(손)이 필요한 어린이를 나타내는 절묘한 표 시이다. '幼'를 진나라의 정막이 예서로 고치면서 '幼'로 옮겼다.

'幼'는 역사의 인물인 '중여 곤'의 이름자이다.

<table>
<tr><td rowspan="4" style="font-size:3em">余</td><td>① 나 여</td><td>자신,</td></tr>
<tr><td>② 나머지 여</td><td>餘의 약자</td></tr>
<tr><td>③ 음력4월 여</td><td></td></tr>
<tr><td>④ 편지 서</td><td></td></tr>
</table>

‘余’ 자는 ‘나’, ‘4월’, ‘餘의 속자’ 등으로 쓰이는데 ‘나’와 ‘4월’과 ‘나머지’는 서로 무슨 관련이 있는 것일까?

‘余’ 자가 만들어지는 과정을 살펴보자.

$$| \rightarrow 仐 \rightarrow 夋 \rightarrow 夋 \rightarrow 余$$
$$| \rightarrow 艸仐 \rightarrow 朕 \rightarrow 餘$$

여기에 등장하는 ‘仐’는 ‘△를 모신 사당에 제사 드린다’는 의미인데 비슷한 모습인 ‘艸仐’에서 본다면 제사에 올리는 것은 차(夋)와 술(艸)이다.

이를 토대로 전체의 내용을 정리하면 ‘신농과 희화를 모신 사당에 제사드리는 사람이 나’라는 뜻이다.

‘仐’는 고양씨의 셋째 아들 ‘중여 곤’과 ‘여목(余目)’씨의 이름자이며 최초로 ‘나’라는 호칭을 쓴 사람은 바로 ‘중여 곤’이다. 또 넷째 아들의 이름인 ‘여목’이란 ‘나머지 눈’이란 뜻이다.

이런 배경으로부터 ‘余’는 ‘나 여’, ‘나머지 여’, ‘4월 여’, ‘땅이름 도’ 등의 뜻을 갖게 되었다.

| 旅 | ① 나그네 려
② 여행할 려
③ 군대 려
④ 함께 려 | 군사, 군대, 무리,
많은 사람 |

일상을 벗어나 한번 나그네가 되어 보는 것은 자신을 뒤돌아볼 기회를 갖는다는 점에서도 의의가 있지만 그냥 떠난다는 것만으로도 나름의 즐거움이 있는 법이다.

그래서 '여행(旅行)'이라면 누구나 낯선 곳에서의 즐거움을 먼저 떠올리겠지만 '旅'자의 본래 의미는 우리의 기대와는 다른데 있다.

사전적 의미를 먼저 살펴보면, '旅'자는 '군사 려(여)', '많은', '무리' 등의 뜻을 가지고 있으며 우리나라 군 편제상에 존재하는 '여단(旅團)'을 떠올리면 적당한 의미가 된다.

그렇다면 어떻게 군대의 무리가 여행한다는 '旅'자가 되었을까?

'旅'자의 상형문은 '𣃶'이다. 글자의 모양으로 보면 깃발을 들고 그 아래 두 사람이 걸어가는 듯한 모습이다. 본래는 정옥 고양씨의 둘째 아들 '여'의 이름자이나 이 모습으로부터 깃발을 들고 행진하는 무리를 떠올릴 수도 있는데 더 중요한 것은 이들이 이동하는 목적이다.

$$| \rightarrow \text{𣂺} \rightarrow \text{𣃶} \rightarrow \text{𣃶} \rightarrow 旅$$

旅자는 원래는 천제를 드리기 위해 길을 나서는 행열을 의미하는 글자였다.

고대국가에서 천제(天祭)를 위하여 임금을 위시한 문무백관이 천제 드릴 장소로 행진하는 모습을 상상해 보라.

이것이 '𣃶'자의 기본 내용이다. 이로부터 여행, 나그네, 군대, 무리,

많은 등의 의미가 파생되어 나온 것이다.

뿐만 아니라 '여(旅)'는 제사에 따르는 '예(儀禮)'를 의미하기도 하였다. 왜냐하면 '旅' 자체가 천제를 전제로 한 글자로 천제에는 엄격한 예법이 따를 뿐 아니라 '旅'씨가 원래 제사의 '의례(儀禮)'를 담당했기 때문이다. 이것은 '계산' 씨가 종묘의 사당지기가 됨으로써 사당에 올리는 밥을 '뫼'라고 부르는 것과 같은 것이다.

'旅'의 옛글자

成	① 이룰 성 ② 될 성	이루다, 이루어지다, 정하여지다.

　누구나 인생에서 많은 것을 꿈꾸며 성공하기를 바라는데 성공하는 사람들은 가정의 화목이 무엇보다도 우선되어야 한다고 말한다.

　그러나 성공 여부와는 무관하게 꿈을 갖는 것은 그 자체로 충분히 의미 있는 일이다.

　'成'자는 『설문해자』에서 '취야(就也)' 즉 '성취'와 같다고 풀이하는데 어떻게 '이루다'라는 뜻을 갖게 되었는지 '成'자가 만들어지는 배경을 살펴보자.

$$｜ → \text{Ｙ} → \text{ㅓ乚} → \text{ㅓ乚} → 成$$

｜은 신농씨의 상징

Ｙ은 신농씨의 아들인 희화 주씨의 표시

ㅓ乚은 신농족과 결혼관계를 맺은 소호금천씨의 표시

ㅓ乚은 두 집안의 남녀가 결혼하여 새로이 태어난 자식의 표시

　'成'의 옛 글자를 보면, 신농계 희화 주씨의 이름자인 '깃대'에 소호 금천씨의 성씨인 '己'가 옆으로 붙어 마치 깃발처럼 보이는 가운데에 한 사람이 깃대를 잡고 앉아 있는 모습이다.

　깃대는 대대로 신농씨계의 표시다. 여기에 소호 금천씨의 표시인 '己'를 옆으로 붙임으로써 당시의 제도에 따라 두 집안이 합혼족(合婚族)의 관계에 있음을 표시하였고, 이어서 깃발을 잡고 있는 사람을 그려

결혼관계에 따라 새로 태어난 아이를 나타냈다.

두 집안이 자녀의 결혼을 통하여 화합을 이루었고 나아가 사랑이 결실을 맺게 되었으니 이로써 양대 세력이 원만하게 자신들의 뜻을 이루게 되었다. 이런 의미를 담아 새로 태어난 아이에게 이름을 지어 주었는데 그 이름자가 곧 '成'이다.

'성'이란 음가는 成의 어머니의 이름자인 '칭'에서 온 것으로 '칭'은 또 저울을 말한다.

지나 사람들은 '大成'이란 지명을 '다청'이라고 부르는데 '成'과 '청'은 서로 통용되는 발음이다.

'成'은 정옥 고양씨의 큰아들이며 전적이나 민속에서는 '적제 축륭', '성축', '상(相)'으로 부르기도 한다.

한편 '成'을 도끼와 못의 결합으로 생각하여 '진압하다'로 해석하기도 한다. 일종의 진압에 성공했다는 뜻일 것이다. 그런 까닭에 이 '성'을 전쟁과 관련있는 글자로 보기도 하나 문자의 본질과는 동떨어진 해석이다.

① 성할 성	담다, 채우다,
② 담을 성	바리, 주발
③ 많을 성	

$$| \rightarrow \Psi \rightarrow \Psi \rightarrow \text{戈} \rightarrow \text{盛} \rightarrow 盛$$

깃대아래 깃대를 잡고 있는 한 사람의 모양을 한 것으로부터 '成' 자가 만들어 졌음은 앞에서 살펴 보았다.

특히 ' | '으로부터 시작하여 '成' 자가 만들어지기까지의 과정은 이 책에서 말하려는 것을 상징적으로 나타내 주고 있으므로 분명하게 인식할 필요가 있다.

'盛'은 '成'에서 한 단계 더 발전한 글자로 금문의 특징으로 본다면 '盛'은 '成'의 아들이다.

아버지 성의 이름자를 가져다가 사발(그릇)에 담은 모양을 하고 있다.

'戈'은 '盛(성)' 또는 '우(盂. 바리, 사발)'로 읽는다.

역사 기록에 근거하여 말하면 '成'은 '축륭'이고 '盛'은 축륭의 둘째 아들로 이름을 '오회(吳回)'라고 한다. '축륭'은 정옥 고양씨의 큰 아들이다.

'盛'의 옛글자

①남을 여　　　나머지, 여가,
②다른 여　　　말미, 남다,
　　　　　　　여유가 있다.

汨→舻→餘

　금문에서 보면 '餘' 자는 술잔을 뜻하는 '汨'와 마시는 차(茶)를 뜻하
는 '汆'가 합해서 만들어 졌다.

　제사에 올리는 술과 차에 관한 내용을 반영하고 있는데 중앙의 신주
를 중심으로 왼쪽에 차를 그리고 오른쪽에 술을 올리는 것이 고대 제례
의 규범이었음을 말해주고 있다.

　중여 곤이 고양씨 집안의 제사를 주관하는 책임자가 된 것을 기념하
여 고양씨가 지어준 이름이다.

　'舟'를 '食'으로 바꾸어 쓸 수 있었던 것은 '舟'가 '汨'이고 '食'이
'汆'으로 모두 제사를 의미하는 글자들이기 때문에 가능한 일이다.

　술과 차는 고대에는 제사에 소용되는 중요한 신의 음식이다. 술과 차
또는 술잔과 찻잔으로 상징되는 이 모형이 모여 만들어진 '餘'의 중심
의미 역시 '제사'다. 제사로부터 '남다', '넉넉하다', '여유 있다' 등의
의미가 파생되었다.

　우리 명절에는 '차례'라 하여 조상들에게 예를 올리는 미풍이 전해오
고 있는데 이 '차례'라는 명칭이 과거 제사에 차를 올렸던 예증이라 할
수 있다.

子	① 아들 자 ② 첫째지지 자 ③ 작위 자 ④ 알 자	맏아들, 어조사열매, 당신, 경칭, 사람

'子(자)'는 별다른 설명이 필요 없을 만큼 단순하고 쉬운 한자다. 그러나 문자의 기원에서 보면 '子'는 '아들'을 말하는 것이 아니라 '사위'를 뜻하는 글자였다.

어떻게 이런 일이 가능한가? 그것은 문자가 만들어지던 시기가 바로 모계 중심의 사회였기 때문이다.

모계제 사회와 부계제 사회의 가장 큰 차이는 혈통이 모계, 즉 어머니를 따라 유지되는가 아니면 부계, 즉 아버지의 성씨를 따르는가의 차이다. 더구나 푸나루아 모계제사회에서는 결혼관계에 있는 두 개의 종족이 서로 교차하여 아들들이 여인들에게 장가들게 되므로 사위는 곧 지금의 자식과도 같은 존재였다.

이런 까닭에 소호 금천씨가 장인인 희화 주씨의 이름자인 '△'를 뒤집어 '▽'로서 자신의 이름자로 사용하였으며, 이 '▽'으로부터 아들 즉 사위를 뜻하는 '𢀮' 자가 만들어 졌다.

이 밖에도 '子'를 뜻하는 글자는 여럿이 있다.

그들을 보면, '𤑳', '𢀮', '𢀮', 등인데 이렇게 전혀 관련지어 생각하기조차 어려운 글자들이 '子' 자가 되는데에는 그럴만한 배경이 따로 있다.

고대 모계사회에서는 큰 부인이 낳은 자녀들만 어머니의 성(姓)과 아버지의 씨(氏)를 이어받고 작은 부인이 낳은 자녀들은 별도로 이들이 사용하는 성씨가 정해져 있었다. 이들은 子자 계열의 성씨로 '자성(子姓)'이라 한다. 이런 까닭에 수많은 자성들이 생겨났으며 자성으로써 임금이 된 사람의 경우를 들어보면, 소호 금천씨의 '己', 제곡 고신씨의 '辛', 제지의 '摯'… 등이 모두 자성에 속한다. 이 밖에도 자성을 의미하는 글자들에는 巳, 厶, 匕, 比, 集, 子, 㑯, 孔 등이 있다.

십이지(十二支)의 첫째인 '자'를 지금은 '子'로 쓰지만 제곡 고신씨 때에는 고신씨의 자성인 '㲋'를 쓴 것이 한 예다. 간지를 나타내는 12가지 동물 가운데서 쥐를 뜻하는 '子'가 맨 앞에 놓이게 되는 것도 제곡 고신씨의 후손들이 임금이 되었을 때 선조인 고신씨를 높여 상위에 모신 것에서 기인한다.

전통적으로 자월(子月)은 십일월(十一日月)을 말하며 자월이 되면 만물에 양기(陽氣)가 동한다고 말한다.

丨 → △ → ▽ → 夲 → 子

'子'의 만들어지는 모습

'子'의 옛글자

辛

① 매울 신	맵다, 매운맛
② 천간 신	고생하다,
③ 괴로울 신	살생하다

'子'와 그 근원을 같이 하는 글자가 '辛'이다. '辛'자가 우리에게 익숙한 글자가 되었다면 '辛라면'의 등장에 일부분 그 공로를 돌려야 할 것인데, '辛라면'은 '매운 맛'을 의미한다. '幸(다행 행)'자와 비슷하여 '행라면'으로 부른다는 우스갯소리도 있지만, 문자로서 '辛'은 '▽'자에서 비롯된다.

△은 희화 주씨의 이름자이다.

▽ 또는 ▼는 소호금천씨의 표시다. 장인인 희화 주씨의 이름자 '△'를 가져다 상하로 뒤집어 '▽'로 하여 이름자로 하였다.

▽ 또는 ▼에 '†'을 덧붙여 '𐊓'로써 소호금천씨의 아들인 교극의 이름자로 썼으며, 교극의 이름자 위에 '－(가로획)'을 더하여 손자인 고신의 이름자로 사용하였다. 이렇듯 '辛(신)'자는 할아버지인 소호금천씨와 아들 교극 그리고 손자인 제곡 고신 등 조손(祖孫) 3대의 이름자가 합해진 글자이다. '신'으로 발음하는 것은 이들이 신농계의 딸인 모계를 중시하고 있음을 나타내는 것으로, 고대의 人과 辛과 申은 모두 같은 부수로 서로 바꾸어 쓸 수 있는 글자들이었다.

고대 모계제사회에서 큰 부인의 아들들은 아버지의 성을 계승하여 사용하지만 작은 부인의 아들들은 부계의 성을 사용하지 못하고 소위 '사성(私姓)'을 쓰는 전통이 있었는데, 이 '辛'은 곧 여러 '사성' 중의 하나였다.

따라서 이 '辛'을 이름자로 쓴 '제곡 고신씨'는 작은 부인의 아들임을 알 수 있다.

이 글자가 맵다, 고생하다 등의 뜻을 가지게 되는 것은, '辛(매울 신)'이 '新(새로울 신)'의 뜻을 가지고 있는데서 찾아야 한다.

겨우내 땅속에서 숨죽이던 씨앗이 새 봄을 맞아 제철을 만난 듯 살며시 땅위로 새 싹을 내밀어 보자마자 꽃샘추위가 밀려와 격게 되는 혹독한 어려움을 나타내는 글자가 '辛'자다.

따라서 단순한 입맛으로의 '매운 맛'을 의미한다기보다 새롭게 출발하면서 통과의례처럼 격게 되는 어려움을 나타낸다.

'辛'의 옛글자

고대 상형문자에 나타난 모습을 보고 '노예나 죄수의 얼굴에 글자를 새길 때 사용하던 칼의 형상'이라고 잘못 풀이하였다.

'𝕩(父珠)'는 정옥 고양씨의 서명(sign)이다. 정옥 고양씨는 부인 청과의 사이에 자녀들이 태어나자 자녀들의 이름을 지어주면서 이 서명을 사용하였다. '아버지 누구'라는 뜻이다.

이를 우리말로 읽으면, '부주', '부옥', '부알', '씨아버지', '아버지의 바른 씨', '불의 씨', '불의 알', '불알' 등으로 읽을 수 있는 말이다.

신농씨의 존칭 '염제(炎帝)'를 우리말로 풀어보면, '불임검', '밝임검' 등이 될 것이다. 이 불임검으로부터 비롯된 '불의 씨앗'을 남자라면 누구나 가지고 있는데 특히 우리 한민족은 이를 '불의 알'이라 불러 그 기원을 잊지 않고 있다.

남자의 씨앗주머니를 점잖게 불러 '고환(睾丸)'이라고 하지만 우리말로는 그냥 '부랄' 또는 '불알'이라고 한다. 지구상에서 이 씨앗주머니를 '부랄'이라고 부르는 종족은 우리뿐이다. 바로 그 '부랄'의 상형체 금문이 '𝕩'이며 이 글자의 기원은 정옥 고양씨다.

고양씨의 이름자를 신체의 중요한 부분에 붙이고 5천년의 긴 시간의 흐름속에서도 변함없이 간직하고 있는 우리 한민족이야말로 고양씨의 바른 후손으로 '불의 알'인 셈이다.

더 정확하게 말하자면 고양씨는 신농씨의 흠없이 바른 구슬이고 우리는 그 구슬의 후예로 절대로 그 뿌리를 잃어버리는 일이 없도록 몸의 일부로 삼아 오늘에 이르고 있는 것이다.

여자가 시집을 가면 남편의 아버지를 '시아버지'라 칭한다. '시댁', '시아주버니', '시동생' 등의 호칭에 등장하는 '시'가 바로 혈통을 이어주는 '씨앗'을 가지고 있는 남자의 집안이라는 뜻이다.

| 帝 | ① 임금 제 | 임금, 하느님,
오제의 약칭 |

천하의 지배자를 일컫는 왕, 천제, 천황, 천왕, 황제, 천자, 열제 가운데 고구리에서 사용된 '열제(烈帝)'는 '왕중의 왕'이란 뜻이며 '황제(皇帝)'는 중원을 통일한 진시황이 '삼황오제(三皇五帝)'의 명칭에서 '皇과 帝'를 따다가 삼황오제를 능가하는 권위를 나타내려고 만든 호칭이다.

또 일반 호칭인 '임금'이 있는데 한자로는 '任金'으로 표기하므로 '금붙이를 맡은 사람' 즉 '청동기나 철기의 생산·유통권을 가진 통치자'를 일컫는 말임을 알 수 있다. 모두 상고시기에 금붙이가 최고 통치자에게 속해 있었음을 반영하는 것인데 최고 통치자의 호칭인 '帝'자는 천지인 삼재를 의미하는 '△'에서 기원한 문자다.

$$\triangledown \rightarrow \Phi \rightarrow \maltese \rightarrow \maltese \rightarrow 帝$$

'帝'자가 만들어지는 모습

소호금천씨는 장인인 희화주씨의 이름자인 '△'을 가져다가 상하로 뒤집어서(▽) 자신의 이름자로 사용하였다. 이 글자로부터 가지와 뿌리가 나서 마침내 '帝'자가 완성되는데 '∀'는 소호씨의 아들 교극의 이름자이고 '호'는 소호씨의 손자인 제곡 고신씨의 이름자이며 이 글자로부터 틀을 잡아 '帝'자가 완성된다.

『漢字正解』(비봉출판사. 1994.)에는 '나무토막 몇 개를 묶어서 제대(祭臺)를 만들어 놓은 모양이다. 이 제사는 제왕만이 올릴 수 있었으므로 후에 와서 제왕이라는 말로 가차되었다'고 설명하고 있다.

山

| ① 뫼 산 | 뫼, 산, 산신, |
| ② 무덤 산 | 무덤 |

우리나라의 산들은 비단을 깔아놓은 듯 그 모양이 아름답기로도 정평이 나있지만 '산에 가면 산다'는 말이 있을 정도로 산은 뭇 생명이 깃들일 수 있는 터전이기도 하다.

산을 타나내는 한자는 '山'이다. '山' 자를 모르는 사람은 없을 테지만 '山' 자가 원래 산봉우리가 아니라 '△'이 세 개가 모여서 만들어진 글자라는 사실을 아는 사람은 많지 않다.

중여 곤은 할아버지 희화씨의 이름자인 '△'과 아버지 고양씨의 이름자인 '△△' 자에 이어 '△' 하나를 더하여 '△△△'을 자신의 이름자로 하였다.

'△△△'은 산의 모습과 같았으므로 곤을 또 다른 이름으로 '계산(𡵆)' 씨라 불렀다.

이름자가 '산(𣲅)'인 중여 곤이 고양씨 집안의 셋째 아들이었으므로 어휘가 충분하지 못했던 당시로서는 '산'과 '삼'을 같은 의미로 사용하였으며, 또 사당에 올리는 밥을 '뫼'라 부르게 된 것도 '산'을 이름으로 쓴 곤이 대례관이 된 것으로부터 기원하였다.

이런 용어들은 기층문화 중에서도 기초적인 것들로써 결코 우연히 정해지는 법이 없다.

'산'과 '뫼'와 '3'과 '묘(墓, 廟)'가 서로 관련을 맺게 되는 것은 그 중심에 중여 곤이라는 인물이 자리 잡고 있었던 것이다.

'山' 자의 갑골문은 세 개의 봉우리의 높이가 나란하였으나 대전(大

篆)체로 바뀌면서 가운데 봉우리가 주봉처럼 튀어나오게 되었다는 자원의 연구도 '山'자가 중여 곤의 이름자로부터 기원하였음을 뒷받침해주고 있다.

(갑골문)   (금문)   (고문)

'山'의 옛글자들

① 높일 숭
② 높을 숭

높다, 높게하다,
존중하다

곤의 도움으로 임금이 된 '지(摯)'가 형이자 정적인 '요'를 제치고 자신의 태자 임명에 결정적인 역할을 한 중여 곤에게 공로를 표창하며 내린 이름자 '숭백(崇伯)'에 처음 등장한다.

곤은 지의 외할아버지다. '崇'의 머리에 나타나는 '山'은 곤의 이름자이다. 따라서 『설문』의 '산대이고야(山大而高也)' 즉 '산이 크고 높음을 나타낸다'는 말은 곤을 으뜸으로 높이고 존중한다는 뜻이다. '宗' 자체에도 높다는 의미가 있는데 그 위에 곤의 표시인 '山'을 표시하여 자신이 임금이 되기까지 결정적인 도움을 준 곤을 높이 받든다는 다분히 정치적인 의도가 반영된 글자다.

'宗'는 두 손으로 '市'과 'ㅇ'을 받들고 있는 모습이다.

宗 → 宗 → 崇

여기서 받드는 '市'은 곤이고 '해'는 곤의 집안인 신농씨 계열의 상징이다.

해(ㅇ) 밑의 '𝄃𝄃'는 해와 달과 별이 땅 위로 쏟아져 내리는 모습이다.

'崇'의 옛글자

伯	① 맏 백 ② 우두머리 백 ③ 작위 백 ④ 밭두둑 맥	맏, 우두머리, 일가를 이룬사람

   '伯'자는 신농씨의 표시인 'ㅣ'자로부터 시작하여 '△'자를 거쳐 '且'자로 가는 과정에 있는 글자로써 '△'에 세로로 줄이 하나 쳐지면 '白', 두개 쳐지면 '且'자가 되므로 '且'와 '白'는 그 태생이 같으며 뜻하는 바 또한 같다고 말할 수 있다.

   문자의 발전 과정에서 살펴보면 대체로 '祖'자에서의 '示'변 처럼 '伯'자에서의 '人'변 역시 후대에 첨가되는 것이므로 본래의 중심의미는 '且'와 '白'에서 살펴야 한다.

   그렇다면 이들 '且'와 '白'로부터 무엇을 읽어낼 수 있는가?

   혹자는 '엄지손가락의 모양'이라고 하기도 하고 또 '촛불이나 등불의 심지 모양'이라고 하여, 본래 '밝다', '분명하다'라는 뜻을 가지고 있다고 말한다.

   그러나 이 글자들의 본래의 의미는 '제사'의 의미에서 찾아야 한다. '△'의 의미가 모여서 제사 드리는 집을 의미하며 '且'또한 '제사를 받는 조상'을 의미하는 글자로서 그 중간에 있는 '𐊠'또한 제사와 관련이 있는 인물을 뜻하는 글자다.

   유교문화권에서는 선조의 제사를 모시는 권한이 장남에게 주어지므로 자연스럽게 '맏이'를 의미하는 글자로 발전하였지만 원래 '𐊠'자는 '우두머리' 즉 집단에서 제사를 지낼 권리를 가진 사람을 뜻하는 글자였다. 『설문(說文)』의 '연장자(長也)'란 곧 제사지낼 권리를 가진 사람을 말하는 것이다.

뉘조의 이름자.
여성 최초로 누에로 이름을 표시하여
'一'과 '乙'의 시원자가 되었다.

뉘조의 딸 상아.
달님으로도 부르며 뉘조의 상징인 누에의
다음 단계인 나방으로 누에의 딸 임을 나타냈다.
나방이 되어 알을 낳으려는 모양.
햇님인 희화씨와 짝을 이룬 달님이다.
머리 윗부분에 달의 표시가 보인다.

간적의 이름자. 달님 상아의 증손녀.
나방이 고치를 달고 있는 모습으로 누에와 나방의
후예임을 표시하였다.

'一'에서 기원한 한자

'一'과 '乙'로 자유롭게 변하는 누에의 모습

乙

① 새(제비) 을 　새, 굽다,
② 둘째천간 을 　십간의 둘째
③ 아무개 을
④ 싹 을

一 → 乙

'乙'자는 '아직 음기가 남아 다 가시지 않은 봄날 땅이나 가지에 파랗게 돋아나는 새싹의 모습', 또는 '하늘 높이 날아가는 새의 모습'이라고 한다. 철새인 기러기는 철따라 머나먼 길을 날아가야 하므로 하늘 높이 날게 되는데 '乙'자는 기러기가 하늘 높이 날아가는 모습을 닮아 있다.

그러나 '乙'자에 '싹'이나 '새'의 모습 외에 다른 의미가 내포되어 있음을 암시하는 기록이 『설문해자(說文解字)』의 '을, 여곤동의(乙, 與丨同意)'라는 기록이다.

'乙'자와 '丨'자는 어떻게 같다는 것일까? '乙'자가 '丨'자와 뜻이 같다는 것은 무엇을 말하는 것일까?

충분히 뽕잎을 먹은 누에(一)는 잠을 자게 되는데 특이하게도 '乙'자처럼 고개를 쳐들고 잠을 잔다.

'乙'은 곧 '一'이 변해서 된 것이고 '一'은 을이 곧 '일'로 신농씨의 표시인 불(火)이며 태양(日)이며 토템인 양(羊)이며 또 양(陽)과 같은 의미이므로 '丨'과 '乙'은 그 뜻이 같다고 말하는 것이다.

이런 생태학적 변화의 개념을 담은 한자가 '乙'이다.

새 싹은 처음 돋아날 때 몸체를 지탱하기도 어려우리만큼 힘겨워 보이는 굽은 상태지만 그러나 이 싹은 굽은 모양이 고정된 것이 아니고 금새 힘을 얻어 곧 '一'자나 '丨'자처럼 바르게 펴질 것이란 사실을 우리는 경험적으로 안다.

'乙' 자가 '싹'의 모습을 형용했거나 날아가는 '새'의 모습이거나 아니면 '누에'의 모습이거나 간에 그것은 단순히 '겉모습'만을 나타내는 글자가 아니라 이처럼 변화무쌍한 내용까지 포함하는 살아 움직이는 글자인 것이다.

또 새 싹은 언제나 새롭고 신선하다. 이곳과 저곳의 사이를 연결해주는 것이기도 하다.

'乙'의 옛글자

| 土 | ① 흙(땅) 토
② 별이름 토 | 흙, 땅,
오행의 하나 |

동서나 고금을 막론하고 '대지(大地)'와 '어머니'를 같은 이미지로 보는 것은 양자가 모두 모성(母性)을 띠고 있다는 점 때문이다.

생명을 토해내고 품어 기르는 성질이 어머니와 땅이 다르지 않고 기다리며 품어주는 포근함이 서로 다르지 않다.

'土'를 구성하고 있는 요소를 현대 사전에서는 '一 + 十'으로 보고 '땅위에 초목의 싹이 나온 모양'으로 풀이하고 있으나 우리는 이미 '一'이 뉘조의 이름자이며 '여성'의 상징임을 알고 있다.

'二'는 푸나루아 모계제 사회에서 한 가정을 이루는 두 명의 '부인'을 상징한다.

여기에 추가되는 '丨'은 '씨'를 뿌리는 '남성'을 상징한다. 이러한 요소들이 결합하여 만들어지는 '土'는 땅에서 씨를 받아 길러서 다시 토해내는 '흙' 또는 '여성'의 속성을 반영한다.

고대 모계제사회의 가정을 배경으로 만들어지는 글자다.

'土'의 옛글자

地	① 땅 지 ② 곳 지 ③ 지위 지 ④ 바탕 지	땅, 처지, 토지의 신, 처해있는 형편

상고 시기에 우리 조상들은 머리 위는 하늘 그리고 발 밑은 땅으로 생각하여, 하늘은 사람의 모습으로 그려냈고 땅은 어머니 즉 여성으로 그려냈다.

'地'는 '土(흙 토)'와 '也(어조사 야)'가 합쳐진 글자로, '也'는 '어조사', '또한', '잇달다' 등으로 어의가 파생되어 쓰이지만 본래는 지금은 사라진 '여음(女陰)'을 뜻하는 글자다.

『설문해자』에 「女陰也, 此篆女陰是本義(여음야, 차전여음시본의)」라 설명한 것이 그것이다.

'也'의 전서체 글자는 '𢆉'이다. 이 글자는 큰 새(乙)와 작은 새(乙이 좌우로 바뀐 모양)가 합해진 것을 다시 띠로 둘러 애기를 잉태하는 자궁을 상징했다.

큰새와 작은새는 고대 모계제사회(푸나루아)에서 한 가정을 이루는 큰 부인과 작은 부인을 말한다.

땅을 나타내는 '地'는 문자의 기원에서 살펴본다면 오히려 여성의 생산성을 표현하는 글자였다. 여성으로써 같은 성질을 띠고 있는 땅을 동시에 표현하게 된 것이다.

후세로 오면서 사람들은 언급하기 불편한 '여음(女陰)'과 같은 말은 버리고 '땅'만을 언급하게 된 것이다.

① 별 진(신)
② 지지 진
③ 다섯째지지
④ 날 신

십이지의 총칭,
다섯째지지,
별이름

새해가 되면 많은 사람들이 새해의 신수를 알아보기 위해 사주팔자를 들먹인다. 사주팔자라고 할 때의 사주는 인생을 떠받치고 있는 4개의 기둥인 생년 · 월 · 일 · 시(生年月日時)를 말한다.

이 사주를 또 한마디로 나타낸 글자가 '辰'이다. '별 진' 또는 '별 신'으로 새기지만 또 '때 신'으로 새김하기도 한다.

하나의 글자로 별과 때를 동시에 나타내는 것이 가능한 것은 누에와 뉘조의 관계에 기인한다.

누에를 자신의 상징으로 쓴 뉘조는 죽어서 하늘의 별이 되었는데, 그 별 이름이 '대진(大辰)'이다.

동방창룡7수 중 심수(心宿)를 말한다.

'辰'이 '누에'를 말하며 '누에할머니'가 돌아가셔서 하늘의 중심별(心宿)인 '대진(大辰)'이 되었음을 알게 된다면 '辰'이 가지고 있는 '별' 뿐만 아니라 다른 의미들도 단번에 알 수 있다.

'辰' 자가 만들어지는 과정을 고대 문자를 통해서 살펴보면 모든 것이 더욱 분명해진다.

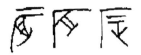

누에가 변하여 '辰' 자가 되는 모습

'辰' 자의 초기의 모습은 누에 섶에 누에가 붙어 있는 모습이다.

『한자정해(漢字精解)(李樂毅著)』에는, '본래의 뜻은 대합조개의 껍질을 갈아서 만든 풀을 매는 농기구'라고 소개하고 있다. 누에가 누에섶에 붙은 모습을 마치 농기구처럼 착각한데서 생긴 오해이다.

또 '辰'을 구성하고 있는 요소를 구분하여 '厂 +二(上) +乙 +匕(化)'의 합체로 보기도 하는데(東亞現代漢韓辭典) 이것이야말로 문자의 탄생 배경을 무시한 억지 해석이다.

'누에'의 모습을 이렇게 후세에 만들어진 요소별로 분해해버리면 그건 이미 산 누에가 아니다.

고대인들이 누에를 치면서 때를 가늠했던 역사적 배경을 알게 되면 문자에 대한 이해는 한결 쉬워진다.

이런 까닭에 '辰'을 '별 신' 또는 '별 진'으로 새기지만 오히려 '누에 신'이 더 적합하다고 할 수 있다.

'辰'의 옛글자

母	① 어머니 모	어미, 할미,
	② 할미 모	암컷
	③ 유모 모	
	④ 모체(근본)모	

여성의 속성으로는 역시 '모성(母性)' 을 능가하는 것을 찾기 어렵다.

'여자는 약하다. 그러나 어머니는 강하다' 는 말이 모성을 상징적으로 표현한다고 하겠는데 우리말의 '모' 가 뜻하는 것은 '갈라져 나오기 이전의 본체' 를 의미한다.

벼농사에서 보면 모자리에 모를 길러 어느 정도 자라면 마침내 모내기를 하는데 이 일련의 농사 속에 '모' 에 대한 설명이 잘 담겨 있다.

인간이 어머니를 '모' 즉 근본 바탕이라고 하는 것은 내가 갈라져 나오기 이전의 본체이기 때문이다.

이 '모' 를 우리 선조들은 어떻게 표현했을까? '母' 자가 변화하는 모습을 살펴보자.

최초의 母　　　　간략해진 母　　　　현재의 母

지금까지는 갑골문과 금문에 근거하여 「'女' 에 두 점을 더하여 젖퉁이를 나타낸다.」, 「牧也(목야), 즉 기르는 것이다. 여자의 젖가슴을 따랐다.」고 한 것이 상식이었다.

그렇다면 원시상형체 금문에 나타난 '𝑉'자는 어떻게 설명해야 할 것인가?

문자의 모양을 살펴보면, 서쪽을 향하여 두 손으로 세가닥 머리칼을 받들고 다소곳이 무릎을 꿇고 앉아있는 여인의 모습에서부터 자세는 그대로인데 복잡한 머리 부분이 생략되고 가슴이 더 강조된 모습으로 변했다. 벌써 후세 사람들의 관념이 가미되었음을 읽어 낼 수 있다.

'母'자의 원시 상형체 금문 '𝑉'에서, 두 손으로 감싸고 있는 세 가닥 머리칼은 첫째 여인인 뉘조와 둘째 여인인 상아에 이어 자신이 세 번째 여인이라는 표시다.

역사상으로는 정옥 고양씨의 부인인 칭씨(稱氏)의 이름자다. 친연관계에 있는 여자 계통의 시조인 뉘조 할머니와 고모인 상아, 그리고 자신을 망라하여 이름자에 포함함으로써 자신의 위상을 나타냈다.

이 시대가 모계중심의 사회이기 때문에 여성을 중심으로 선대를 존중하는 관념이 존재했음을 반영하고 있는 문자이다.

女	① 여자 녀 ② 딸 녀 ③ 너 여	계집, 딸, 처녀, 음양의 음, 역에서는 坤兌巽離

글자의 옛 모양으로 보면 여자가 두 손을 가지런히 앞에 모은 다음 무릎을 꿇고 다소곳이 앉아서 무언가를 기다리는 모습이다. 이는 제사에 참여한 부인의 모습이다.

이 모습으로부터 지금의 '女'로 변하여 나이에 관계없이 모든 여성을 지칭하는 글자로 일반화되어 갔으나 원래는 결혼한 부인을 의미하는 글자였다.

『설문』에 '남장부야 여부인야(男丈夫也 女婦人也)'라 한 것을 보면 '女'는 처음에는 부인을 타나내는 글자였다. 부인이란 이미 결혼하여 가정을 가진 여자를 말하므로 당연히 어머니가 된 것으로 간주한다. '女'와 '母'가 그 글자의 모형에서나 의미에서나 깊은 관련이 있는 이유이다.

$$宏 \rightarrow 中 \rightarrow 女$$

'女' 자의 변화하는 모습

소목제도(昭穆制度)

일반인에게는 생소하기도 하거니와 동양의 전통 '예(禮)'에 밝은 사람도 설명하기에 까다로움을 느끼는 것이 바로 이 '소목(昭穆)' 제도이다.

'소목(昭穆)'의 사전적 의미를 살펴보자.

「소목(昭穆)이란? 사당(祠堂)에 조상의 신위(神位)를 모시는 차례. 왼쪽 줄을 소(昭), 오른쪽 줄을 목(穆)이라 하며 중앙에 제 1 세를 모시고 그 양쪽으로 나머지 조상을 모신다. 천자(天子)는 소에 2세·4세·6세의 신위를, 목에 3세·5세·7세의 신위를 모셔 삼소삼목(三昭三穆)의 칠묘(七廟)가 되고, 제후(諸侯)는 이소이목의 오묘, 대부(大夫)는 일소일목의 삼묘가 된다. 이 제도는 중국 상고시대부터 유래된 것인데 주(周)나라에서 확립되어 한국에서는 고려·조선시대에 종묘를 세워 왕가(王家) 조상의 신위를 모셨다.」

소위 지나의 '종법제도(宗法制度)' 사회를 유지하는 보이지 않는 끈이 바로 '소목제도(昭穆制度)'이다.

그렇다면 '소목(昭穆)'이란 앞서 예로 든 '제사에 신위를 모시는 순서'로 요약해도 되는 것일까?

이 '소목'이야말로 고대 조선의 모계사회의 결혼 내용을 모르면 도저히 알 수 없는 것 중의 하나다.

동양 예법의 '종주(宗主)'라 할 수 있는 성균관에서도 이 '소목(昭穆)'에 대해서는 더 이상 입을 닫는 이유가 거기에 있다.

고대 '조선'의 결혼제도의 특징은 '양합혼족' 관계에 있는 경우 한 집안의 모든 남자(아들)들은 상대편 집안의 여자들에게 장가들고 또 여자 측 집안의 모든 아들들은 모두 상대편 여자(딸)에게로 장가를 들었다.

이러다보니 한 집안의 입장에서 보면, 자기 아들들은 모두 상대편 집안으로 가버렸고 내 집에 들어온 사위 아들(子)은 사실은 부계혈통으로 본다면 상대편 집안의 핏줄인 셈이다. 이런 관계로 남자의 혈육을 중심으로 세대를 나열한다면, 예를들어 할아버지의 입장에서 지금 자기 집에 있는 사위 대신 자기 혈육의 아들은 상대편 집안에 가 있으므로 이들을 '찾아야할 혈육'이라는 뜻의 '소(昭)'라 하였다. 한편 상대의 집에 가던 아들이 손자를 낳아 손자가 장성하면 다시 원래의 핏줄인 집안으로 장가를 들게 된다. 할아버지의 입장에서 이 손자야말로 진짜 자기의 혈육인 셈이다. 이렇게 다시 돌아온 혈육 즉 '환귀본종(環歸本宗)'한 혈육을 일컬어 '목(穆)'이라 하였다.

모계사회가 바뀌어 부계사회가 되면서 모계 중심의 사회제도에 뿌리를 둔 이 제도는 내용은 희석되어 버리고 그 이름만 남아 오늘 까지 전해지고 있는 것이다.

'시동신상(尸童神像)'이라 하여 제사상에 손자를 앉혀놓고 제사지냈던 흔적이 지금도 '안석궤(安席)'로 남아 있는데 이것이야말로 '돌아온 핏줄' 즉 조상의 진짜 혈통을 상징하여 제사상 앞에 모신 것으로 '제사 제(祭)'자의 내용이 어린 아이를 제사상 앞에 모시고 제사드리는 내용을 담고 있는 것임을 알게 된다.

지금에 와서 조상의 신위를 '소목(昭穆)'으로 나누어 배치하고 '소'와 '목'으로 부르는 것은 소목의 실질 내용과는 맞지않는 것으로 소목은 이제 먼 역사속의 이야기일 따름이다.

2

사람에게서 기원한 한자

| 天 | ① 하늘 천
② 하느님 천
③ 자연 천
④ 임금 천 | 천체,
천체의 운행,
태양 |

하늘은 인간 세상을 뒤덮고 있는 텅빈 공간이다. 이 하늘을 하나의 문자로 표현한다면 어떤 방법이 있을까?

사람들은 「'大' 위에 '一'을 더하여 더 이상 큼이 없음을 뜻한다」, 「사람(大)이 우러러 보는 곳(一)을 가리킨다」고 설명한다.

'天'자를 '大'자와 '一'자가 합쳐진 것으로 전제하고 어떻게든 '하늘'이라는 의미에 접근해보려는 의도로 보이나 이 설명은 시작부터 문제를 내포하고 있다.

글자의 발생과정에서 보면 '天'자는 여러 요소로 나누어질 성질의 것이 아니라 전체가 하나의 글자를 이루고 있다.

$$\text{夭} \rightarrow \text{天}$$

물레방아를 이용하여 방아를 찧는 농부의 관심이 물의 구성요소인 산소와 수소에 이르게 되면 본래 의도와는 달리 화학기호를 가지고 시름해야하는 어처구니없는 일이 벌어지게 되는 것처럼, 전체가 하나인 글자를 팔, 머리, 발을 따로 떼어내서 설명하다보면 가장 소중한 생명을 놓치게 되는 법이다.

'大'자가 그러한 것처럼 '天' 또한 전체가 사람의 모습으로 하나의 글자이다.

어떻게 사람의 모습으로 하늘을 나타내는가?

'大' 자에서 설명한 천지인(天地人) 삼재사상(三才思想)에 대한 이해가 요구되는 글자가 '天' 자다.('大' 자 참조)

고대 동양의 역사와 문화를 이끌어 오신 우리 선조들은, 하늘에는 이미 땅과 사람이 포함되어 있으며 땅에는 하늘과 사람이 포함되어 있고 사람에게는 이미 하늘과 땅이 포함되어 있다고 여겼으므로, 사람으로 하늘을 표현하고 하늘로써 사람을 표현하기도 하고 또 땅으로 사람을 표현하는 일이 얼마든지 자유로웠던 것이다.

굳이 사람의 머리 위를 염두에 두지 않더라도 하늘을 상징할 수 있는 적절한 요소들이 있을 것이지만, 사람의 모습으로 하늘을 표현했다면 고대인들의 하늘과 사람과의 관계에 대한 관념이 어떠했는지를 살펴보아야 한다.

'天'의 옛글자

王	① 임금 왕 ② 으뜸 왕 ③ 클 왕 ④ 왕노릇할 왕	임금, 제후, 제실의 남자

「'三'은 천지인 삼재를 가리키고 'ㅣ'은 이 세 가지를 꿰뚫는다는 뜻을 나타낸다. 이 세 가지를 꿰뚫어 가지는 사람은 곧 임금이다.」

지금 글자의 모양을 고려한다면 위의 사전적 설명도 가능할지도 모른다. 그러나 이런 설명은 대중의 관심을 끌기 위한 재담으로나 가능한 것이지 사전에서의 설명으로는 조금 곤란하다는 생각이 든다.

'王'자의 옛 글자는 지금의 글자와는 다른 모양이다.

'王'의 옛글자

'天'의 옛글자

'王'자는 '天'자와 비교하면 이해하는데 훨씬 도움이 된다.

위에 제시한 '王'자와 '天'자의 옛 글자를 보면, '天' 즉 하늘은 의인화하여 똑바로 선 사람이고 '王' 즉 임금은 그 똑바로 선 사람(天)이 땅(一)에 내려와 있는 모습으로 서로 구분된다.

이렇게 구분된 사람의 모습 속에 고대 동양인의 하늘과 사람과 임금에 대한 관념이 드러나 있다.

왕은 하늘의 아들이란 뜻의 '천자(天子)'라 불렸으며 하늘의 대리인으로 백성을 안전과 행복으로 이끌어야할 책임이 있었다. 백성은 비록

지도자의 지위에 있지는 못하였지만 이 또한 단순한 통치의 대상이 아니라 하늘의 모습을 간직한 존귀의 대상이며 결국은 백성이 곧 하늘이었다. 따라서 하늘과 왕과 백성이 서로 다른 셋이면서 결국은 하나였다.

'민심(民心)이 천심(天心)'이라는 말이나 '인내천(人乃天)' 등은 한국인으로서는 굉장한 말도 특이한 말도 아닌 자연스러운 표현이었던 것이다.

| 夷 | ① 동방종족 이
② 상할 이
③ 죽일 이
④ 평평할 이 | 동방종족,
평평하다,
마음편하다,
온화하다 |

'夷' 자는 우리 겨레의 다른 호칭의 하나인 '동이'를 표시하는 한자다. 여러 서적에 나타난 '夷' 자의 풀이를 살펴보자.

① 『설문해자(說文解字)』(上海古籍出版社 刊)에는,
「夷, 東方之人也. 東夷從大. 大, 人也. 夷俗仁. 仁者壽. 有君子不死之國」'이'란 '동방의 사람'이다. 각본에는 평야(平也)라고 하였으나 어리석은 사람이 천박하게 고친 것으로 '동방의 사람'이 맞다. (중략) 오로지 동이는 대(大)를 따르는 것으로 대(大)는 곧 인(人)을 말한다. 이(夷)는 속칭 인(仁)이며 인(仁)은 수(壽)다. 군자가 죽지 않는 나라다.

② 『강희자전(康熙字典)』(中華書局出版 發行)에는,
「平也, 易也, 大也, 安也, 悅也, 等也, 儕也, 陳也, 」
평평하다, 쉽다, 크다, 편안하다, 기쁘다, 평등하다.

③ 『현대한한사전(現代漢韓辭典)』(東亞出版 刊)에는,
「오랑캐(동방 종족) 이, 상할 이, 죽일 이, 평평할 이」

④ 『강희옥편(康熙玉篇)』(恩光社 刊)에는,
「평평할 이」

①과 ②는 지나에서 간행된 서적의 내용을 옮긴 것이고 ③과 ④는 우

리나라에서 간행된 서적의 것을 옮긴 것인데, 주목할만한 것은 지나의 서적에는 나와 있지도 않은 '오랑캐'가 두산동아 사전편찬실에서 펴낸 사전에 유일하게 그것도 첫머리에 버젓하게 들어있다는 점이다.

『설문해자』의 내용을 보면 동이의 '이'가 '君子不死之國'으로 부러움이 잔뜩 담긴 표현으로 되어 있는데 우리가 펴낸 책에는 원본에는 언급되지도 않은 '오랑캐'가 등장하는 것은 어찌된 일인가?

역사의 시원에서 보면 사람의 호칭에 '인'과 '이'가 있는데 대체로 신농씨 계열은 '인'을 쓰고 황제 계열은 '이'를 썼다. 따라서 신농씨 계열이 권력을 장악했을때는 사람을 '인'이라 부르고 황제 계열이 권력을 장악했을때는 '이'라 불렀다.

같은 사람의 모습을 놓고도 시대에 따라 '인'과 '이'로 다르게 불러야 하는 이유이다.

따라서 위의 ' δ ' ' ? '는 제곡 고신씨가 권력을 장악하고 있을때의 사람이므로 '이'라 부르는 것이다.

그런데 글자의 모양에서 보면 ' '에서 '夷'가 되므로 ' '을 찾아보면 제곡고신의 뒤를 이을 신농씨 계열의 축륭의 아들 저이중여의 이름자이다.

당연히 '인'으로 불러야 할 것이지만 황제계가 권력을 장악하고 있을때이므로 '이'라고 불렀다.

'夷'의 옛 글자를 살펴보자.

$$\text{δ} \rightarrow \text{?} \rightarrow 夷$$

제곡 고신씨의 부자(父子) 이름자에 등장하는 '咎(구)'의 금문 ' ? '에서 윗부분에 그려진 거인의 모습이 '夷'자의 원시체자이다. 사람의 모습 그대로 하나의 글자를 이루었다.

어떻게 사람의 모습을 그려놓고 '어진사람'이라고 의미를 부여할 수 있는 것일까?

'夷'의 옛글자

사실 이 거인의 모습 즉 '丸'과 'ㄱ'이 '夷'의 시원자라는 것은 난마와 같이 얽힌 동양고대사를 푸는 하나의 실마리가 될 수도 있다. 'ㄱ'가 구체적으로 어떤 인물을 지칭하는 글자인지를 알 수 있기 때문이다.

'우리는 지나인과는 그 근본이 다른 민족이다'라고 보는 것이 '이하분리사관(夷夏分離史觀)'이다. 때문에 우리를 지나와 구분하여 '동이'라고 부르는데도 크게 거부감이 없다. 물론 동이라는 말 자체가 지나인의 관점에서 부른 호칭이라하여 불평은 하지만. 어찌되었든 우리 겨레의 호칭이 '동이'이고 '이'가 우임금을 가리킨다면 우리와 우임금과는 어떤 관계가 되는가? 또 고구리가 제곡 고신의 후예라는 말은 어떻게 이해해야 하는가?

'夷'자가 '大(대)'와 '弓(궁)'이 합쳐진 글자로 '큰 활을 쓰는 사람' 또는 '큰 활을 메고 있는 사람'이란 뜻으로 유달리 활을 잘 쏘는 우리 겨레를 상징하는 글자라고 주장하기도 한다.

그러나 '어진사람'을 일컫는 '夷'자는 중화족을 높이는 과정에서 주변의 여러 종족을 비하하여 '동이(東夷) 서융(西戎) 남만(南蠻) 북적(北狄)'이라고 부르면서 '오랑캐'로 불리기 시작하였다.

결국 우리는 문자에 무지함으로써 우리 선조를 '오랑캐'로 부른 불경을 저지른 셈이 되었고 앵무새처럼 스스로 오랑캐라며 읊조리고 다녔던 것이니 참으로 역사를 모르면 조상을 욕되게 하는 법이다.

① 허물 구	허물, 재앙,
② 재앙 구	근심거리,
③ 꾸짖을 구	책망하다

'咎' 자는 요소별로 나누어 보면 '各' 자와 '人' 자가 합쳐져서 만들어진 글자로 『설문』에서는 이점에 착안하여 서로 각각, 즉 서로 어긋났다는 의미에서 '재앙' 으로 읽었다.

물론 이런 해석은 예서체 글자를 기본으로 한 것이므로 그 이전의 옛 글자에 적용하는 데에는 한계가 있다.

'咎' 자의 상형문은 '🐦'과 '🐦'의 두 개가 있는데, 몸체의 '🐦'은 뚜껑의 '🐦'을 뒤집은 것으로 '🐦'가 父이고 '🐦'가 子이다.

글자의 모양에서 보면, '양(兩) 足씨의 봉토를 지키는 거인' 의 모습인데, 윗부분의 '🐦' 자는 제곡 고신씨와 고신씨의 아들 우임금을 나타낸다. 즉 제곡 고신씨 부자가 모계인 신농족(양 족씨)의 봉토를 보호한다는 개념을 표시하였다.

'咎' 를 제곡 고신씨라 부르는 까닭은, '咎(구)' 는 '鳩(비둘기 구)' 로 咎는 鳩의 변필이며 '鳩(구)' 는 또 '鷹(응)' 이 본음인데 고대 조선의 시기에 '鷹王(응왕)' 은 제곡 고신씨를 말한다.

한편 '咎' 가 우임금을 나타낸다는 사실은 『강희옥편』에 '순임금의 신하 고' 라고 풀이된 내용이 뒷받침하고 있다.

순임금의 신하가 어디 하나 둘이겠는가만은 이렇게 옥편에 남아 전해질만한 신하라면 순임금의 뒤를 이을 우임금을 제외하고는 생각할 인물이 없다.

夫	① 지아비 부 ② 사내 부 ③ 발어사 부	남편, 장정, 일하는 남자

흔히 '하늘(天)'보다 높이 솟아 있는 글자의 모양 때문에 '하늘보다 높은 지아비'라는 뜻으로 농담처럼 풀이되기도 한다. 실제로 '천(夫)'과 '부(夫)'는 그 모양이 매우 흡사하여 농담일지라도 반론을 제기하기란 쉽지 않다.

그러나 '하늘보다 높은~' 등의 이야기는 훗날 글자깨나 했다는 사람들이 만들어낸 우스갯소리다.

'夫'의 옛글자

문자의 구성 요소로 보면, '夫'는 '二 + 人'으로 구성되어 있다. 이 역시 두 여인과 짝을 이루어 가정을 꾸리는 모계제 혼인제도를 반영한 글자이다.

푸나루아 모계제사회에서 '지아비'는 두 명의 부인과 같이 사는 남자를 일컫는 말이었다.

따라서 '지아비 부(夫)'는 당연히 이미 결혼한 남자를 일컫는 호칭인 것이며 요즈음 말로는 '유부남'이 가장 적합한 해석이 될 것이다.

○슈羊

고양씨가 임금이 되어 스스로 부른 이름(自稱)이다.

'흠없이 바른 구슬(또는 알) 고양'이란 뜻으로 고양씨의 이 이름자에는 아버지의 이

름자와 장인의 토템 그리고 신농씨의 토템이 모두 포함되어 있다.

'○'은 장인인 소호가 새를 토템으로 하였으므로 자신은 '새가 낳은 알'이라는 뜻을

내포하고 있으며 '슈'은 앞서 살펴본바와 같이 아버지와 장인의 이름자에서 가져온 것이며 '羊'은 할아버지인 신농씨의 토템이다.

'△'은 아버지의 이름자이기도 하지만 장인인 소호금천이 가져다 뒤집어 '▽'로 썼으며 사위인 고양이 이를 다시 뒤집으니 원래의 모습이 되었다.

이 자칭이 고양씨를 '정옥 고양'이라고 부르는 근원이 되는 글자다.

지나인들은 이 글자를 '오로지 어리석은 고양'이라는 뜻의 '전욱 고양(顓頊 高陽)'이라 불렀다. 물론 주체성을 잃은 우리 선조들께서는 지나인이 그렇게 부르니까 속도 모르고 앵무새처럼 그냥 따라 불렀다.

마침내 고양씨 이후 4500여년 만에 소남자 김재섭 선생께서 이 이름이 잘못되었음을 지적하고 글자를 '정옥 고양'이라 불러야 한다고 주장하셨다. 그것은 고양씨의 이름인 '○△羊'을 부르는 '정옥 고양'을 지나인들이 잘못 전해 듣고 '전욱 고양'이라고 불렀다는 것이다. '高陽' 앞의 '○'은 어디하나 흠없이 동그랗다는 뜻의 '바른 구슬' 즉 '정옥'이라고 불러야함을 강조하셨다.

동양고대사의 핵심인물이며 '조선(朝鮮)'의 사직을 연 선조의 이름을 망령되게 부른 불효는 역사를 잃어버린 민족이 겪는 비극의 일면이다.

| 文 | ① 글월 문
② 문서 문
③ 자자할 문
④ 꾸밀 문 | 무늬, 색채,
얼룩 |

인간이 이룩한 가치지향적 삶의 방식을 문명(文明)이나 문화(文化)라고 부르는데 문자(文字)의 사용을 전제로 한 용어들로써 사람이 문자를 사용하여 경험을 축적할 수 있었기 때문에 비로소 야만의 시대를 벗어나 문명으로 접어들었다고 말한다.

문명의 상징인 '문자(文字)'는 '文'과 '字'를 합하여 부르는 것으로 '文'은 상형문을 말하고 '字'는 상형문을 이용하여 만든 다른 글자들을 말하므로 동양사 초기의 문자라면 의례히 '상형문'을 말한다. '文'자 역시 예외가 아니다.

그렇다면 '文'자는 무엇을 나타낸 그림글자일까?

사람들은 '그물의 모양'일 거라고 말한다. '文'자의 갑골문은 실제로 이리저리 얽힌 그물의 모양을 닮아 있는 것처럼 보인다.

또 '가슴에 문신이나 특별한 그림을 그린 사람'의 모양에서 비롯되었다고 말한다. '文'의 원시상형체문자의 중심에 새겨진 그림을 염두에 둔 것으로 보인다.

그러나 '文'자는 모양에서나 의미에서나 기존의 상식을 무색케 할 만큼 뜻밖의 기원을 가지고 있다.

'文'자의 기원을 찾는데 도움이 되는 글자들이 '學(학)'자와 '覺(각)'자다.

'學'자는 속자로 '斈'으로 쓰고 '覺'자는 '竟'으로 쓰는 것을 보면

'𦥯' 대신 '文'을 쓴다는 것을 알 수 있는데 이것이 '文'자의 기원을 찾는데 중요한 단서가 된다.

'文'의 옛글자

'鬼'의 옛글자
(머리 가운데 부분에 文자의 모습이 보인다.)

옛 사람들이 '學을 斈'으로, '覺을 斍'으로 쓸 수 있었던 것은 覺, 學의 머리 부분과 斍, 斈의 머리 부분인 '文'의 출처가 같았기 때문이다.

따라서 學자와 覺자의 윗부분을 찾으면 '文'자의 기원을 찾을 수 있는데 學자와 覺자의 윗부분 '𦥯'은 '귀(鬼)'의 옛글자인 '[illegible]'의 윗부분 '[illegible]'이 변해서 된 것으로 머리 부분에 '文'자의 옛 글자가 자리하고 있음을 알 수 있다.

그리고 이 '[illegible]'은 점차 정수리를 뜻하는 '囟'자로 변해 가는데 '囟'자에서도 '凵'을 제외하면 '文'자의 모습이 남아 있다.

따라서 '文'자는 지금까지의 상식과는 무관하게 '사람의 정수리 부분의 숨구멍'을 나타낸 것으로 마음이 통과하는 '문(門)'을 뜻하는 글자다.

갓난아이의 머리 가운데는 다른 부분과는 달리 호흡시마다 미동하다가 나이가 들면서 서서히 굳어지는데 선가의 수행자들은 이 곳을 하늘의 마음(天氣)이 출입하는 문이라 하여 '정문(頂門)'이라한다. '문'이라는 음가의 출처이기도 하다.

'文'자가 사람의 머리 부분 즉 정수리에 있는 '문'을 뜻하는 글자라는 사실은 상상하기 어려운 뜻밖의 이야기다.

'문'이라고 하는 출입구의 개념이 하늘의 기운이 인체로 들어오는 머리의 가운데 정수리로부터 비롯되었음을 알 수 있으며 문자를 만든 사람들은 수행을 생활화한 사람들임을 짐작할 수 있다.

정수리를 문으로 생각한다는 것은 수행자가 아니고서는 쉬운 일이 아니기 때문이다.

한국인의 수행의 특징은 '심기신삼법수행(心氣身三法修行)'이라 하여 마음과 기운과 몸을 동시에 닦는 것을 말하는데, 숨구멍을 통해 하늘의 마음이 몸속으로 들어오면서 마음을 따라 천기도 들어오는데 이것은 '기'는 마음을 따라 움직인다는 원리에 따른 것으로, '기'는 또 홀로 존재하는 것이 아니라 호흡하는 주체의 또 다른 마음과 끊임없는 상호작용을 통해 조화를 추구한다.

이것이 '文'의 옛 글자의 중심에 '心'이 그려진 까닭이다. '文'자가 수행을 통하여 하늘의 마음과 일치를 이룬 사람을 나타낸 글자이므로 세상에서 '文'자와 '聖'자를 동일하게 여기는 까닭도 이제 비로소 짐작이 가능하다.

'文'은 소호금천씨의 딸 칭(稱)이 정옥 고양씨와 결혼하여 아들을 낳은 것을 기념하여 칭에게 지어준 이름에서 비롯되었다. 이 '文'의 흔적이 고신씨의 이름자 머리 부분에 자리 잡은 것도 칭과 고신이 모두 소호금천씨의 혈육임을 반영하는 것이다.

| ① 정수리 신 | 정수리 |

사람의 머리 맨 꼭대기인 정수리(top of the head)는 '신령스러운 기운이 드나드는 통로'라는 뜻의 '정문(頂門)'이라는 이름을 가지고 있는데 이곳 정수리를 나타내는 글자가 '囟'이다.

'囟'의 상형문은 '⊗'으로 사람의 머리를 표현한 것인데 '귀(鬼)'의 상형문 '⊗'에서 그 실재하는 모습을 살필 수 있다.

'⊗'의 윗부분이 열려있는 모양은 아직 숫구멍이 아물지 않은 정수리를 나타낸다. 이 구멍이 바로 '정문'이고 숨구멍 또는 숫구멍이며 다른 말로는 시문, 신문이라고 한다. 하늘의 마음이 우리 몸으로 들어오는 출입문이다.

이런 배경으로 '囟'은 대부분 두뇌와 관련된 정신적인 행위 또는 사람의 정수리를 나타내는데 쓰인다.

이 '囟(정수리 신)'이 '文'과 관련을 갖는 것은 '囟'의 상형문 '⊗'과 '文'의 상형문 '⊗'이 서로 같은 의미를 가지고 있기 때문이다.

갓난아이의 정문은 생후 1년까지 조금씩 닫혀지다가 18세가 되면 완전히 닫혀지는 것으로 알려져 있다.

男	① 사내 남 ② 아들 남 ③ 작위이름 남	사내, 아들, 장부, 장정, 젊은이

'사내' 또는 '장부(丈夫)'를 일컫는 말이 '男'이므로 보통은 여자에 대하여 이성(異性)을 말할 때 쓴다.

그러나 아직 '男' 자에 대해서는 정확한 풀이가 없이 다음의 여러 가지 설이 전해진다.

① 남자는 밭에서 힘들여 노동을 하기 때문에 논밭에서 경작에 종사하는 사람을 말하거나(田 +力) 일정한 토지를 관리하는 직책이나 신분을 말한다.

② 키가 한 장(丈, 열 자)인 남성으로 당당한 남자를 말한다.

③ '田'과 쟁기(耒)가 합쳐져서 만들어진 글자다.

④ '稷'으로 농사의 신을 일컫는다.

⑤ 남자는 10명의 입을 먹여 살릴 수 있는 힘을 가져야 한다.

'男'의 옛글자   '稷'의 옛글자

'男' 자는 '田(밭 전)'과 '力(힘 력)'이 합쳐진 글자로 '田'이 입을 뜻하는 '口'와 열을 뜻하는 '十'이 합쳐진 것으로 보면 일견 그럴듯해 보인다.

그러나 지금은 일반 남자나 장부를 일컫는 말이지만 문자가 만들어지던 당시에는 지금의 '아들'에 해당하는 말이 '男'이었다.

지금의 아들을 의미하는 '子'자는 당시에는 '사위'를 일컫는 말이었으며 피를 나눈 자식은 '男'이라고 불렀던 것이다.

윗부분 '田'은 지금의 '밭'이라는 의미 외에 '사냥' 또는 '사냥터'를 뜻하기도 하므로 이에 근거하여 말하면 '일하러 나간 아들'의 의미로 볼 수 있다.

문자가 만들어지던 모계제사회에서 혈육은 모두 처가에 데릴사위로 들어가 처가를 위하여 열심히 일을 해야 했던 입장을 반영했을 것이다.

그렇지 않고 '男'을 '稷(오곡의신 직)'의 상형문 '𥘫'의 변형으로 본다면 이야기는 또 달라진다. 하늘의 신에 버금가는 신이 오곡의 신인 직(稷)이다.

사직의 직(稷)은 백성들이 배불리 먹고 살 수 있는 식량을 맡은 신을 의미한다.

그러나 문자를 만든 주체가 고대 국가의 왕실귀족이었음을 감안한다면 왕족의 피를 가지고 태어난 자식을 단순히 밭에서 일하는 것에 의미를 두어 부르지는 않았을 것이다.

또 고대에는 '田'은 '戶'와도 통하는 글자였다. 천한 신분의 일하는 사람을 '하호(下戶)'라 하는데 하호(下戶) 대신 '하전(下田)'이라고 쓰기도 하는 것을 보면, '田' 역시 '사람'의 의미가 있음을 짐작할 수 있다.

따라서 설문이나 자전에서 '男'을 '田'부로 분류한 것과는 달리 '囟'부에서 찾아야 한다고 생각한다.

'男'이 '아들'을 뜻하는 말이라면 성인으로서가 아니라 어린이를 의미할 것이며 그렇다면 더욱 '男'의 '田'은 '囟'에서 왔을 가능성이 크고 '男'의 아랫부분은 '力(힘력)'자라기보다는 사람을 뜻하는 '人(亻)'이 변한 것임이 분명하다.

혈육의 소중함을 강조하기 위해서 아직 정수리가 아물지 않은 어린이의 모습으로 아들을 표현했을 가능성이 훨씬 높다.

그러나 사회의 중심이 모계에서 부계로 바뀌면서 자연 이 호칭도 대변혁을 겪게 되었을 것이다.

'사위(壻)'를 부르던 호칭인 '子'가 그대로 '아들'을 의미하게 되었고 아들의 호칭이었던 '男'은 보통의 사내나 장부, 장정을 부르는 호칭으로 바뀌고 말았다.

'남'이라는 음가에서도 '내가 낳았다'는 의미를 읽어 낼 수 있으나 지금은 '아들'의 의미는 사라진지 오래고 '남남'이라는 말처럼 '남'은 오히려 혈연과는 무관한 다른 사람을 일컫는 말로 쓰이고 있다.

아들의 혼인을 '자혼(子婚)'이라 하지 않고 '남혼(男婚)'이라고 하거나 '자매(子妹)'라 하지 않고 '남매(男妹)'라고 부르는 관습만이 '男'이 아들을 뜻하는 것임을 말없이 증명하고 있다.

思	① 생각할 사	생각, 뜻, 마음,
	② 그리워할 사	어조사
	③ 슬퍼할 사	
	④ 어조사	
	⑤ 생각 사	

외양에서 보면 ‘思’자는 비교적 단순한 ‘田’과 ‘心’이 합쳐진 것으로 두 글자의 의미를 합치면 어렴풋이라도 ‘思’의 개념이 떠올라야 하는데 쉽지 않다.

‘田’은 ‘밭’을, ‘心’은 ‘마음’을 의미한다는 선입견에 사로잡혀 있다면 이 문제는 해답을 얻기 어렵다.

그것은 ‘田’이 밭의 의미가 아닌 다른 글자가 변한 것이기 때문이다.

‘思’의 윗부분 ‘田’은 원래는 ‘田’이 아니라 ‘囟’자였다. 전서체 글자를 예서로 바꾸면서 지금의 ‘田’의 모양으로 바뀌었지만 원래는 ‘⊗’으로 머리 가운데서도 정수리를 나타내는 글자다.

따라서 ‘囟’과 ‘心’으로써 ‘생각’이라는 정신활동을 표시하였다. ‘囟’과 ‘心’이 양자가 어떻게 연결되어 있는지는 『설문』에 다음구절이 잘 설명해 준다.

「자신지심여사상관부절야(自囟至心如絲相貫不絶也)」
‘정수리로부터 마음에 이르기까지 실로 서로 꿴 것처럼 연결되어 있다’

옛날 사람들은 머리와 심장은 모두 생각하는 일을 담당하는 기관(器官)으로 보았으므로 이 두 기관으로 ‘생각’을 표현다고 설명한다.

그러나 우리 인체 가운데서 생각에 간여하는 부위가 ‘囟’과 ‘心’인지 아니면 ‘文’의 경우에서처럼 하늘의 마음과 사람의 마음이 ‘囟’을 통로로 서로 상호작용을 하는 것인지는 잘라 말하기 어렵다.

① 흉악할 흉   흉악하다,
② 무서워할 흉   나쁜사람,
③ 두려워할 흉   두려워하다

思(생각 사)와 男(사내 남)에서 발전하여 검토할 수 있는 글자에 '兇 (흉악할 흉)' 자가 있다.

아직 밝혀지지는 않았지만 '男' 자의 상형문이 있다면 이 '兇' 자의 머리 부분에 'ㅗ'이 덮인 글자일 것이다.

역으로 '兇'은 사람의 모습에서 '머리 뚜껑이 사라진 모습'이다. 마치 우리 속언에 '뚜껑 열린다'는 말이 있는데 뚜껑이 열린다는 표현은 몹시 화가 났다는 말의 다른 표현일 것이다.

사람이 뚜껑이 열리면 어떻게 변할까? 정말 그랬다는 사례는 없지만 뚜껑이 열리면 물불을 가리기 힘들 것이고 당연히 흉악하게 변할 것이다.

또 생각이 없는 사람을 말하는 것일 수도 있다. 분별력이 사라진 사람은 자신이 험한 일을 저지르고도 알지 못하는 것이다.

'兇' 자는 곧 그런 사람을 형상화한 글자다.

| ① 창 창 | 창, 굴뚝 |

'文'이 하늘의 마음이 출입하는 사람의 머리 가운데 정수리의 숨구멍 (頂門)을 의미한다는 것을 뒷받침해주는 글자가 '窓' 자다.

외견상 '窓' 자와 '文' 자에서 공통점을 찾기란 거의 불가능해 보이지만 그러나 문자가 만들어지던 당시에 두 글자는 의미에 있어서나 모양에 있어서나 거의 같은 글자였다.

이러한 사실은 두 문자의 옛글자의 모양을 통해서 확인할 수 있다.

⊗→文→文→文→文   '文'의 변화하는 모습

⊗→図→窓→窓→窓   '窓'의 변화하는 모습

옛 글자에서 보면 두 글자 모두 '心' 자가 자리 잡고 있으며 글자가 나타내는 전체적인 의미는 정수리의 숨구멍(頂門)이다. '窓' 자에 '穴(구멍 혈)'이 별도로 추가된 것은 나중의 일이므로 '穴'을 제외한 나머지 글자는 '文' 자의 상형문과 유사한데 '文'은 '心'이 글자의 중심에 있고 '窓'은 글자의 맨 아랫부분에 '心'이 위치해 있는 것이 차이가 있다.

'창'에 '心(마음)'이 들어가는 까닭에 대해서는 대체로 '文' 자의 경우와 동일한 것이므로 여기서는 생략하기로 한다.

옛 사람들은 사람의 머리 중심 정수리에 있다고 하는 무형의 문으로부터 그 개념을 가져와 거처에 사용되는 유형의 문과 창에 그대로 적용하였음을 엿볼 수 있다.

① 인색할 린
② 아낄 린

탐하다,
욕심내다,
한(恨)하다.

이제 '文'의 의미를 알았으므로 한걸음 나아가 비교적 단순한 글자인 '吝' 자를 들여다보자.

'吝' 자는 '아낄 린' 자로 새기며 '吝' 자가 포함된 단어로는 '인색(吝嗇)'이 있다. '인색(吝嗇)'이란 예의 염치나 체면을 돌보지 않고 재물 따위를 아끼는 것을 말한다.

그렇다면 '吝' 자의 어느 곳에서 '인색(吝嗇)'과 같은 의미를 읽어낼 수 있는가?

'吝'은 '文'과 '口'의 합체로 되어 있으므로 각각의 의미를 합쳐보면 의도하는 답을 얻을 수 있을 것이다.

'口'는 입을 표시하거나 땅, 영역, 영토를 표시하는데 '吝'이 재물에 대한 개념을 띠고 있으므로 여기서는 땅 가운데서도 특히 재물에 대한 욕심을 떠올린 다음, 앞에서 살펴본 '文'의 의미를 연결해보자.

'文'은 수행자가 하늘의 마음과 합하고자 부단히 상호작용하는 출입문인데 문의 저 밑바닥에는 재물에 대한 욕심이 먼저 자리 잡고 있으니 하늘의 마음과 일치를 이루기는 이미 거리가 멀다고 해야 할 것이다.

마음 밑바닥에 재물에 대한 욕심이 자리 잡고 있는 모습으로 인색하다는 개념을 나타냈다.

| ① 힘쓸 민 | 어둡다,
노력하다,
잘 이해되지 않는 모양 |

'忞' 자는 '힘쓸 민'이라고 새기는데 그 외에도 '힘쓰다', '노력하다', '어둡다', '잘 이해가 되지 않다' 등의 뜻이 있다.

'忞' 자와 '文' 자의 차이는 '心'의 유무이다. '文' 자에는 이미 보이지 않는 '心'이 내포되어 있음에도 '忞' 자에는 또 하나의 '心'이 추가되어 있다.

이것은 무엇을 말하는 것일까?

수행자들이 말하는 마음에 대해서 먼저 이해할 필요가 있다. 마음에는 하늘로부터 온 것이 있고 개체마다 자체로 가지고 있는 마음이 또 있다. 대체로 이 개체가 가지고 있는 마음은 온갖 세상일로 인하여 많은 때가 묻어 있으므로 부단히 노력하여 씻어내고 닦아내면 마침내 하늘의 마음과 조화를 이룰 수 있게 된다. 이것을 마음공부라고도 하고 근본으로 돌아가는 일이라고도 말한다.

그러나 하늘의 마음과 일치를 이룬다고 하는 것은 모든 수행자들의 염원이기는 하지만, 아직 하늘의 마음과 일치를 이룬 수행자를 찾기 어려울 만큼 힘든 일이다.

'忞' 자는 바로 하늘의 마음과 일치를 이루려고 부단히 힘쓰는 수행자의 마음을 나타내는 글자로써 '스스로 힘쓴다', '한없이 어렵고 이해되지 않는다'는 풀이는 수행자들의 수행과 추구하는 목표를 나타내는 말이다.

'忟'은 '忞'과 같이 쓴다. 같은 의미이다.

	① 신하 신	신하,
	② 신 신	신하로 되어 섬기다,
		신하가 되다.

　자원을 설명한 사전에 따르면, 『설문』의 풀이를 인용하여 '군주 앞에서 굴복한 모양을 본뜬 글자'라고 하였다.

　경학(經學)에 관한 한 숙중(叔重, 허신의 자)을 따를 자가 없다고 할 정도의 명성을 얻은 '허신'의 주장이므로 가볍게 볼 수는 없지만 그러나 '臣'자의 풀이는 사실과 거리가 있다.

　'신하'라는 용어의 속성상 임금 앞에서 무조건 굽신거리는 모습만을 떠올리기 쉬우나 굽신거리는 것이 신하의 본질은 아니다.

　문자가 상형에서 시작했다 하여 글자의 모양만으로 풀이를 시도해서도 낭패를 보기 십상이다. 보다 본질적이며 타당한 사유가 전제되어야 한다.

　'臣'은 임금으로부터 임명된 자로 임명권자를 대신하여 국정을 살피는 '눈(👁)'으로 표시하였다.

　오늘날의 경우로 설명하면 공무원은 임용권자인 국민을 대신하여 국가운영에 필요한 여러 가지 일을 살피는 눈인 것이다.

　그런데 그런 눈(관리)을 하필이면 '신'이라고 불렀을까?

　이것은 당시에는 '신'과 '인'이 같은 의미로 쓰였다는 예증이다.

'臣'의 옛글자

우리말에 두목(頭目)이란 말이 있다. 특정 집단의 우두머리를 부르는 호칭으로 다른 말로는 '수목(首目)'이라고도 하는데 원래는 '머리가 되는 눈', '으뜸가는 눈'이란 뜻이다.

우리는 이미 앞서 '꾼'과 '치'라는 말이 우리의 역사와 그 뿌리를 같이하고 있음을 살펴보았는데 이 '두목'이라는 호칭 역시 우리 민족사의 연륜만큼이나 오랜 역사적 배경을 가지고 있는 말이다.

눈(目)으로 집단의 서열을 표현한 것은 우리 역사의 초기 정옥 고양씨가 자기 큰아들을 재상에 임명하면서부터 시작되었다.

기록에 근거하면 정옥 고양씨는 아들 여섯을 두었는데, 첫째부터 넷째 아들까지 관직에 오른 것을 기념하여 눈(目)으로 이름을 지어 주었다. 예를 들면 첫째 아들은 하나의 눈(🔻)으로, 둘째 아들은 두개의 눈(🔻🔻)으로, 셋째 아들은 점을 세 개 그려 셋째를 표시한 다음 눈(🔻)을 하나 그렸으며 넷째는 나머지 눈이라는 뜻의 '여목(🔻)'이라 하였다.

따라서 두목(頭目) 즉 수목(首目)이란 그의 큰아들 성축을 재상에 임명하면서 지어준 이름으로 '고양씨의 첫 번째 눈'이란 의미다.

역시 정치는 백성의 형편을 일일이 들여다보듯 보살피는 것이 으뜸이다. 따라서 관직을 '눈(目)'으로 표시한 고대 우리 선조들의 안목이 놀라울 뿐이다.

동양의 역사와 문자가 우리 조상들의 창조물이라는 흔적은 이렇게 우리가 예사롭게 사용하고 있는 우리 언어 속에 묻어있는 것이다.

① 빛날 희
② 화락할 희
③ 넓을 희
④ 기뻐할 희

빛나다,
마르다,
넓히다, 넓다.

'熙'자는 '흥하고 빛난다'는 밝은 의미 때문에 한국인의 이름자에 많이 사용되는 익숙한 글자의 하나이다.

『좌전』의 기록에 따르면, 소호금천씨에게 희화(桂), 해(該), 희(熙), 수(修)라는 4명의 외삼촌이 있었다고 하는데 이 금천씨의 외삼촌은 신농씨의 아들을 말하므로 '熙'자가 이름자에 사용된 역사를 따진다면 문자의 기원과도 같은 오랜 역사를 가지고 있는 글자다.

신농씨는 태양족의 명성에 걸맞게 네 아들 모두 해를 뜻하는 글자로 이름을 지었다. '희화', '희', '해', '수'는 모두 '해'의 다른 표현인데 한때 주씨의 이름자인 '희화'는 '희'씨와 '화'씨라는 두 사람의 이름자인 것으로 오해되기도 하였다.

'희'나 '화' 또는 '희화'는 모두 '해'를 표시하는 우리말의 다른 표현일 뿐이다.

그렇다면 해를 뜻하는 '熙'자는 어떤 요소로 구성되어 있을까?

먼저 '熙'자를 그 요소별로 나누어 보면 '臣'과 '巳'와 '灬'로 나뉘어지는데 '臣'은 '눈'을 표시하는 한자로 고양씨가 그 아들들의 이름을 '눈'을 이용해서 지었던 사례가 있고, '巳'자는 '子'자와 통하며 '灬'자는 '불임검'이신 신농씨의 표시로 곧 태양족의 상징이기도 하다.

그런데 '熙'자의 옛 글자를 보면, 두 개의 눈(臣)을 상하로 쓴 다음 그 우측에 '子'자를 길게 늘어 트려 썼다.

이 글자로부터 '熙'자가 만들어 졌다는 것은 '臣' 대신에 '灬'를 쓸 수도 있음을 말해주는 것이다. 불임검이신 신농씨 계열의 곤의 이름자인

'' 에서 발전한 글자다.

'熙' 자의 원시 상형문

『설문해자』에는 '희 조야(熙 燥也)' 즉 '희'는 '말리다'라는 뜻이라고 하였다. 또 계속해서 '흥야(興也)', '광야(廣也)', '광명야(光明也)'라 하였는데 이것들은 모두 '熙'자가 태양 즉 해를 설명하는 글자임을 모르는 까닭에 설명이 길어지고 복잡해 지는 것이다.

젖은 것을 말리는(燥) 것은 태양의 작용인 것이고 '興' 또한 빛이 환하게 일어나는 것이며 '廣'이라 한 것은 '廣'의 음이 빛을 말하는 '光'과 같으므로 역시 태양의 빛을 말하는 것이며 '광명'은 더 말할 필요도 없다.

'熙'자가 가지고 있는 '빛나다', '마르다', '말리다', '넓다', '넓히다' 등의 뜻이 곧 태양의 작용이거나 성질을 말하는 것이다.

監	① 볼 감 ② 벼슬이름 감 ③ 거울 감 ④ 감옥 감	보다, 모범, 살피다, 겸하다

일인지하 만인지상의 지위를 의미하는 '相(상)'의 금문 ''은 앞에서 살펴본 바와 같다. 이 '相'과 의미에 있어서나 출처에 있어서나 유사한 글자가 '監'이다.

먼저 '監'의 금문을 살펴보자.

최초의 글자는 마치 손가락으로 눈을 찌르는 듯한 모습이다. 다음 글자는 눈에서 눈물을 흘리는 글자로, 세 번째 모습은 눈앞에 엎드려 조아리는 모습을 하고 있다.

'監'의 옛글자

이 금문의 모습들로부터 '監'이 '사법권을 가진 감독관'이라는 점을 유추할 수 있다.

눈에 직접 형벌을 가하는 모습이 마치 '눈에는 눈, 이에는 이'라는 고대사회의 체벌(體罰)을 연상시킨다.

조선조에는 정2품 이상의 당상관을 높여 '대감(大監)'이라 불렀으며 전통적으로 노인을 존경하여 '영감'이라 부르는데 이들 호칭에 사용되는 존칭어인 '監'은 곤의 이름에서 비롯된다.

중여 곤이 사법기관의 책임자(대감)의 지위에 오른 것을 기념하여 만든 이름자가 'ⓑ'이다.

'監'자에 여러 개의 금문이 존재하는 이유는, 곤의 정치적인 위상 변화가 그 이름자에 그대로 반영되었기 때문이다. 곤은 격랑의 시대를 산 사람으로 정치적인 상황의 변화에 따라 글자의 모양도 변하게 되었던 것이다.

① 무리 중	무리,
② 많을 중	많은 사람,
	많은 물건

'무릇 짐승은 셋이 무리(群)이며 사람 셋은 众(衆)이 된다'라는 사마천(司馬遷)의 『史記(周本紀)』의 기록에서 보듯이 '三臣', '三目', '三人'은 서로 같은 개념으로 '무리'를 나타내는 표현들이다.

전통적으로 이런 사고가 가능한 것은 '一이 二를 낳고 二가 三을 낳고 三이 萬物을 낳는다'는 동양의 인식 체계에 뿌리를 두고 있으며, 우리 '천부경'에 '하나는 셋으로 발전하고 셋은 무리가 되었다가 다시 하나로 돌아온다'는 인식과도 맥을 같이 하고 있다.

衆의 원시 상형문을 보면 다음과 같다.

'衆'의 다양한 모습

첫 번째 금문의 모습은 '∴'과 '目'이 합쳐진 글자이며 다음의 금문은 '∴'과 '子'가 합쳐져 만들어졌다. 이들이 모두 '衆'의 옛 글자로 인식되는 까닭은 앞서 언급한 동양의 전통적인 인식체계에 기인한다.

세번째 衆은 △(集, 家, 稷, 廟)자 아래 세 사람이 공손히 손을 모으고 절하는 모양이다.

△ 아래 세 사람은 '세 번째'라는 뜻으로 고양씨의 셋째 아들의 표시다.

이렇게 서로 다른 글자가 동시에 '鯀'의 기원자가 될 수 있는 것은 그것이 사람의 이름자이기 때문이다.

'鯀'은 고양씨의 셋째 아들인 중여 곤의 이름자에서 기원하였다. 곤은 자신의 딸이 낳은 아들 제지(帝摯)가 임금이 되도록 막후에서 힘쓴 것을 빌미로 막강한 실력을 행사하였는데, 제지가 재위 6년 만에 형인 제요(帝堯)의 혁명으로 실권하자 하늘을 치솟던 곤의 권력도 급전직하로 추락하고 말았다.

이 같은 곤의 정치적인 위상의 변화가 그대로 그 이름자에 반영되어 나타났는데 '鯀'의 금문인 '♠'과 '♀'이 그런 역사적인 배경을 표현하는 글자들이다.

위에 표시한 금문 중에 눈(♠) 대신에 아들(♀)을 그려 넣은 것은 곤자신이 임금인 제곡 고신의 '신하'라는 관직으로서가 아니라 '사위'라고 하는 혈연관계를 부각시킴으로써 요임금의 동정을 얻어 보려는 의도가 담긴 글자다.

어려운 부탁을 해야 할 경우 학연이나 지연, 혈연에 의지하는 것은 옛날이나 지금이나 변함없는 세태인가 보다.

| ① 놀랄 구 | 놀라서 보다. |
| ② 눈을 휘둥그래할 구 | |

‘睊’ 자로부터 언뜻 와닿는 의미는 ‘두 눈으로 보는 것’ 또는 ‘매 같은 새가 노려보는 것’이었던 모양이다. 그래서 ‘놀랄 구’로 새긴다.

그러나 고대 조선에서 ‘눈(目)’으로 이름을 짓던 전통을 모르면 글자의 외양에만 매달릴 수밖에 없다.

‘相(상)’의 경우와 마찬가지로 눈(目)으로 관직을 표시하는 두 번째 경우다. 처음엔 눈 두개만을 그려 썼다. ‘隹(새 추)’가 더해져 ‘瞿(구)’가 된 것은 후대의 일로 고양씨의 둘째아들 구축(瞿祝) 여(旅, 呂, 禮)씨의 이름자이다.

상(相)이 고양씨의 큰아들이므로 하나의 ‘눈’으로 표시하였다면 고양씨의 둘째 아들인 구축 여씨는 눈을 두 개 그려서 그가 둘째 아들임을 표시하였다.

문자가 만들어진 배경을 알지 못하는 사람들은 부릅뜬 두 눈을 보고 ‘두려워할 구’로 이해하였다. ‘두 눈을 부릅뜨고’ 지켜보고 있으니 두려울 수밖에 없었던 것인가!

정옥 고양씨가 둘째 아들 구축을 재상에 임명하면서 지어준 이름이다.

‘瞿’의 옛글자

① 마음, 생각 심	마음, 심장,
② 염통, 가슴 심	가슴, 중심,
③ 가운데 심	알맹이, 근본

'心'자는 '마음'을 나타낸다고 하는데 '마음'을 알기 위해서는 먼저 사람에 대해서 알아야 한다.

대체로 사람은 영적(靈的)이면서 육적(肉的)이라고 말한다. 물론 이런 이야기는 서양의 2분법적 사고방식에 기초한 것이다.

우리 한민족의 가치관으로는 사람은 '심기신(心氣身)'의 세 요소로 되어 있다고 한다.

결국 우리 몸은 '심(마음)'이 작용하는 공간이 있고 '기'가 작용하는 공간이 있으며 '육(몸)'이 작용하는 공간이 또 따로 있다는 말이 된다.

이런 특성 때문에 사람의 보이지 않는 영역을 나타내기 위해서는 보이는 영역을 빌어서 말하게 되므로 어떤 글자들은 이중 삼중의 의미를 갖기 마련이다.

'心'의 옛글자

'心'자 역시 '심장'의 모습으로 '마음'을 나타낸다고 말한다. '심장'이 '마음'과 같은 사고의 기능을 수행하기 때문이 아니라 육체의 중심이 심장이듯이 사람의 중심이 마음이기 때문에 심장으로써 마음을 나타낸 것이다.

영적인 존재에서의 '마음'은 육체의 '심장'에 대비된다고 생각하는 것이다. '心' 자가 가지고 있는 '중심' 또는 '핵심'의 의미가 곧 이것이다.

인체의 심장은 자동차의 '엔진'에 비유된다. 자동차에서 엔진을 빼고 나면 남는 것은 고철에 불과하듯이 사람에게서 '心'은 몸을 움직이는 엔진과 같은 존재이다.

실제로 몸을 움직이는 것은 마음이며 기운을 움직이는 것 역시 마음이다. 또 기운으로 마음과 육체의 조절이 가능하며 몸으로 마음과 기의 조절이 가능하다. 이것은 우리의 마음과 기운과 육체가 서로 가위와 바위와 보처럼 서로 얽혀서 상호작용을 하고 있기 때문이다.

'心'이 가지고 있는 '마음', '심장', '근본', '중심' 등의 의미가 모두 사람의 세 가지측면으로부터 얻어진 것들이다.

'心' 자에 관해서는 우리 겨레의 유산 가운데 하나인 『천부경(天符經)』의 '본심본태양(本心本太陽)'을 빼놓을 수 없다.

이것은 우주의 중심은 태양이고 우리 사람에게 있어서 근본이 되는 것은 '마음'이므로 마음은 하늘의 태양과 같은 존재라는 선언이다. 하늘에 구름이 끼면 햇빛이 차단되어 온누리에 그늘이 지듯이 우리 마음이 걱정, 근심, 불안, 초조, 미움, 시기, 욕심 등으로 가리게 되면 온 몸에 어두운 그늘이 짙게 드리울 것이다. 우리 마음을 어떻게 간수해야 하는지를 생각하게 한다.

그런가하면 우리 『삼일신고(三一神誥)』에는 세상 만물이 마음(心)과 기운(氣)과 몸(身)을 다같이 가지고 태어나는데 사람만이 이 세 가지를 고르게 가지고 태어났으므로 이들에 관한 공부를 통하여 온전한 사람이 되어야 함을 강조하고 있다. 따라서 사람이 평생 동안 게을리 해서는 안 되는 것이 마음공부, 기운공부, 몸공부이다.

사람들은 비교적 단순한 체조나 조깅 등을 통해 몸공부에는 대체로 열중인 반면 기운공부는 조금 특별한 사람들이 하는 것으로 알고 있고 마음공부는 더구나 특별한 사람들이 하는 것으로만 알고 있는데 우리 한민족의 삶 속에는 이 세 가지가 함께 어우러져 있어야 하는 것이다.

3

토템에서 기원한 한자

	① 옳을 의	옳다, 바르다,
	② 해 넣을 의	평평하다,
	③ 맺을 의	실물의 대용
	④ 뜻 의	

'義'자를 보면 나는 의사(義士) 안중근(安重根)이 생각난다. 우리 국민 모두를 얽메고 있던 식민지의 족쇄를 풀기위하여 홀연히 떨치고 일어나 소중한 목숨을 던진 안의사의 의거는 두고두고 평화를 사랑하는 이들에게 회자될 것이다.

'義'자는 '羊(양 양)'자와 '我(나 아)'자가 합쳐져서 만들어진 소위 회의(會意)자이다.

사전류에는 설명하기를, '羊'은 착하고 아름다운(善美) 것이므로 나의 행동이 바르고 옳음을 나타낸다고 설명하고 있다.

의롭다면 의로운 기준이 무엇인지가 드러나야 하는 것인데 무엇에 근거하여 바르고 옳다고 단정할 수 있다는 것인지 분명치가 않다.

고금문의 입장에서 이를 다시 풀이하면, '양족의 사람들이 하는 일은 대체로 옳다'고 풀이할 수 있다.

어떻게 이런 해석이 가능한가?

양족의 사람들은 누구며 또 왜 그들이 하는 일은 옳다고 여길 수 있는 것일까?

'義'의 옛글자

문자가 만들어지던 당시는 황제족과 염제족이 큰 세력을 기반으로 양 합혼족의 관계를 맺고 있을 때이다.

이 양대 세력 가운데서도 새로운 생산도구의 발명이나 문자의 사용, 시장경제의 도입 등 새 문명을 주도한 세력은 양을 토템으로 하는 염제 신농족이었다.

후진국들은 선진문명국을 모방하며 따라가기에 바쁜 것이 예나 지금 이나 매 한가지다. 앞서가는 선진 양족의 언어와 생활방식, 생산도구, 교 역 등을 따라가야 하는 주변국들의 입장에서 양족의 모든 것이 모범이 될 수밖에 없었다. 모범을 삼기 위해서는 그것이 옳은 것임이 전제되어 야 하는 것은 당연한 일.

이것이 '義' 자가 '옳다', '바르다'라는 뜻을 갖게 되는 배경이다. '善', '美' 자 역시 동일한 배경을 가지고 있는 글자들이다.

고대에 우리 선조들은 주위에 모범이 되는 의로운 삶으로 동양 문명 을 일으킨 역사의 주역이었다.

| 善 | ① 착할 선
② 좋을 선
③ 친할 선
④ 잘할 선
⑤ 옳게여길 선
⑥ 아낄 선 | 아름답다,
맛이좋다,
좋다 |

인간이 추구하는 보편적 가치 세 가지로는 진선미(眞善美)를 꼽는다. 진은 진리를 말하며 철학(학문)으로 접근하고, 선은 선악을 말하며 종교로 추구하고, 미란 아름다움을 말하며 예술로 표현한다고 말한다.

그러나 한민족의 가치관에서 진은 수행이란 방법을 통하여야 비로소 그 개념에 접근할 수 있다고 한다.

그렇다면 선은?

상형문을 살펴보면 '善' 자는 '羊(양 양)' 자와 '言(말씀 언)' 자가 합해진 글자이며 고문은 '羊' 자 밑에 '言' 자가 하나에서 세 개에 이르기까지 모양이 다양하다.

'善'의 상형문

'善'의 옛글자

이로 미루어 보면 '선하다'는 개념은 양(羊)의 속성과 말(言)이라는 두 가지가 합해진 것임을 알 수 있는데 여기에 등장하는 '양'은 단순한 동물로써의 양이 아니라 고대 문명의 기원을 연 염제 신농씨의 토템임을 상기해야 한다.

성경의 시편에는 크리스찬들이 애용하는 '여호와는 나의 목자시니

내게 부족함이 없으리로다' 라는 글귀가 있다. 여호와 하나님은 목자이시고 크리스찬은 양이라고 하는 관계 설정이야말로 고대에 염제 신농씨가 자기 종족을 거느리고 문명을 열어가는 모습을 떠올리게 하는 절묘한 표현이다.

염제신농씨는 목자고 신농씨의 종족은 양떼들이었으며 세상으로 사고의 폭을 넓히면 신농족은 목자고 그 외의 종족들은 양떼들로써 양떼를 푸른 초원으로 인도하는 목자의 입에서 나오는 말은 당연히 선에 속하는 것임은 말할 나위가 없다.

어느 목자가 자기 양떼를 함정으로, 절벽으로, 가시밭으로 밀어 넣으려고 하겠는가!

'善' 자에서 읽어낼 수 있는 역사적인 배경이다.

염제 신농씨가 여타의 종족들을 양떼처럼 돌보았던 것처럼 오늘날 지구상의 여러 종족을 양떼로 여기고 선으로 이끌어야할 책임이 우리 한민족에게 있음을 말해주는 글자가 바로 '善' 자다.

美	① 아름다울 미 ② 맛날 미	아름답다, 맛이좋다, 좋다

'美(미)' 자와 관련해서는 『설문(說文)』에 아주 의미있는 구절이 있다.

'미여선동의(美與善同意)'
'美와 善은 그 뜻이 같다'

어떻게 '美' 자와 '善' 자가 의미하는 바가 같다는 것일까? 기존의 상식으로는 쉽게 이해하기 어렵지만 『설문(說文)』의 저자인 허신(許愼)을 믿고 그 시대로 돌아가 '美' 자를 다시보자.

'美'의 옛글자

'美' 자의 상형문을 보면, '羊(양 양)' 자와 '大(큰 대)' 자가 상하로 합쳐진 글자이다.

이를 근거로 기존의 학자들은 '크고 살찐 양이란 뜻을 나타낸다' 고 풀었다.

또 양이 제사에 올려지는 희생이므로 '크고 살찐 제물'이라고 풀었다.

세상에 어디 아름다운 것을 표현할만한 대상이 없어서 살찐 양에게서 아름다움의 의미를 가져와야 했을까?

아니다.

'美'자에 대해서는 허신이 '선(善)과 같은 의미'라고 하였으므로 이를 근거로 선과 비교해서 풀어야 한다.

따라서 '美'자에 등장하는 '羊'은 '善'자에 등장하는 '羊'과 같은 의미다.

'美'자 역시 양을 토템으로 하는 염제 신농족을 표시하는 글자다.

그렇다면 아랫부분의 '大'는 무엇일까? '大'는 '크다'라는 뜻을 나타내지만 모양은 사람의 형상이다.

'善'의 아랫부분이 '言'으로써 '양족의 말은 선하다'라고 풀었듯이 '美'의 아랫부분 '大'는 '양족의 사람들은 아름답다'라고 풀어야 한다.

① 고울 선
② 드물 선
③ 생선 선
④ 새로울 선

곱다, 뚜렷하다,
깨끗하다.

하(夏), 은(殷), 주(周), 진(秦), 한(漢), 신(新), 수(隋), 당(唐), 송(宋), 요(遼), 금(金), 원(元), 명(明), 청(淸) 등 대부분 하나의 음절로 되어 있는 나라 이름과는 달리 2음절로 된 나라 이름들이 있다.

조선(朝鮮)이 그러하고 부여(扶餘), 옥저(沃沮), 구리(句黎), 백제(百濟), 신라(新羅), 대진(大震), 고리(高麗)가 그러한데 공교롭게도 우리 선조들이 세운 나라의 이름들은 대부분 2음절로 되어 있는 점이 눈에 띤다.

'朝'자와 짝을 이루어 우리 겨레 최초의 나라인 '조선(朝鮮)'이 되는 '鮮'자는 '魚'와 '羊'이 모여서 만들어진 글자로, 양(羊)은 염제 신농씨의 토템으로, 물고기(魚)는 중여 곤의 상징이라는 배경을 가지고 있는 요소들이다.

'絲'의 옛글자   '鮮'의 옛글자   '魯'의 옛글자

중여씨에게는 여러 개의 이름이 있는데 그 가운데 가장 널리 알려진 이름이 '우임금의 아버지'로 알려진 '곤'이다. 곤은 대대로 수정(水正) 즉 치수(治水)를 담당한 집안의 후예답게 '물고기(魚)'를 토템으로 하

였으므로 토템인 '魚'와 또 '잇는다'는 뜻의 '系'를 결합하여 '곤(鯀)'이라는 이름자를 만들었다.

그런데 곤이 고양씨 집안의 아들로 들어와 사당의 제사를 총괄하는 책임자가 되면서 이를 기념하여 새 이름자를 갖게 되었는데, 곤의 이름 자인 '鯀'에서 '系' 대신에 고양씨의 토템인 '羊'을 써서 '鮮'자를 만들었다.

따라서 '鮮'은 단순히 물고기와 양의 결합이 아니라 이들을 상징으로 하는 두 집단의 결합을 의미한다. '물고기족과 양족의 결합', 이것이 중여 곤이라는 인물을 중심으로 '鮮'이 가지고 있는 역사적인 배경이다.

이로써 유추해 본다면 '조선(朝鮮)'이란 고양씨의 이름자인 '조(朝)'와 그의 셋째 아들 중여의 이름자인 '곤(鯀→鮮)'이 합해져 만들어지는 나라이름으로 '鮮'이 등장함으로써 비로소 '조선'이라는 나라의 정치체제와 국가내용이 완성되었다고 볼 수 있다.

'魯(노)'와 '鷰' 그리고 '鷰'과 '鮮'을 같은 글자로 보는 것도 이 글자를 구성하는 요소들이 고대사회에서 상징성이 큰 문화어라는 점에 대한 이해가 선행되면 그렇게 어려운 일도 아니다.

한편 어로를 주업으로 하는 종족과 고산족이 화합을 이루고 조선제(朝鮮祭)를 드림으로써 조선의 역사가 시작되었다는 의견도 있다.

① 성 강	굳세다(彊)

신농씨의 성을 '강씨(姜氏)'라고 한다. 신농씨가 자란 곳이 강수(姜水)라고 하는 강가이므로 '姜'을 성씨로 하였다고 한다.

그러나 이 설명은 우리가 성에 대해서 가지고 있는 일반적인 관념으로 생각해 볼 때 얼른 수긍하기 어려운 부분이 있다. 고대인의 혈연에 대한 인식에 비추어 봐도 성(姓)으로서는 명분이 약하고 그리고 사람의 이름이 없는데 강의 이름이 먼저 있었다는 것 자체가 자연스럽지 못하다.

'姜'자를 살펴보면, '姜'은 '羊(양)'자와 '女(여)'자를 합쳐 만든 글자다. '羊'자와 '女'자가 암시하는 것은 무엇일까?

양족의 여인이 낳았으므로 성을 '姜'이라고 한 것이다. 강수에서 자랐으므로 성을 강씨라고 했다는 풀이보다는 역사 실질에 부합되는 설명이 아닌가!

우리나라 여러 성씨 가운데 맨 처음 탄생한 성씨를 '강씨'로 보기도 하는데 떠돌이 유목생활을 접고 정착생활에 성공하여 새 역사의 무대를 연 양족의 여인들의 소생이라면, 강씨 성이야말로 우리나라에서 처음 탄생한 성씨임이 틀림없을 것이다.

'姜'의 옛글자

신성(神性)을 표현하는 검, 굼, 곰

우리 고대인들은 하늘에는 천신(天神)이 있고 땅에는 지신(地神)이 있어 모든 생명을 머금었다가 봄이 되면 다시 일시에 토해냄으로 산천에 새 생명들이 돋아나는 것으로 이해하였는데, 우리 고대어로 하늘의 신(天神)을 '혼'이라 하고 이에 대응하는 땅의 신(地神)을 '굼'이라 불렀다.

서로 상대적인 이 두 고대어는 그러나 하늘의 신을 뜻하는 '혼'이 본래의 음을 유지한 채 한민족의 핵심어로 자리 잡은 것에 비하여 '굼'은 어떤 연유에선지 비교적 널리 알려지지 못하고 애써 그 흔적들을 찾아봐야 하는 처지에 놓여있다.

곰이 단군의 사화(史話)와 관련하여 우리 고대사에 중요한 짐승으로 등장하는 까닭이나, 해 속에 사는 것으로 알려진 '세발달린 까마귀(三足烏)'를 한민족의 특성을 나타내는 캐릭터(character)로 여기는 것은 모두 우리 고대어인 '굼'과 관련이 있다. '곰'은 '굼'과 음이 같으며 '까마귀'는 그 색깔이 '굼'과 같은 음이다.

'단군 왕검'의 '검'이나 '신령하다'는 뜻의 '영검', 신성한 표시하는 장소에 두르는 새끼줄을 '신삭(神索)'이라 쓰고 '검줄'이라고 읽으며, 제단 앞에 까는 신성한 흙을 또 '神土'라 쓰고 '검토'라 읽는 것들도 '굼'의 의미를 읽어낼 수 있는 사례들이다. 그런데 이 '굼'은 우리나라에서보다는 오히려 일본으로 건너가 '가미(か·み)'가 되어 '신'을 뜻하는 말로 남아 있다.

천신족인 우리 한민족의 성격에는 천신을 뜻하는 '한'이 적합하고 지신을 뜻하는 '굼'은 역시 그 밖의 종족들에게 더 어울리는 특성이 있는지도 모르겠다.

한편 백제의 옛 수도를 웅진(熊津)이라 하는데 우리말로는 '곰나루'라고 한다. 곰나루란 '곰'이 있는 나루, 즉 '임검이 있는 신성한 나루'라는 뜻으로 일본인들은 이곳을 '고마 나루'라 하여 꿈에도 그리워하며 한번 찾아보기를 원하는 곳이다.

또 제사를 담당했던 고구리의 조의선인(皂衣仙人)이 검은 옷을 입었던 이유도 그것이 신성을 의미하는 까닭이었다.

나이 많은 어른을 부르는 '영감'이란 호칭 역시 존경의 뜻이 담겨 있음은 말할 나위가 없으며 '대감'이라는 말의 의미도 그 범주에 속한다.

| ① 돼지 시 | 돼지가 꼬리를 들고 있는 모양 |

지저분하고 우둔한 가축으로만 알고 있는 돼지는 우리가 알고 있는 것보다는 훨씬 영민하면서도 깨끗한 환경을 좋아하는 가축으로 알려져 있다. 돼지가 제법 복잡한 개념을 가지고 있으며 고대사회를 이해하는 중요한 요소로 등장하는 것은 고대사회의 특징인 '토템'과의 관련 때문이다.

(갑골문)   (금문)   (전문)

'豕'의 옛글자

동양의 역사에서 돼지를 자기 토템으로 쓴 사람은 정옥 고양씨의 넷째 아들로 이름을 '여목(余目)'이라고도 하고 '사방책봉(四方冊封)'이라고도 하는 인물이다.

여목씨가 넷째 아들이라는 이유로 여목씨의 토템인 돼지는 유달리 4와 긴밀한 인연을 맺게 되는데 예를 들면 돼지를 뜻하는 '豕(시)'는 4월을 뜻하고 4월을 또 '여월(余月)'이라고 하며, 지나와 일본에서 '豕'는 숫자 '4'를 뜻하고 태양족인 까닭에 돼지를 또 '해(亥)'라고 부르며, 지금도 우리는 고사(告祀)에 돼지머리를 올리며 역사를 반추하고 있는 것이다.

'4'를 또 '死'와 관련하여 '재수없다' 또는 '죽음'을 뜻한다하여 기피하는 까닭도 사방책봉씨의 아들로써 조선의 마지막 임금이었던 '백익(伯益)'이 우임금의 아들인 하계(夏啓)로부터 암살당한 역사적인 사건에 뿌리를 두고 있다.

'豕'와 관련하여 파생된 음과 뜻을 살펴보면 다음과 같다.

豕→4 (사) : 숫자 4의 음가(고양씨의 네 번째 아들의 토템이 돼지였음)

豕→死(사) : 죽음, 불운, 재수 없음(돼지 토템의 백익이 암살당한 사실이 반영)

豕→使(사) : 사신(고양씨의 4째 아들이 형인 곤을 대신하여 나라의 행사에 참석)

豕→史(사) : 사관(고양씨의 4째 아들이 형인 곤을 대신하여 국사를 기록)

豕→豚(돈) : 돈, 복(재화, 돼지를 뜻하는 '돈'이 화폐의 '돈'과 음이 같음)

豕→亥(해) : 태양, 10월(十月, 豕月)

豕→始(시) : 시월을 상달이라 함

豕→屍(시) : 주검(넷째 집안의 백익이 몰살당함)

① 돼지 해	간직하다
② 지지 해	

율력(律曆)으로 '해월(亥月)'이란 음력 10월을 말한다. 10월은 우리 말로 '시월(亥月)'이라 부르는데 '시월(亥月)'은 한해를 마감하는 달로써 마감은 또 새로운 시작이므로 '시월(亥月)'은 또 '시월(始月)'이 된다.

『설문해자』의 '亥는 荄(해)다'라는 말 또한 해월이 되면 양기가 모두 풀뿌리에 갈무리되어 있음을 지적한 것으로 10월이 되면 생명의 기운이 모두 씨로 모이는 까닭에 '亥'는 또 '核(핵)'이라고 한다. '核'은 씨를 말한다.

한편 10월은 음기가 무성한 가운데 미미하나마 양의 기운이 움직이기 시작하는 달이기도 하다.

(갑골문)	(금문)	(고문)

'亥'의 옛글자

지금 사용하는 간지(干支)는 10간 12지를 말하는데 '간지'라는 말을 쓰기 이전에는 '계해(癸亥)'를 썼다.

'계해'란 10간의 마지막인 계와 12지의 마지막인 해를 말하는 것으로 지금은 각각 맨 마지막에 위치해 있지만 당시로서는 이들로 명칭을 삼을 만큼 으뜸이 되는 글자였다.

'亥月'을 '상달(上月)'로 부른 것도 다 까닭이 있었던 것이다.

10월의 천기를 먼저 살핀 후에 이 특성을 나타내기 위하여 '亥'자를 만들었는지 아니면 '亥' 즉 '돼지'에게 10월의 특성과 같은 성질이 있어 이용했는지는 알 수 없다.

다만 '돼지'를 '해'로 불렀다면 거기에는 분명 그럴만한 역사적인 배경이 있을 것이다.

'亥'와 '豕'가 막힘없이 서로의 영역을 넘나드는 것은 두 글자가 모두 '돼지의 모습'으로부터 기원한 글자이기 때문이다.

豬	① 산돼지 저	돼지, 돼지새끼, 멧돼지

우리말의 자신을 낮추는 말에 '제가', '저희', '저의' 등이 있다. 이 때의 '저'란 곧 '돼지'를 말한다.

상대방을 높이고 자신을 겸손하게 표시하는 호칭에 어떻게 '돼지'가 동원되었을까?

앞서 살펴본 '朕(짐)'이 고양씨의 셋째 아들 중여 곤이 사용한 호칭이라면, 이 '豬'는 고양씨의 넷째 아들 사방책봉(四方冊封)씨 여목(余)의 자칭이다.

여목은 자신의 토템으로 '돼지'를 썼다. 돼지를 일컫는 '豕'가 숫자의 '4'를 표시하는 호칭으로 사용되는 배경에는 바로 고대 조선에서 여목이 돼지와 맺었던 특별한 관계가 있었던 것이다.

일본어와 지나어에서 숫자 '4'를 '쓰', '시' 등으로 발음하는 것도 마찬가지로 고양씨의 넷째아들 사방책봉씨 여목의 역사를 이들 나라들이 모두 함께 공유하고 있음을 반영하는 것이다.

그러나 이 넷째 집안이 정쟁에 휘말려 마침내 비참하게 살해되는 비운을 당하게 되면서 당시로서는 존칭이던 '저'는 비칭으로 비하되어 '자기를 낮추는' 말이 되어 버렸다.

점잖은 자리에서 남에게 자기 자식을 소개할 경우 '제 돈아(豚兒)가'라고 말하는 경우를 종종 보게 된다. 지금 이 자는 멧돼지를 일컫는 말로 사용된다. '저돌(豬突)'이란 멧돼지처럼 앞만 보고 돌격하는 모양을 묘사한 말이며 '시돌(豕突)'과도 같은 말이다.

'珠稱夜光(주칭야광)'은 한석봉의 천자문에 나오는 글귀다. 여기의 '珠'는 '구슬'로, '알'로, '알 중에서도 흠 없이 바른 알'로 자신을 표시한 정옥 고양씨의 상징이며 '稱'은 고양씨의 큰부인의 이름이다. '고양씨 부부가 문명에 남긴 공은 캄캄한 밤에도 해처럼 밝게 빛난다'는 뜻의 칭송이 천자문에 자리 잡아 대대로 전해지고 있는 것이다.

그렇다. 어느 곳 하나 모난 곳이 없이 완전히 둥근 그래서 바른 구슬이라 불리는 이가 '고양씨'다. 고양씨가 '○'을 자신의 이름자로 취한 것은 그의 장인인 소호금천씨의 토템이 '새(鳳凰)'이므로 사위(子)인 자신은 그 새의 '알'이란 뜻을 담고 있다. 고대인의 이름짓기는 이렇듯 간단명료하며 단순하면서도 본질적이다.

고양씨의 상징이 '알(○)'이므로 그 후손들은 자연스럽게 알에서 깨어나는 것으로 자신의 혈연이나 신분을 표시하였다. 이것은 신화도 아니고 전설도 아닌 실재하는 역사다. 온통 우리 고대사를 뒤덮고 있는 소위 '난생설화(卵生說話)'들은 그들의 신분이 정옥 고양씨의 후손이라는 것을 표시하는 것 외에 다름 아니다.

알을 깨고 나온 김알지의 탄생설화나 둥근 박에서 태어난 혁거세의 탄생설화, 석탈해, 김수로황, 동명왕의 설화 등이 그 예에 속한다.

'과학적으로 설명할 수 없는 난생설은 고대 민족의 신앙에서 비롯된 우주관이고 민족철학이라 하겠으며, 이러한 설화는 특히 동북아시아 지방 민족에게서 많이 볼 수 있다'는 식의 설명, 즉 이 이야기를 신비스럽게 꾸며 말하는 사람은 내용을 잘 모르는 사람이거나 아니면 거짓말을 즐기는 사람일 것이다.

고양씨의 이 이름자 '알(○)'은 동양의 고대 문화를 읽어내는 중요한 코드 중의 하나이다. 역사를 잃어버림으로써 우리는 그 기원을 알 길이 없었고 그러다보니 '과학적으로 설명할 수 없는…' 식의 엉터리 설명에 놀아날 수밖에 없었던 것이다.

	① 집(집안) 가	집, 건물,
	② 자기집 가	집안,
	③ 학문 가	지아비

'家' 자는 집을 나타내는데 이런 생활주변의 글자일수록 고대의 상징성을 보유하고 있을 개연성이 높다.

지금까지 한자의 자원을 연구한 대부분의 사람들은 '家'는 집을 뜻하는 면(宀)자와 돼지를 뜻하는 시(豕)자로 되어 있으므로, 우선 '돼지가 사는 집'을 먼저 떠올리고 '家' 자가 사람이 사는 집으로 쓰이는 점을 고려하여 '돼지와 사람이 같이 사는 집'을 생각하게 되었다.

이런 생각이 우리나라 제주도 지방에서 돼지를 기르는 특이한 방식과 같은 즉 아래층에 돼지를 기르고 위층에는 사람이 사는 가옥구조를 생각해내고는 옛날에 독사로부터 피해가 심각하였으므로 서로 상극인 돼지를 길러 독사의 위협으로부터 피할 수도 있는 잇점을 드는 것도 빼놓지 않았다.

그러나 그럴듯하게 들리기는 하지만 이런 이야기는 역사적 사실과는 거리가 있는 설명이다. 왜냐하면 '家' 자가 그렇게 설명된다면 '宮(궁)', '室(실)' 등의 글자는 어떻게 설명할 수 있을 것인가?

'宀(집 면)' 자 아래에 들어있는 '呂(여)'나 '至(지)'는 집의 의미를 결정하는 핵심 부호다. '宀'이 '집'을 나타내는 개괄적인 부호라면 그 아래에 있는 '呂(여)'나 '至(지)'는 그 집이 '어떤' 집인지 성격을 말해주는 부호다. 따라서 이 들 글자에서 '宀' 자를 떼어 내고도 사실은 그 집의 구조와 기능을 알 수 있게 된다.

'家' 자에 들어있는 '豕'는 두 가지 의미를 읽어낼 수 있는 상징부호다.

첫째는 이 글자를 만들어 쓴 사람들이 누구인지를 나타내는 표시로 '豕'는 그 사람들의 토템이었으며 다른 하나는 '豕'가 가지고 있는 우리 음 '돝'으로부터 이 집의 모양과 규모를 읽어낼 수 있다는 것이다.

동양 고대사에서 돼지를 토템으로 한 사람은 고대 조선의 사람 사방 책봉씨(정옥 고양씨의 넷째 아들)가 있다. 사방책봉씨는 돼지를 토템으로 사용함으로써 우리 한민족에게 돼지와 관련된 각종의 개념들을 남겨준 선조의 한 분이다.

'家'의 시원자

'家'는 사방책봉씨 때 이들이 살았던 집을 표시하는 글자였다.

그 집의 모양이 어떠한지에 대해서는 김용길님께서 잘 설명해 주셨는데 그 내용을 소개하면, '豕'는 우리말로 '돝'이라 하는데 '돝'은 곧 '돋아있는' 다른 말로 '높이 솟아 있는'의 뜻으로, 누대가 높이 솟아있고 여러 세대가 한 집에 사는 여러 개의 옥(屋)으로 이루어진 큰 집을 말한다는 것이다.

그러니까 '家' 자의 안에 있는 '豕'는 '돼지'를 토템으로 하는 사람들의 표시이며, 동시에 여러 세대가 함께 가정을 이루고 살고 있는 높이 '돋아있는' 집을 나타내고 있는 것이다.

'家' 자에 대한 이런 개념들이 정립이 되고 나면 한 분야에서 일가를 이룬 사람들의 호칭인 'ㅇㅇ家'를 붙이는 까닭을 알 수 있다.

① 새 조	새, 봉황, 별이름

鳥

하늘을 나는 날짐승을 '새'라고 부르는 것은 하늘과 땅의 '사이'를 자유롭게 왕래할 수 있기 때문에 붙여진 이름이다. 새는 또 틈새를 말하는 것이고 사이는 다른 말로 '금'이라고도 한다. 서로 다정한 사이가 깨지면 '금이 갔다'고 한다. 이 때의 금은 사이가 벌어졌다는 말이다. 그래서 새를 또 금(禽)이라고 한다.

새를 나타내는 문자로는 '乙(새 을)'을 비롯하여 '鳥(새 조)'와 '隹(새 추)'와 '禽(날짐승 금)'을 들 수 있는데 역사적으로 뿌리 깊은 글자가 '鳥'자다.

'鳥'자는 그 상형체 금문에서 보면 누구나 쉽게 알 수 있는 새의 모습 그대로이나 굳이 구분하자면 '鳥'는 꼬리가 긴 새를 말하고 '隹'는 꼬리가 짧은 새를 대표한다.

'鳥'의 옛글자 　　　　　　　　　'隹'의 옛글자

이 두 글자는 원래 같은 글자다. 닭을 일컫는 '계'자는 '鷄'와 '雞'를 같이 쓰며 기러기를 뜻하는 '안'은 '雁'과 '鴈'을 같이 쓰는 것도 그 때문이다.

梟	① 올빼미 효	올빼미,
	② 날랠 효	사납고 용맹스럽다,
	③ 목 베어 메어달 효	영웅

'梟雄(효웅)'이란 '영웅(英雄)'을 일컫는 다른 말로써 효웅(梟雄)의 '梟'는 '올빼미 효'라고 새긴다. 올빼미가 사납고 용맹스러운 새이므로 영웅이라는 말의 의미로 사용되었다.

'梟'는 원시 상형문 '𝄞'을 예서로 옮긴 것으로 '나무위에 올라 앉아 있는 새의 모양'이다. 예서로 옮기는 과정에서 새를 뜻하는 '鳥'의 아래 부분 네 점을 생략하고 그 자리에 나무를 뜻하는 '木'을 그려 넣었다.

'𝄞'는 금문의 연구에 따르면 원래 요임금의 이름자이다. 그러나 올빼미는 불효스럽게도 어미를 잡아먹는 나쁜 이미지를 동시에 가지고 있으므로 후세의 가부장제적 예절을 중시하는 관념에 맞지 않아 음이 같은 '鷂(새매 요)'라 하였다가 다시 같은 음인 '堯(요)'로 바꾼 것으로 추측된다.

'𝄞'→鳥+木 →梟

'𝄞'자는 '梟(효)'라 읽으며 '鷂(새매 요)'의 상형체 문자이고 요임금의 표시이다.

① 외짝 척	새 한 마리,
② 척 척	짝 있는 것의 한쪽,
	한사람

'척'으로 발음되는 '隻'의 상형문은 '🐦'이다. 상형에서 살펴보면 이 글자가 새 한 마리를 손으로 잡고 있는 모습이므로 이를 근거로 '새 한마리 척'이라고 새김한다.

'🐦'을 예서로 옮기면 '隻'이 되는데 『설문해자』에는「새 하나이다(鳥一枚也). 손(又)을 쫓아서 새를 쥔(持) 것이다. 새 하나를 쥔 것을 隻(척 척), 두 개를 쥔 것을 雙(쌍 쌍)이라 한다(持一隹曰隻, 持二隹曰雙).」라고 하였다.

역사적으로 '🐦'은 고신씨의 아들 제지(帝摯)의 씨칭이다. 아버지 제곡 고신씨가 '🐦' 왕이므로 자신은 그 새의 다리를 잡은 모습으로 표시하였다. 또 제지의 이름자인 '摯(지)'는 고대에는 '鷙(맹금 지)'와 같이 썼는데 '鷙'자 역시 새를 잡고 있는 모습이다.

이로 미루어 隻, 摯. 鷙 세 글자는 상형문 '🐦'이 변하여 된 것임을 알 수 있다.

'隻'의 상형체 문자

새로써 씨칭을 삼은 경우는 앞서 소호금천씨가 스스로를 봉황으로 표시한 이래 제곡고신씨가 자신을 '🦅王(鷹王, 응왕)'이라 표시한 사례가 있다.

'🦅'을 우리말로 읽으면 '새로운 왕' 즉 'new King'으로 읽을 수도 있고 '새 중의 맹금인 독수리 왕'으로도 읽을 수 있는 말이다.

| 鶀 | ① 수리 부엉이   기 | 농병아리 |

순임금의 두 부인을 아황(娥皇)과 여영(女英)이라 한다. 지방 순수 (巡狩) 중 쿠데타를 일으킨 우임금에게 쫓겨 도망간 순임금을 따라 호남 성의 군산까지 뒤따라갔다가 순임금을 만나지도 못하고 군산의 동정호 에 투신, 애석하게 삶을 마감한 두 부인의 원한이 대나무 결로 나타나 '군산반죽'의 전설이 전한다.

'鶀(기)'는 순임금의 두 부인 가운데 아황의 이름자이다.

'鶀'의 옛글자

해바라기 같은 머리 모습의 새를 연상케 하는 글자로 글자라기보다는 그림에 가깝다.

윗부분의 해바라기 꽃과 같은 모습은 '새(鳥)'로 발전하고 아랫 부 분은 '기(其)'로 변하여 마침내 수리부엉이를 뜻하는 '기(鶀)'자가 되 었다.

4

천문현상에서 기원한 한자

示

① 보일 시
② 지시할 시

보이다,
가리치다,
알리다

고대사회를 이해하는데 필요한 선결지식의 하나는 '하늘'이 곧 '조상'이고 조상이 곧 하늘이란 한민족 전통의 관념이다.

이런 배경에는 부모나 할아버지가 죽으면 하늘로 올라가 해와 달과 별이 된다고 하는 고대인들의 생각이 자리 잡고 있다.

전통적으로 우리 한국인은 '죽음'을 '돌아가셨다'라고 표현하였다. 그리고 이런 관념은 '제사'라고 하는 의식으로 유지된다.

제사란 자기 자신의 정체성에 대한 확인 절차다. 자기 근본과 자기의 뿌리에 대한 반복된 확인 절차가 곧 제사다.

나의 어릴 적 주소는 '전북 호남선 황등역전 장평리'였다. 당시에는 이렇게 하면 우리나라 어디에서도 연락이 가능했다. 만일 우리가 미국에 있는 누구와 소식을 나누려면 이 주소로는 곤란하다. 주소 앞에 대한민국이라는 국적이 추가되어야 한다.

제사란 그와 같은 의미의 행위적 표현이다. 우리가 주소를 쓸 때 국가 또는 민족 단위의 최상위로부터 시작해 오듯이 제사란 '나'라고 하는 존재의 시작을 돌아가신 조상으로부터 시작한다는 표현인 것이다.

우리 조상들은 그 시작을 하늘의 해와 달과 별 즉 '일월성신(日月星辰)'으로부터 시작하였다. 특히 하늘의 북두칠성은 인간의 생명을 내고 또 거두어 가는 곳으로 여겼다. 태어날 때 세이레를 지나고 결혼단자에는 홍색을 일곱 줄을 두르며 북두칠성으로 밤의 시간을 계산하며 죽어서도 칠성판을 타고 마침내는 온통 북두칠성의 하늘아래 영면을 꿈꾼 고구리인의 고분벽화를 보라.

사물을 볼 수 있는 것이나 여러 가지 징조로 미래를 알려주는 것은 모두 하늘의 해와 달과 별이 하는 일로써 우리 선조들은 이들 해와 달과 별을 '삼신'이라 부르며 신앙의 대상으로 삼았다.

이런 한민족의 철학이 담긴 글자가 '示' 자다.

'示'는 '二'와 '小'의 합체로 되어 있다.

'二'는 위와 아래 두 획으로 되어 있는데 위에 있는 획이 아래 획보다 작은 것은 당시에는 '上'자를 뜻한다.(숫자 '二'는 당시에는 크기가 같은 두개의 획으로 표시) 그리고 '小'는 '해와 달과 별이 땅위로 내려 비치는 모양'을 표시하고 있다.

이 둘을 합쳐서 '示'가 되면, '사람의 머리 위 하늘에 있는 해와 달과 별이 땅위에 비쳐서 삼라만상을 보이게 하고, 섭리를 가르치고 인간의 길흉사를 알려 준다'고 풀이한다.

이런 문자가 만들어지는 배경에는 현대 과학도 놀랄만한 합리적인 인식이 숨어있다.

우리가 주위의 사물을 볼 수 있는 건 눈이 있기 때문이지만 결국 우리 눈은 빛이 있을 때에만 제 기능을 발휘할 수 있다는 것을 알 수 있다. 사물을 구분하고 볼 수 있는 것은 눈이 있기 때문이 아니라 빛이 있기 때문에 가능한 것이다.

문자를 만들던 고대인들은 하늘의 해와 달과 별이 있음으로 비로소 세상을 볼 수 있음을 경험으로 알았던 것이다.

따라서 문자의 구성요소 중에 '示'자가 있으면 하늘의 해와 달과 별과 관련되어 있는 것으로 생각하면 틀림이 없다.

특히 '示'는 한국인의 제사에 관한 개념을 보다 명확하게 해주는 중요한 요소다.

① 주검 시	주검, 시체, 신위
② 시동 시	
③ 게을리할 시	

한자의 세계를 바로 아는 것은 우리 인식의 폭을 넓혀주고 사고의 가치를 더욱 깊게 해준다. 한자는 새로운 세계로 통하는 문(文)이기 때문이다.

'尸'자는 일반적으로 '주검', '시체', '시동', '제사지낼 때 신주대신 앉혀놓는 아이'라고 풀이된다.

'왜 시체를 나타내는가?'라는 물음에 대해서는 '사람이 머리를 숙이고 등을 구부리고 있는 모습이 마치 시체가 옆으로 누워 있는 모습'이라고 궁색하게 말한다.

그러나 이런 설명은 '尸'자를 만든 우리 선조들의 관념의 세계를 전혀 이해하지 못했음을 말해준다.

'尸'의 옛 글자는 'ᄼ'으로 점차 지금의 글자로 바뀌었는데 원래 북두칠성의 모양을 나타내는 글자다.

따라서 한국인이 북두칠성에 대하여 가지고 있는 관념을 먼저 이해해야 비로소 '尸'자가 가지고 있는 의미들을 풀어낼 수가 있다.

우리 어머니들이 장독대에 정한수를 떠놓고 아침마다 가족들의 건강과 행운을 빌던 대상이 칠성님이었다. 떡두꺼비 같은 자손을 점지해달라고 물 한그릇 떠놓고 비는 대상이 또 칠성님이었다. 칠성님은 북두칠성을 의인화한 표현이다.

정한수는 북두칠성이 소위 천일생수(天一生水)한 바로 그 물로써 북두칠성의 선기옥형(국자모양)이 북극성을 한바퀴를 돌면서 만든 물을 쏟아놓게 되는데 이것이 곧 하늘의 은하수(銀河水, 미리내)다. 은하수는 마침내 땅에 이르러 서출동류(西出東流)하여 황해로 흘러드는데 황하의 입구에 있는 천진(天津) 즉 '하늘나루'는 하늘과 땅을 오고가며 인간세상을 경영했던 우리 선조들의 우주관이 담긴 지명이다.

북두칠성은 단순한 7개의 별이 아니라 한민족에게 있어서는 생명이 오고 가는 곳이었으며, 온갖 염원을 들어주는 보호신이었으며, 모든 삶의 가치의 기준이었으며 길흉화복의 근원이었던 것이다.

'尸'자는 이처럼 단순히 주검을 표시하는 글자가 아니라 칠성판을 타고 본향인 북두칠성으로 돌아갔음을 나타내는 글자다.

고대에 주검을 이렇게 철학적으로 표현하고 이해할 수 있는 종족은 한민족밖에 없다. 북두칠성에 대한 신앙은 한국인이 갖는 독창적인 신앙이기 때문이다. 죽음을 '돌아가셨다'라고 표현할 수 있는 것도, 동양의 중심국인 가우리(고구리) 고분의 천정화가 온통 북두칠성으로 장식된 것도 북두칠성에 대한 한민족의 신앙을 나타낸 것이며, 조상의 제사에 '시동(尸童)'을 세우는 것도, 손자를 앉히고 '시동(尸童)'이라 부르는 것도 생명과 영혼이 칠성으로부터 와서 다시 고향인 칠성으로 돌아가는 것으로 여겼던 한민족의 생사에 대한 관념의 표시였던 것이다.

따라서 북두칠성은 우리의 조상들이 모두 돌아가 계신 곳이고 또 나도 죽으면 돌아갈 곳이기 때문에 한국인은 전통적으로 북두칠성과 사람을 동일시하였다.

그럼에도 주검의 의미가 강한 것은 역시 북두칠성은 죽어서 가는 곳이기 때문이다.

우리 민가에 사용되는 각종의 부적에 '尸'자가 등장하는 것은 모두 북두칠성에 대한 한민족의 신념이 반영된 것이다.

屠	① 흉노왕 저	짐승을 잡다,
	② 잡을 도	무찌르다,
	③ 죽일 도	짐승을 찢다
	④ 백정 도	

'屠' 자는 '도살장(屠殺場)' 또는 '도축장(屠畜場)'을 떠올리면 쉽게 이해되는 글자로 짐승을 잡아 죽인다는 뜻을 가진 '도' 자다. 짐승을 잡아도 안락사를 시키는 것이 아니라 아주 찢어죽인다는 뜻을 가진 글자다.

『설문(說文)』에는 '고야(刳也)'라고 하였는데 이 '刳(고)' 자는 '갈다', '닦다', '깎다'는 뜻으로 인격을 연마한다거나 어떤 목적을 이루기 위해 뼈를 깎는 것과 같은 아픔을 견디는 것을 말한다.

역사적으로는 이 '屠' 자가 흉노의 왕인 '휴저왕'의 이름자에 나타난다. 휴저왕은 지금의 서안(西安) 북쪽 땅인 무위(武威)의 언지산(焉支山)과 돈황(敦煌)의 삼위산(三危山)이 있는 감숙성(甘肅省)에 자리 잡은 흉노국의 왕이었다.

기원전 120년대 한나라 곽거병의 군대가 밀려오자 이에 맞서 싸우다가 휴저왕은 죽고 흉노의 백성들은 포로로 끌려오게 되었는데 포로 중에는 휴저왕의 아들인 일제(日磾)도 포함되어 있었다. 노예가 되어 한무제의 말을 돌보던 일제는 한무제의 목숨을 구하는 공을 세우게 되고 한무제로부터 김씨(金氏) 성을 받게 되는데 그 배경이 휴저왕의 제천금인(祭天金人)이었다. 이런 까닭에 휴저왕을 우리나라 김씨의 시조로 여긴다('休屠王'은 '휴도왕'이라 읽으면 잘못이며 '휴저왕'으로 읽어야 한다).

'屠' 자의 또 다른 기록이 휴저왕의 이름보다도 훨씬 앞선 황제시절에도 등장한다.

『습유기(拾遺記)』에 의하면, 치우천황을 물리친 황제 헌원은 치우천황을 따르던 백성들을 선별하여 착한 자들은 '추도지지(鄒屠之地)'로 옮기고 악한 자들은 '유북지향(有北之鄕)'으로 옮겨 살게 하였다.

'헌원거치우천기민선자어추도지지악자어유북지향(軒轅去遷蚩尤其民善者於鄒屠之地 惡者於有北之鄕)'

이런 까닭에 성씨 가운데 추씨(鄒氏)와 도씨(屠氏)가 이곳으로부터 생겨나 널리 퍼져나갔다는 것이다.

기록의 진실여부는 차치하고 이 기록으로 미루어 본다면 '屠' 자는 이미 문자가 만들어지던 초기부터 있던 글자이며 이 지역에는 착한 사람들이 모여 살게 되었다는 것인데 어떻게 해서 이 '屠' 자가 짐승을 죽이는 그런 의미를 갖게 된 것일까?

더구나 헌원으로부터 무려 2000년이나 후대에 왕의 이름으로 쓰일 정도의 글자라면 그 뜻이 지금의 뜻과는 달랐을 것이다.

추측하건데 이 '屠' 자는 북두칠성 아래에서 심신의 발전을 꾀하며 수행하는 내용을 담고 있는 글자다. 수행에는 뼈를 깎는 아픔과 고통을 견뎌내야하는 것이 수행자들의 전언이다. '尸'와 '匕'는 모양은 약간 다르지만 모두 근본은 '북두칠성'을 의미하는 글자이며 모두 옛날 우리 선조들이 북두칠성을 모시고 수행을 일상으로 삼았음을 말해주는 글자들이다.

그러나 한민족이 비운을 맞게 되면서 본래의 의미인 '수행'은 사라지고 이름만 남아 마침내 '짐승을 찢어 죽이는 것'으로 전해지고 있는 것이다.

① 꼬리 미	꼬리, 등,
② 끝 미	등뒤,
③ 흘레할 미	흘레하다

'尾'자는 구성 요소별로 나누어보면, 'ア'자와 '毛'자로 되어 있는데 여기의 'ア'자는 주검의 뜻이 아니라 '사람'을 나타낸다.

따라서 억지로 설명해본다면 '사람의 뒷부분에 난 털'이 되는데 사람에게 '뒷부분에 난 털'이 있을 수 없으므로 동물의 가죽을 뒤집어쓰고 의식에 참여한 사람을 떠올릴 필요가 있다.

고대인들이 짐승을 흉내 내거나 자기 종족의 토템을 표시하기 위하여 꼬리 모양의 장식이 달린 특별한 복장을 갖추고 의식에 참여하는 경우가 있었다.

그렇다하더라도 호랑이나 말, 개 등 꼬리가 있는 짐승이 많이 있는데도 하필이면 사람을 뜻하는 'ア'자를 이용하여 '꼬리'를 나타낸 까닭은 무엇일까?

사람에게도 원래 꼬리가 있었으나 점차 퇴화되었다는 설이 있으므로 과거에 대한 향수를 드러낸 것인가? 아니면 이 글자가 사람에게 꼬리가 달려 있을 때 만들어진 것일까?

그것도 아니면 동방7수(東方蒼龍七宿) 가운데 꼬리별을 대진(大辰)이라고도 하고 '미성(尾星)'이라고도 하는데 이 용의 꼬리로부터 '尾'자가 만들어진 것일까?

① 굽을 굴	굽다, 굽히다,
② 다할 굴	불러나다,
③ 강할 굴	베다, 자르다

'굽었다'는 뜻을 가지고 있는 '굽을 굴' 자다. 지금은 '尸' 자 안에 '出' 자로 되어 있지만 원래는 '꼬리 미(尾)' 자 밑에 '出'이 추가된 '屍', '屈' 자였다.

따라서 처음의 뜻은 『설문(說文)』에서 말하듯이 '꼬리가 없다(無尾也)'였다. 실제로 있어야할 꼬리가 나갔으므로(出) 꼬리가 없는 것이다.

'尸' 자 밑의 '出'은 있어야할 꼬리가 보이지 않으므로 나갔음을 표현한 것인데 이 얼마나 재미있는 착상인가!

다시 '尾(미)' 자의 모양을 보자. 꼬리가 있음으로 해서 좌우가 적당히 균형이 잡힌 모습인데 이 모습에서 꼬리가 없다면 '尸' 자만 남게 됨으로 한 쪽으로 몹시 굽은 형태가 된다. 이로부터 '굽다(曲也)'라는 뜻을 가지게 되었다. 그래서 『정자통(正字通)』에 '대체로 굽어 있으면서 펼 수 없는 것을 가리켜 屈(굽을 굴)이라 한다(凡曲而不伸者皆曰屈)'고 기록하고 있는 것이다.

'굴신(屈伸)'은 구부렸다 폈다하는 것을 말하며 '굴종(屈從)'은 제 뜻을 굽혀 복종하는 것을 말하고, 또 인생이 '굴곡(屈曲)'이 심한 사람도 있는 법이다.

그 밖에도 구부러지고 구부러져도 끝까지 견디는 것에서 '屈'은 '盡(다할 진)'과도 같이 쓴다.

① 집 옥	집, 주거,
② 덮개 옥	지붕, 덮개,
	수레의 덮개

'屋'은 글자를 구성하는 요소 덕분에 '죽음에 이르는 집'으로 오해받는 경우가 종종있다. 'ㄆ'자가 주검을 뜻하고 '至'자가 다다르는 것을 뜻하므로 합하면 정말 죽음에 이르는 집이란 표현이 그럴듯해 보이기도 한다.

그러나 '집 옥'이라는 풀이에서 보듯이 사람이 사는 집을 '죽음'과 연관지어 마치 죽기위해서 사는 것처럼 말했을 리가 없다.

생명이 있는 모든 것은 죽기 마련이지만 죽음은 유쾌한 것은 아니기 때문에 아무리 죽음에 대한 철학이 확립되었다 하더라도 편안히 머무르고 싶은 거처를 '죽음에 이르는'이라는 의미로 정했을 리는 없기 때문이다.

이미 말한 바와 같이 'ㄆ'자는 죽음을 의미하거나 사람을 의미하는 글자이기도 하지만 본래는 그보다 훨씬 높은 곳에서 인간 세상에 길흉화복을 내려주는 북두칠성을 뜻하는 글자다.

따라서 'ㄆ' 즉 북두칠성으로 집을 삼았다면 '북두칠성에 안겨서' 또는 '북두칠성의 기운이 미치는' 등의 뜻으로 보아야 하며 그 안의 내용이 '至'라는 것은 '북두칠성에 다다르기 위해 머무는 곳'으로 풀이함이 옳을 것이다.

고대에 '사람이 머무르는 집'을 '屋'이란 문자로 표현할 만큼 철학적인 배경을 가진 민족은 누구일까?

참고로 모 대학의 한 연구논문에 발표된 '屋'자의 설명을 덧붙인다.

「'屋'자는 최초의 뜻이 '지붕'과 관련하여 이루어진 글자다. 'ㄆ'는

■ 174

집의 형상을 본뜬 글자이며 '至'는 '사람이 이르는 집'이라는 의미로 해석하여 '사람이 사는 집'을 말한다.

그러나 이런 해석은 모두 후대에 붙여진 것이고 '屋'의 본래의 의미는 이와는 달리 '屋'은 집의 상층부인 '지붕'을 말한다고 할 수 있다. 적어도 진나라 이전까지는 '屋'은 '지붕'의 의미로 쓰이다가 후대에 '집'의 의미로 사용되었는데 지붕이 집을 구성하는 일부분이기 때문에 '집'의 의미로 발전된 것 같다.

곧 집의 일부분인 '지붕'에서 전체인 '집'의 의미로 확장된 것이다.」

'屋'의 옛글자

'屋'자에 대한 기존의 풀이들이 'ﾛ'자를 만든 한민족의 뿌리 깊은 칠성신앙을 이해하지 못하였기 때문에 집의 구조물에만 집착하고 있음을 알 수 있다.

| 居 | ① 살 거
② 있을 거
③ 어조사 거 | 있다, 살다,
거주하다,
머무르다,
차지하다 |

옛날에는 어디에 사는가에 따라 그 신분이나 지위가 달랐으므로 사는 곳만 알아도 그 사람의 신분을 짐작할 수 있었다. 고대에는 인방과 신방의 구분이 있었으며 조선왕조 때에도 4대문의 안과 밖이 달랐고 또 남산골에 사는 선비의 신분이 달랐다.

그래서 선비는 '거처(居處)'를 분명히 해야 한다고 말한다.

'거처'는 어디를 말하는가? 하룻밤을 묵어도 묵은 그 곳을 거처라고 말하며 평생을 살아도 산 그곳을 거처라고 말한다.

한국인의 관념 속에서 '居處'란 '몸을 두는 곳'을 말한다.

그렇다면 한국인은 몸을 두는 곳에 어떤 의미를 두고 있는 것일까?

'居'자를 통하여 알아보기로 하자.

『설문해자』에는, '居, 凥也'라 하였는데 이 말은 '모여들어 웅크리고 있는 모양'을 나타낸다.

('凥'자는 '웅크릴 준'으로 새기며 '모으다', '춤추다', '춤추는 모양' 등의 뜻을 가지고 있는 글자다.)

단옥재는 이 내용에 추가하여 장황하게 주(注)를 달았는데 '왜 이 글자가 사람이 모여들어 웅크리고 있는가'에 대해서는 명확한 답을 내리지 못하고 있다.

조선인의 가치관 속에 '尸'자가 가지고 있는 의미나 비중을 알 수 없었던 지나인 허신이나 단옥재로서는 불가피한 일이었을 것이다.

'居' 자를 이해하기 위해서는 집안(輯安)에 있는 고구리 고분의 천정 벽화를 상기할 필요가 있다. 당연히 천정벽화의 중심은 북두칠성이다.

'居' 자에서 '尸' 자는 하늘의 북두칠성을 의미한다.

일본에서 발견된 후지노끼 고분을 비롯하여 공개하기 꺼려하는 고분들의 천정에도 역시 하늘의 별자리로 가득 채워져 있는데, 모두 고구리의 영향을 받은 것으로 죽어서나 살아서나 북두칠성의 하늘아래에서 살기를 원했던 한민족의 염원을 표시한 것이다.

고구리인들은 북두칠성 아래 있으면 고향의 품처럼 편안했으며 북두칠성 아래 사는 것은 요즈음 크리스챤의 표현을 빌리면 하나님과 동행하는 삶이었다. 이것은 복을 쌓는 일이며 녹을 저장하는 것과도 상통하는 것이었다.

'居' 자는 곧 고구리의 선인들이 가지고 있던 칠성에 대한 관념이 반영된 글자로 '거처(居處)', '편안하다(安也)', '쌓다(積也, 蓄也)', '앉다(座也)' 등의 뜻을 가지게 되는 배경이다.

'尸' 는 의미를 '古' 는 음을 표시한다.

| ① 주검 시 | 주검 |

관념의 세계만을 생각한다면 '尸' 자 만으로도 이미 주검을 나타내는 것이 충분하고 또 주검과 관련된 다양한 의미를 담아내는데도 불편하지 않다.

그럼에도 그런 사고체계 자체가 너무 추상적이라고 생각했던 모양이다.

보다 분명하게 구체적으로 주검을 표시하는 글자가 필요하게 되었고 그래서 새로 만들어진 글자가 '屍' 자다.

'주검'을 나타내는 '尸' 자를 의지하여 다시 '죽었다'는 의미를 가진 '死'를 중복하여 보다 분명하게 '죽은 시체'를 나타냈다.

그러나 옛날에는 '尸' 자와 '屍' 자는 서로 같은 의미로 썼다.

| ① 오줌 뇨 | 오줌, 소변 |

'노상방뇨금지(路上放尿禁止)'는 내 걷기조차 부끄러운 길거리에 함부로 오줌싸는 것을 금하는 표지다. 이 경우 오줌을 나타내는 한자가 '뇨(尿)' 자다.

글자의 외양에서도 그 모양을 읽어 내기가 어렵지 않다.

'尸'를 사람의 모습으로 하고 그 아랫부분에서 흐르는 물은 오줌이 아니고 무엇이랴!

글자를 만든 사람들의 착상이 재미있다. 물론 후대에 만들어진 회의(會意)자이다.

(갑골문)   (금문)   (전문)

'尿'의 옛글자

　역대 임금들 묘호(廟號)를 순서대로 암기하는 것은 역사 공부에 큰 도움이 된다. 이 큰 줄기가 서면 필요한 사건이나 인물을 순서대로 이해하는데 편리하기 때문이다.

　'태정태세문단세…'는 그래서 우리 국사 공부에 빼놓을 수 없는 암기과제중의 하나였다.

　태는 태조(太祖), 정은 정종(正宗), 태는 태종(太宗), 세는 세종(世宗), 문은 문종(文宗), 단은 단종(端宗), 세는 세조(世祖)…를 나열해 가다보면 조(祖)와 종(宗)의 두 종류가 있음을 알 수 있다.

　어느 경우에 '祖'로 하고 어느 경우에 '宗'으로 하는 것일까?

　대개 왕조의 새 기틀을 마련하였거나 그에 버금가는 큰 업적을 남긴 왕에게는 '祖'를, 그 외에는 '宗'으로 하는 것이 보통이다.

　이렇게 묘호에 사용되는 조종(祖宗)의 기원은 언제부터 인가?

　우리 전통의 뿌리를 밝히는 사람들은 대부분 그 기원을 지나(支那)에서 가져다 풀이하기에 급급하다.

　조종(祖宗)의 묘호(廟號)도 한나라 이후 지나에서 사용된 것을 가져다가 썼다고 떠벌인다.

　조종(祖宗)이라는 말의 기원은 그것이 묘호에 사용된 것처럼 제사와 관련이 있다.

　원래는 제조(祭祖)와 제종(祭宗)이 따로 있었으나 이 둘을 나란히 '조종(祖宗)'이라 부름으로써 조종이란 말의 근원이 되었다.

　순임금은 그의 할아버지인 정옥 고양씨를 모시는 제사(祭祖)와 아버지인 중여 곤을 모시는 제사(祭宗)를 드렸던 것인데 후세에 이 둘을 나란히 하여 '조종(祖宗)'이라는 말이 생겨나게 되었다.

　정옥 고양씨의 이름이 조(祖)이고 중여 곤의 이름이 종(宗)이라고 하는 것은 금문에서 이미 밝혀진 사실이며 중여 곤은 순임금의 생신부(生身父)는 아니나 대부로서 순임금의 제사를 받았던 것이다.

5

제사에서 기원한 한자

| 祭 | ① 제사 제
② 제사지낼 제 | 제사,
사귀다,
신이 접하다 |

'祭'의 옛글자

'제사(祭祀)'라는 뜻의 '祭'의 시원자이다.

상징성이 잘 드러나 있어 고대사회 제사의 양태를 추정할 수 있다.

먼저 글자의 윗부분 '㫃'는 사당의 문으로 추측한다. 사당의 문을 열고 제사를 드린다는 내용을 담고 있는데, 문이 두 짝인 글자와 한 짝인 글자가 있으며 한 짝은 주로 장인의 제사에 나타난다.

'㫃'를 도마 또는 제상으로 보아 상차림 자체를 뜻하는 글자로 보는 견해도 있다.

다음 큰 사람이 아들을 머리에 이고 있는 모습은 모양 그대로 옛 제사에는 손자를 제사상 머리에 앉히고 제사를 드렸던 모양을 나타낸다. 신주를 대신하여 어린 손자를 제사상 앞에 모셨던 것이다. 이 손자를 '시동신상(尸童神像)' 또는 '시동'이라고도 한다.

이것은 모계제사회의 전형적인 제사내용으로 부계의 혈통을 잊지 않으려는 의미를 담고 있다.

모계제 사회에서는 남자들은 모두 여자 쪽에 장가를 들어 나갔다. 따라서 씨앗을 가지고 있는 남자의 입장, 소위 부계의 혈통에서 보면 장가 간 아들이 낳은 아들 즉 손자야말로 할아버지의 직계혈통이므로 '돌아온 핏줄'이다. 손자를 제사상에 모시는 까닭은 바로 혈통의 존중을 의미하는 것으로 볼 수 있다.

'군자는 손자를 안으며 아들을 안지 않는다. 손자는 조부의 신상을 할 수 있으나 아들은 아버지의 시동을 할 수 없다'는 《예기 곡례》의 기록은 이 사실을 말하고 있는 것이다.

근세에는 이 '시동'의 내용을 잘 알 수 없었던 관계로 제사상 앞에 '안석궤'를 놓고 제사를 드렸다.

사당의 문이나 도마 또는 안석궤로 풀이되는 그림글자의 윗부분은 점차로 모양이 변하기 시작하여 한쪽은 고기를 뜻하는 月(肉)으로 오른 쪽은 손(手)으로 그 모양이 변하며 마치 고기를 손으로 잡고 있는 모양으로 풀이되기에 이르렀다.

물론 문자 형성 당시의 내용과는 관계없는 변화이다.

'𥙿'는 곤의 아들의 이름자이다. 곤이 고양씨의 사당에 제사장으로 있을 당시 아들을 낳아 이름을 '𥙿(祭)'라 지었다.

祝	① 빌 축 ② 축문 축 ③ 끊을 축 ④ 축하할 축	사내무당, 박수

제사에는 필수적인 몇 가지 요소가 있는데 그 가운데서도 가장 핵심이 되는 요소는 '축'이다. 축은 어떤 때는 축관(祝官)을 의미하기도 하고 어떤 때는 축문(祝文)을 의미하기도 하는데, 문자가 만들어지던 당시에는 '축'이라는 말 자체가 포괄적인 '제사'의 의미를 가지고 있었다.

『설문해자(說文解字)』에는 하늘이나 조상을 찬미하는 말을 하는 '제주(祭主)'라 하여 '축관' 쪽에 비중을 두고 풀이하고 있으나 지금은 제주보다는 오히려 '축문'의 의미가 더 강하다.

'祝'의 옛글자

글자의 모양에서 살펴보면, '祝'은 '보일 시(示)'와 '맏이 형(兄)'의 합체자이다.

글자의 모양에 근거하여 말하자면 제사에 참여하여 '축문'을 읽는 축관의 모습을 묘사한 글자다.

'示'는 하늘의 해와 달과 별 및 조상을 뜻하고, '兄'이란 '형제'의 현재적 의미가 아니라 모계 중심의 푸나루아 사회에서 여자 짝에게 장가드는 남자 짝 가운데 연장자가 제사에서 축관이 되는 내용을 담고 있는 글자다.

우리말의 '축'은 중심이 되는 뼈대를 의미한다. 따라서 제사가 축이라는 음가를 가지고 있다고 하는 것은 제사가 인간사의 축(중심)이 되는 일임을 말하는 것이며 제사에 있어서는 축문과 축관이 또 축(중심)이 되는 것을 의미한다.

'가축(家畜)'도 농가에 있어서는 살림의 근간이 되므로 '축'이란 음가를 갖게 되었다

그러나 지금은 축의 의미가 많이 퇴색하였다. 원래 '祝'은 제사 용어이므로 오늘날 우리가 다반사로 사용하는 '축하'의 개념으로는 적당한 용어는 아니다.

고대 문자가 만들어지던 당시에는 기쁜 일이나 슬픈 일이나 매사를 조상과 함께 하였다. 들어올 때나 나갈 때에도 조상을 모신 사당에 들러 고하는 것이 보통이었으며, 집안의 대소사를 모두 조상에게 고하고 상의하는 것이 가장의 임무였다. 몸은 비록 이 세상을 떠났으나 그 영혼은 사당에 모셔진 신주를 매개로 그 자손들과 같이 살았던 것이다.

문자가 만들어지던 이런 배경을 이해하게 되면 이제 '축하'라는 말의 참뜻을 짐작할 수 있을 것이다. 그것은 산 사람들만의 이야기가 아니라 하늘을 포함하여 돌아가신 모든 조상들까지도 포함하는 개념인 것이다.

하늘과 조상을 동일시하는 것은 조상들은 돌아가셔서 모두 하늘의 해와 달과 별이 되었다는 우리 전통의 관념에 바탕을 두고 있다.

성축이 고양씨 집안의 제례를 주관하는 지위에 오른 것을 기념하여 지어준 이름이다.

① 더러울 추
② 못생길 추
③ 흉할 추
④ 부끄러울 추

추하다,
미워하다,
나쁘다

'추'라는 음은 '추하다'라는 생각이 먼저 떠오를 만큼 더럽고 보기 흉하며 부끄러운 것을 나타내는 말이다. '추문(醜聞)'은 추잡한 소문을 말하며 또 '추잡(醜雜)'이란 말과 행실이 지저분하고 잡스러움을 나타낸다.

'醜(추)'는 어떻게 이렇듯 지저분한 것을 나타내게 되었을까?

추의 상형체 금문은 다음과 같이 몇 종류가 있다.

4개의 금문에 공통으로 나타난 '醜'의 시원자는 '여자가 술도가니 또는 음식을 들고 제사상 옆에 다소곳이 꿇어 앉아 있는 모습'이다.

이들 醜의 옛글자들로부터는 '더럽고 추한' 의미는 찾아 볼 수가 없고 오히려 '醜' 자가 옛날 제사활동과 관련이 있는 문자임을 짐작할 수 있다.

여자의 모습인 '⻌'은 '⻌'으로부터 온 것으로 '⻌⻌(癸人)'으로서 이후 '귀인(貴人)'이라는 말의 근원이 되었다.

이것이 다시 변하여 '⻌'가 되었는데 이것은 '鬼(귀)'로써 여자가 酒食(주식)을 饋(궤. 음식을 드리다, 대접하다, 보내다)하는 자세에서 온 글자다.

이름자에 등장하는 '鬼'는 '己', '箕', '器' 등과 같은 종류의 글자로서 세 가닥의 머리를 잘 단장한 여인의 모습이다.

여인이 손으로 받치는 좌측의 물건은 두 종류인데 '🏺'은 '酉(유)'로써 모양대로 술도가리를 형용하였고 '﹚'은 '卣(유)'로써 술통을 나타냈다.

받치는 손 밑의 '﹜'은 훗날 '기(箕)'자의 기원이 되는데 지나인들은 '箕'자를 '치'라 발음한다. 시골에서 쌀을 까부는 도구를 '치'라고 하는데 이 글자는 곧 치의 모양을 닮아 있다. 지나인이나 우리의 음가 모두가 고대 문자를 읽어내는데 소중한 요소들임을 알게 된다. 치 모양의 글자는 고양씨의 부인인 '칭(🅰)'을 뒤집은 글자이다.

이처럼 세 개의 부분이 합쳐진 '醜'는 본래는 '왕비'라는 뜻의 귀하고 아름다운 칭호였으며 아울러 '올린다', '드린다'는 뜻으로 쓰였으나 부계 중심의 사회로 바뀌면서 '추할 추', '더러울 추' 등으로 뜻이 바뀌어 쓰이게 되었다.

'추'로 발음되는 이 글자는 동양의 역사에는 '종규(終揆)'라고도 하고 '중계'라고도 일컬어지는 바로 그 여인의 이름자이다. 정옥 고양씨의 작은 부인이 낳은 딸로써 제곡 고신의 큰부인이다.

지나어로 '쿠데타'를 의미하는 말에 '종규타(終揆打)'라는 말이 있다. 바로 이 여인 '終揆'를 중심으로 순임금이 유신으로 이룩한 부계제 사회를 다시 환원하는 혁명을 일으켰는데 이 역사적인 사건에 근거한 말이 바로 '종규타(終揆打)'다.

① 정할 전	높다,
② 제사지낼 전	지위가 높다,
③ 바칠 전	우러러보다

　'제사지낼 전'으로 풀이하는 '奠' 자는 '영정 앞에 술과 과일 등을 차려 놓는 일', '정하다', '정해지다' 등의 뜻을 가지고 있다.

　그 시원자는 ''으로 제사용 술을 담은 술도가니를 두 손으로 받들어 올리는 모습이다. 이 모습으로부터 '제사에 술과 음식을 올리다'라고 풀이하며 확대하여 제사에 제물을 올리는 행위 전체를 일컫는 말로 사용되었다.

　'奠' 자는 '酋(추)'와 '大(대)'로 이루어 졌는데 '酋'는 '酒(술 주)'로 '오래된 술', '익은 술', '성숙하다'의 뜻이 있으며, '大'는 ''로 손을 말하므로 의미를 합치면 '제대에 술을 올리다'라는 뜻을 가지고 있는 글자다.

'奠'의 옛글자

① 갚을 수	갚다, 보내다,
② 잔돌릴 수	배상하다,
	서로 말을 주고 받다

수작(酬酌)이란 주객이 서로 술을 권하는 것이나 술잔을 서로 주고받는 것을 말하는데 말을 주고받는 것 역시 수작이라고 한다.

수작(酬酌)의 '酌'이 술을 따르는 것을 말하고 '酬'는 주고받는 행위를 의미하는데 이 '酬'의 시원자가 '貶'이다.

'酬'는 '酉(술 담는 그릇 유)'와 '州(고을 주)'가 합해진 글자로, '州'는 음이 같은 '舟(배 주)'를 대신하고 있는데, '舟'는 곧 '貶'로써 '月'자를 떠올리면 '州'의 내용이 조상을 모신 사당에 술잔을 올리는 것임을 알 수 있다.

제주가 잔을 올리면 집사가 잔을 받아 제사상에 올리게 되는데 이러한 행위로부터 '서로 주고 받는다'는 개념이 자리잡았으며 게다가 고대에는 제사를 주관하는 것은 커다란 특권에 해당하는 것이었으므로 권한을 주고받는 것으로까지 의미가 확장되어 쓰이게 되었다.

貶 → 貶 → 酬

'酬'의 변화하는 모습

' | '이 잔으로 변하여, 잔을 주고 받는 것이 권위를 주고 받는것으로 또 제사드릴 권한을 주고 받는 것으로 볼 수 있다. 기둥을 '주'라하고 배를 또 '주(舟)'라 하는 것이 모두 신농씨의 기둥 ' | '에서 온 까닭이다.

'酬(수)'자는 희화 주씨가 사당의 제사장이 되면서 받은 이름자에서 기원한다.

① 떳떳할 이	떳떳하다, 법,
② 종묘제기 이	영구히 변하지 않는 도
③ 법 이	

글자의 구성요소를 보면, 돼지머리(ㄅ)와 쌀(米)과 실(糸)을 두 손으로 받드는 모습으로 술병, 제기 등 종묘제례에 쓰이는 각종 도구를 일컫는다.

이 제기는 종묘에 노상 갖추어져 있어야 함으로 '항상(常)'이란 뜻을 갖게 되었으며 이로부터 의미가 확대되어 '불변의 도', '떳떳하다', '영구히 변하지 않는 도', '법' 등의 뜻을 가지게 되었다.

제사라는 것이 후손된 자로서 선조를 모시는 당연한 도리이며 제사에는 또 엄격한 법도가 따르는 것이므로 '彝'자가 가지고 있는 그런 의미들은 짐작하기 어렵지 않다.

그런데 문제는 이 '이(彝)'자를 구성하고 있는 '돼지머리(ㄅ)'와 '쌀(米)'와 '실(糸)'과 받들어 모시는 '손(廾)'의 관계에 관한 것이다.

'돼지머리'와 '받들어 모시는 손'에 관해서는 제사라는 점을 고려하면 이해할 수 없는 바는 아니나 '米'와 '糸'는 무엇을 의미하는 것일까?

(갑골문)

(금문)

'彝'의 옛글자

허신은 '米'와 '糸'에 대하여 설명하기를, 제사에 빼놓을 수 없는 것이 술인데 술은 곡식으로 빚는 것이므로 '米'는 술을 상징하고 제단에 올리는 제물은 깨끗한 천으로 덮어 놓아야 하므로 '糸'는 제물을 덮는 연두빛 비단을 상징한다고 하였다.

수 년 전 우연한 기회에 강원도 평창 미탄의 육백마지기라는 곳에 삼신신앙대본사를 방문하여 참배할 기회가 있었다.

물론 단군 왕검 할아버지와 비서갑 할머니를 모신 제단이었는데 그 제단 위에 쌀과 실타래가 놓여 있었던 것이 생각난다.

'繫'의 내용과 '삼신신앙대본사'의 제단에 받쳐진 두 가지의 제물의 동일성은 어떻게 설명이 될 수 있는 것일까?

우리말에 '의식(意識)'이란 말이 있다. '사물에 대하여 아는 것이 우리 마음에 미치는 영향'이라고 정의내릴 수 있는 '意識'과 제례의 순서인 의식(儀式) 그리고 인간 생존의 3요소인 '의식주(衣食住)' 가운데 '의식(衣食)'이 동일한 음가를 갖게 된 것은 우연일까?

의식이란 제정신 또는 주체적인 자기 정신으로 풀이할 수 있다면 적어도 먹는 것, 입는 것 정도는 해결이 되어야 비로소 의식을 이야기할 수 있는 것이 아닐까?

檀 | ① 박달나무 단 | 박달나무,
대나무의 형용

'한'과 더불어 한민족을 대표하는 또 하나의 글자가 '檀'자다. '박달나무'를 뜻한다고 말한다.

박달나무는 어떤 이유에서 한민족과 관련을 맺게 된 것일까?

지금까지는 박달나무의 '박달'이 같은 음의 '밝달'과 동일함으로 '밝달' 즉 '배달'과 같은 말이며 따라서 우리 겨레의 호칭인 '배달민족'을 상징하는 말이라고 풀이한다.

실제로 '박달나무'는 단단하기가 쇠처럼 단단하거니와 나무껍질이 밝은 색이어서 우리 겨레의 호칭인 '배달'을 설명하기에는 더없이 좋은 소재인 것으로 보인다.

그렇다면 박달나무를 말하는 '檀'자는 어떻게 이루어졌는지 살펴보자.

'檀'자는 '木(나무 목)'과 '亶(믿음 단)'으로 되어 있고 '亶'자는 또 'ㅗ(토 두)', '回(돌 회)' 그리고 '旦(아침 단)'자로 되어 있는데 '亶'자의 구성요소에 대해서는 별도로 설명할 것이므로 여기서는 '亶'자를 하나의 요소로 간주하고 설명하기로 한다.

대체로 부수에 '木'이 들어가면 '나무의 이름'이거나 '나무의 성질' 또는 '목재(木材)'를 표시하는 경우가 많으므로 원래 만들어진 글자에다 후에 나무의 특성에 따라 이름을 붙이면서 '木'자를 붙여서 썼다고 볼 수 있는데, 『설문해자』나 『강희자전』에, '檀, 木也'라 한 것을 보면 그것이 '나무'의 이름을 표시하고 있음을 알 수 있다.

아마도 지나인들이 '檀' 자에 대하여 갖는 의미는 이것이 전부일 것으로 생각되므로 이제 우리 자료를 참고로 '檀' 자의 또 다른 의미를 살펴보려 한다.

'檀' 자에 대하여 우리가 갖는 의미가 지나인의 그것과는 차이가 있다고 하는 점은『태백일사』의 다음부분에서 극명하게 드러난다.

「하늘로부터의 밝음을 '桓' 이라 하고 땅으로부터의 광명을 '檀' 이라 한다.(故自天光明謂之桓也自地光明謂之檀也所謂桓卽九皇之謂也)」

'땅으로부터의 광명을 檀이라 한다' 는 이 말은 무엇을 뜻하는 것일까?

우선 이 말로부터 우리는 '檀' 이라고 하는 글자가 단순히 '나무' 의 한 종류를 말하는 것만은 아니라는 점과 '檀' 이라고 하는 글자가 '桓' 이라고 하는 글자와 서로 짝을 이루고 있다는 점을 읽어낼 수 있다.

좌변의 '木' 은 이 글자가 나무의 어떤 것을 나타내고 있음을 의미하는 부호이며 그 나무의 속성을 알 수 있는 글자는 우변의 '亶' 자다.

'亶' 자는 대체로 '믿음 단', '도타울 단', '많을 단', '오로지 천' 등으로 새김하는데 여기에 더하여 지나인들은 본래 '多穀(다곡)' 즉 '많은 곡식' 을 의미하는 글자라고 풀이할 뿐 더 이상의 설명이 없다.

'많은 곡식' 이라면 흔히 쓰는 말로 '오곡백과(五穀百果)' 라고 하면 될 것을 굳이 '많은 곡식' 을 의미하는 글자를 별도로 만들 이유가 어디에 있었을까?

지나인에게는 다 알려지지 않은 이 '亶' 자는 사실은 '제단에 올려진 곡식' 을 의미한다.

하늘제사(天祭)든 조상제사(祭祀)든 제단에는 정성으로 마련한 여러 가지 햇곡식을 올리기 마련이므로 제단에 올려진 제물을 보고 지나인은 '많은 곡식' 이라고 보았다.

'亶' 자가 가지고 있는 '厚也(도탑다)', '信也(믿음)', '誠也(정성)' 등의 의미는 모두 이것이 '제단에 올려진 곡물' 또는 '제사' 로부터 파생된 의미들이다.

다시 말하면 '많은 곡식' 을 표현하기 위하여 '亶' 자를 만든 것이 아니라 '亶'으로부터 '많은 곡식'이라는 의미를 얻어낸 것이다.

다시 본론으로 돌아가서 이 '亶'자가 제단을 의미한다면 그것이 어떻게 '밝다'라는 의미와 관련을 갖는 것인지를 살펴보자.

'桓'과 '檀'이 하늘과 땅이라는 다른 영역에서이기는 하나 모두 '밝음'을 표시하는 글자라는 사실은 이미 다 아는 사실이다. 비록 밝음을 나타내는 속성은 같다 할지라도 하늘과 땅이라는 영역 간에는 서로 적용되는 법도가 다른 법이어서 하늘이 땅에 통하기 위해서는 '제사'라는 의례의 통과를 전제로 한다.

'亶'은 그 음이 '단'인데 이는 종묘사직의 '단'을 포함하여 하늘 제사를 위해 쌓은 단을 말한다. 이 단에 차려진 풍부한 곡식은 곧 하늘이나 조상이 땅에 임하심을 의미한다.

'하늘의 밝음'을 '한님'이라고 볼 수 있다면 '한님'이 이 땅에 내려와 광명으로 드러나는 것은 '제사'를 통해서라고 말할 수 있겠다.

이것이 '제단(亶)'을 통하여 '하늘의 밝음'이 '땅의 광명'으로 작용하는 것으로 이해한 한민족의 사유체계이다.

소위 '한'은 어디에나 존재하는 것이지만 제례라는 의식을 통해서 비로소 땅에 모습을 드러내는 것이라고 생각한 것이 우리의 선인들은 믿음이었다.

하늘의 밝음이 단순히 물리적인 '빛'만을 의미하는 것이 아님을 알수 있고 따라서 '桓'을 꼭 '환'으로 발음해야한다고 고집할 필요도 없음을 알 수 있다.

'제단(亶)' 옆에 서있는 '나무'는 '桓'자의 경우에서처럼 신령스런 나무일 수도 있고 '솟대'일 수도 있는데 이것은 제단이 가지고 있는 매개적인 역할을 의미하는 것이다.

'檀'자에 대한 탐구를 통하여 우리는 단순히 글자 하나의 이해에 머물지 않고 '한자'라는 이름으로 포장된 문자들에 대한 지나인의 이해와 우리의 이해가 얼마나 큰 차이가 있는지를 느끼게 된다.

한자에는 분명 형이상학적이며 철학적인 의미가 있고 아울러 형이하학적이며 물리적인 의미가 있다. 지나인은 물리적이며 형이하학적인 의미를 많이 계승하였고 우리는 형이상학적이며 철학적이고 가치지향적인 의미를 많이 계승하였다.

그럼에도 우리는 지나인들이 가지고 있는 내용을 배우기에 급급하였으니 한자를 통하여 이룩한 우리 선조들의 의식세계가 제대로 전해질 리가 없었던 것이다.

'檀' 자의 의미를 탐구하면서 이르게 되는 결론이다.

'檀'의 옛글자

점을 쳐서 다가오는 미래의 무언가를 알고 싶어 하는 사람들의 심정은 어제와 오늘이 다르지 않다. 동방 은(殷)나라에서는 모든 인간사가 점의 대상이었는데 심지어 '오늘 집을 나가서 왼쪽으로 갈까요? 아니면 오른쪽으로 갈까요?' 라는 일상사까지 점을 쳐서 결정했다고 하니 오늘 우리로써는 조금 지나치다는 생각이 들기도 한다.

오늘날에도 곳곳에 점을 치는 집을 보게 되는데 이 집에는 대체로 원색의 천을 가지가 약간 남아있는 대나무 장대에 묶어 문 곁에 세워 놓는 습속이 있다.

내 어릴적 기억으로는, 그 집에는 할머니 한분이 계셨는데 동네의 온갖 길흉사에 대하여 해법을 가지고 계신 분이었다. 심지어 눈에 난 종기(속칭 다리끼)에 대해서도 그 할머니를 찾아가면 치료법을 들을 수 있었던 것이다. 할머니는 온갖 지식을 다 갖추고 있어 어떤 어려움에도 마치 마술주머니 속에서 구슬 꺼내듯 머릿속에 담긴 해법을 꺼내기만 하면 되는 듯하였다.

그러니 사람들은 어떤 문제가 생기기만 하면 이 원색의 장대 깃발이 세워져 있는 할머니 집을 찾게 되었고 그러면 만사 해결이 되곤 하였던 것이다.

누구든 스스로 해결하기 어려운 문제를 가지고 점집 할머니를 찾아오면 적절한 해답을 얻을 수 있으므로 사람들에게 있어서 '깃발(朮)'은 곧 '성공'을 의미하는 것이었다.

이것이 우리 전통사회에서는 자연스러운 모습이었다.

이런 민속을 나타내는 문자가 '成'자다. '成'의 시원자는 깃발이 세워져 있는 아래 깃발을 잡고 있는 사람(勁)으로 이루어져 있다.

본래 봉읍(封邑)에 깃발을 세우는 것은 제사(祭祀)와 도축(禱祝)을 나타내는 장소의 개념이다.

지금은 역사 유물이 되어버린 사찰의 입구에 서있는 당간지주(幢竿支柱) 또한 이 깃발의 또 다른 형태일 것이다.

지금은 근본을 잃어버려 왜 깃대를 세우는지조차 알지 못하지만 점치는 집에 세워져 있는 대나무 깃대는 뿌리 깊은 우리 역사와 문화를 오늘에도 말없이 증거하고 있는 것이다.

6

결혼제도에서 기원한 한자

	① 버금 아	버금, 흉하다,
	② 동서 아	동서(同壻)
	③ 아시아 아	

전형적인 모계사회의 결혼제도를 반영한 글자다. '동서 아'라 새긴다. 한 가정을 이루는 두 남자와 두 여자의 관계에서 동성끼리 서로를 부르는 말이다.

이 호칭은 무려 4천년이란 오랜 세월이 흐른 지금에도 그 모계제의 유습을 간직한 채 남아있는데 우리 가정에서는 형제에게 시집온 여자들끼리, 여자 형제에게 장가든 남자끼리 서로 동서라고 부르고 있는 것이다.

'亞'는 이렇게 인류 역사의 초기 모계를 중심으로 가정과 사회가 유지되던 시기에 만들어져 그 당시의 가정에 대한 내용을 담고 있는 초기 글자 가운데 하나이다.

'亞'의 옛글자

'亞'에 '버금' 또는 '다음'의 의미가 추가되는 것은, 우임금의 아들 하계(夏啓)가 임금이 되고나서 유호(有扈)씨를 관직에 봉하게 되었는데 하계가 임금이므로 하계가 속해있는 자씨(自氏)가 우선(尊)이고 임금으로부터 벼슬을 받은 유호씨가 속해있는 주씨족(鑄氏族)이 다음(次)이라는 인식이 문자에 반영된 것이다. 따라서 '次(다음, 버금)'라고 하는 개념은 하(夏)나라 이후 왕실의 주체가 바뀜에 따라 새로이 추가된 의미이다.

惡	① 악할 악 ② 나쁠 악 ③ 더러울 악 ④ 미워할 오 ⑤ 병이름 오	악하다, 추하다, 불길하다

'惡'은 '亞'와 '心'이 합해져 만들어진 글자로 '동서의 마음' 정도로 풀이할 수 있다.

동서의 마음이란 어떤 마음일까? 문자가 만들어지던 애초의 의미로 풀이하면 '부인을 공유하는 남편사이의 마음' 또는 '남편을 공유하는 여자사이의 마음' 이다.

남편이나 아내를 공유한다는 것 자체가 지금으로써는 생각할 수도 없는 일이므로 쉽게 공감하기는 어려운 문제이나 '동서사이의 마음' 은 그런 마음이다. 따라서 당연히 '惡' 의 초기 의미는 서로를 아끼고 사랑하는 그런 뜻을 가지고 있었을 것이다.

그러나 사회제도가 모계제에서 부계제로 돌아서고 공동의 부인과 공동의 남편의 관계는 변하여 일부일처제가 등장하면서 '부인이나 남편까지도 나누어 가지는 마음' 인 '동서의 마음' 은 이제 서로를 미워하는 마음으로, 서로를 추하게 여기는 마음으로 혹은 불길한 마음으로, 질투하는 마음으로 바뀌고 말았다.

'仇(구)' 자가 원래 '다정한 짝' 을 의미하였으나 서로 미워하는 사이가 되어 '원수 구' 가 된 것과 마찬가지로, 원래는 '다정한 마음' 이었던 '亞心(아심)' 은 사회제도가 변하면서 시기하고 미워하며 질투하는 마음으로 변하고 말았다.

仇	① 짝 구	원수,
	② 원수 구	원망하다,
	③ 미워할 구	짝

푸나루아 모계사회의 핵심 용어가 '짝'이다. 짝이란 학창시절 같은 책상을 쓰는 친구를 연상케 하는 말로써, 모계제 사회제도 아래에서 형제는 공동 아내의 공동 남편으로 서로를 친근한 동반자 즉 '짝'이라 불렀다.

아내를 공유할 만큼, 부인을 공유할 만큼 다정한 사이를 일컫는 말이 '짝'이란 말의 원래 뜻이다.

'仇'의 금문은 두 마리의 새가 서로 다정하게 마주보고 있는 모습이다.

'仇'의 옛글자

그러나 이렇게 다정한 동반자를 부르던 호칭인 '仇'는 순임금의 사회 대변혁(부계중심의 사회제도) 이후 형제가 서로 등지고 각자 가정을 따로 꾸미게 되면서 친근한 동반자는 한순간에 원수가 되고 말았다.

문자는 사회의 변화를 반영하는 것이어서 이 때로부터 '仇'자가 '벗'이라는 의미와 '원수'라는 서로 상반된 의미를 동시에 가지게 되었다.

지금은 다정한 벗이라는 의미의 '友(벗 우)'자가 있는데 이 '우'라는 음은 고대의 짝을 말하는 '구'에서 온 말이다. 옛날에 '구'와 '우'는 같은 음이었다.

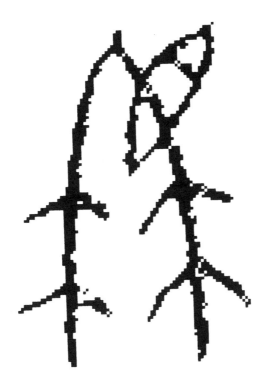

백익의 이름자, 益(익)의 시원자이다.

	① 나 아	나, 우리,
	② 우리 아	외고집

'오등(吾等)은 자에 아(我) 조선(朝鮮)의 독립국임과 조선인의 자주 민임을 선언하노라…'

언제 들어도 심장을 뛰게 하는 기미독립선언문의 첫머리에 등장하는 '我 朝鮮'은 '우리 조선'으로 풀이된다. '아(我)' 자는 '나 외에 누구도 개입할 수 없는 순수하고 진정한 나'의 의미로만 알고 있는 사람들에겐 이 표현이 어색할지도 모르겠다.

그러나 한국인의 정서에서 '나'와 '우리'는 언제든지 통용되는 개념 이다.

'我'의 옛글자

'我'의 옛 글자를 보면, 무기로 무장한 병사가 서로 등을 대고 공동의 영토를 지키는 모양이다.

'나'라는 말이 때로 배타적인 의미가 있으므로 무기가 등장하는 것은 그렇다 하더라도 '我' 자에 두 사람이 개입되어 있다는 것은 뜻밖이라고 생각할 수 있다.

그러나 이 글자가 만들어지던 당시가 모계사회이고 특히 남녀 각 두 명씩 짝을 이루던 가정을 생각해야 한다.

'我' 자에 등장하는 두 사람은 한 가정을 이루는 두 사람의 남편이다. 이들이 손에 무기를 들고 자기의 영토를 지키는 모양인데 풀이하면 두 사람의 부인과 같이 사는 두 남자가 서로 자기의 가정과 소유를 지킨다는 뜻이다.

이렇게 보면 '나'는 또 자기 자신만을 뜻하는 말이 아니라 큰 서방과 작은 서방이 서로 남남이 아니라 바로 나 자신이라는 것이며 이것이 곧 우리말의 '우리'라는 뜻의 기원임을 알 수 있다.

한국인은 나와 우리를 구분 없이 사용한다. '내 아내'라 하지 않고 '우리 부인'이라고 말한다. 자기 부인을 누구와 공유한단 말인가? 아니다. 우리 어법이 형성될 당시 모계제사회의 특성 때문에 형제는 남남이 아니라 서로를 '나'라고 불렀는데 이 습성이 지금까지 계속되고 있는 것이다.

형제를 또 다른 말로는 '동서' 즉 '아(亞)'라고 하는데 '亞'와 '我'는 결국 같은 의미인 것이다.

'我' 자에 등장하는 무장한 병사는 고양씨의 큰아들 성축과 둘째아들 구축이다.

	① 맏(언니) 형	맏이, 형, 벗을 높여 부르는 말

'兄' 자는 '祝(빌 축)' 자와 비교하여 설명하는 것이 이해하기가 쉽다.

왜냐하면 '兄' 자 자체가 '祝' 자와 모양이 비슷하기도 하거니와 거의 동시에 만들어지는 문자이기 때문이다.

우선 두 글자 공히 제사(祭祀)와 불가분의 관계에 있는 글자다.

지금의 의미대로 풀이하면 맏이가 제사에서 축을 읽을 수 있기 때문에 '兄' 자를 이용하여 '祝' 자를 만든 것이며 반대로 '祝'을 읽을 수 있는 사람이 '兄'이기 때문에 맏이를 '兄'으로 불렀다고도 볼 수 있다.

고대의 제사에 '축(祝)'을 읽을 수 있는 사람은 그 집단에서 '兄'의 지위에 있어야 한다. 바꾸어 말하면, 제사에 참여하여 '祝'을 읽을 수 있는 사람이 '兄'이다. 그래서 '兄'은 '어른', '우두머리', '제주'의 뜻을 가지고 있다.

그 시원자를 보면 사람이 제사에 참여하여 꿇어 앉아 있는 모습이다.

'兄'의 옛글자

푸나루아 모계제 사회에서 '兄'은 지금처럼 먼저 태어난 자를 부르는 호칭이 아니라 같이 부부를 이루는 남자 짝 가운데 '연장자'를 부르는 호칭이었다.

부부는 형제가 짝을 이룰 경우도 있었고 삼촌과 조카가 짝을 이룰 경우도 있었으므로 '兄'이란 지금의 개념과는 많은 차이가 있다. 그 연장자를 '兄'이라고 부르는 것은 그가 제사에서 축관이 되기 때문이다.

'제사'를 중요시했던 고대인들의 관념과 모계제 사회를 동시에 고려해야 '兄'의 의미를 제대로 이해할 수 있다.

이런 지식을 갖추면 고구려의 관직인 '대형(大兄)'이란 지위가 제사와 관련이 있는 관직임을 짐작하기 어렵지 않다. 또 제사에 있어서 '축(祝)'은 제사를 구성하는 핵심요소인데 우리말의 축은 중심 뼈대를 말한다.

알자왕(제곡고신)이 재위 9년 9월 30일에 고양씨의 둘째아들
구축씨에게 돈을 주어 제기를 만들도록 하였다는 내용의 금문이다.

7

나라이름으로 쓰이는 한자

桓

① 굳셀 한
② 푯말 한
③ 머뭇거릴 한
④ 모감주나무 한

역참의 표지로
세워놓았던 나무,
크다

우리는 '한'이라는 말과 특별한 관계를 맺고 있는 겨레다.

무상위의 하늘에 계신 하느님을 '한'이라 하며 그 한의 아들(天子)이 세운 최초의 나라를 '한'이라 하고 또 그 나라의 통치자를 '한'이라 하며 통치자의 눈이 되어 세상을 섬기는 자를 '한'이라 하고 그 나라의 백성들은 스스로를 또 '한'이라 불렀다.

처음과 끝과 중앙이 '한'이며 크고 작음이 또 '한'이고 염원하는 바가 마음속으로 갈무리되어 응어리지면 그것을 또 '한'이라 한다.

한민족(韓民族)이 있기 전에 '한족(桓族)'이 있었으며 주역(周易)이 있기 전에 '한역(桓易)'이 있었고, 무궁화(無窮花)가 있기 전에 '한화(桓花)'가 있었으며 단기(檀紀)가 있기 전에 '한기(桓紀)'가 있었다.

『한단고기』(소도경전본훈)에 '한즉여희동의야(桓卽與羲同義也)'라는 기록에 근거하여 살펴보면, '桓'은 '羲(희)'와 같은 뜻이며 '羲'는 '해' 즉 태양을 의미하므로 '桓'은 또 '해'를 뜻하는 글자로도 사용되었다.

일만 년의 긴 역사를 이어온 한민족에게 있어서의 '한'의 모습이 이러하다.

그래서 '한'을 우리 민족의 상징어라고 말한다.

'한'은 무려 80여 가지의 뜻을 가지고 있는 것으로 알려져 있는데 김상일님은 '한'이 인류문명의 기원과도 깊은 관련이 있음을 지적하기도 하였다.

'桓'자는 '韓', '漢' 등과 더불어 우리의 상징어인 '한'을 나타내는 여러 한자중의 하나인데, '桓'이 최초로 쓰인 용례는 안함노가 쓴 『삼성

기전 상』의 '석유한국(昔有桓國)', '오한건국(吾桓建國)' 등의 기록에 나타난다.

'옛날에 한국이 있었는데…', '우리 한이 나라를 세운 것은…' 등으로 풀이할 수 있는 삼성기의 내용은 '桓'이 우리 겨레가 최초로 세운 나라의 이름이며 그 나라를 세운 사람들이 또 '한'임을 선언하는 표현이다.

그러나 '桓'자와 관련하여 빼놓을 수 없는 기록『한단고기』태백일사(太白逸史)/신시본기(神市本紀)의 다음 구절이다.

「하늘로부터의 밝음을 '桓'이라 하고 땅으로부터의 광명을 '檀'이라 한다.(故自天光明謂之桓也自地光明謂之檀也所謂桓卽九皇之謂也)」

'하늘로부터의 밝음을 한이라 한다'는 이 말은 '桓'이 곧 '하느님'과 불가분의 관련이 있는 글자임을 말해준다.

'桓'의 옛글자

'桓'자는 '木'과 '⬚'의 합체자인데 '木' 즉 '나무'는 우리가 어디에서나 흔히 볼 수 있는 것이지만 여기에서의 나무는 나무의 속성을 나타낸 의미부호다.

나무는 위로도 자라지만 땅으로도 뿌리를 뻗어간다. 이런 속성 때문에 나무는 하늘과 땅을 이어주는 중간자로 이해되거나 하늘과 땅의 기운을 끌어당겨 서로를 연결해주는 교량으로 이해된다.

이것이 동양철학에서 말하는 소위 5행의 하나로서의 '목(木)의 기운(氣運)'이다.

따라서 이런 소견을 갖추어야 비로소 나무 한그루를 세워놓고도 우주와 자유롭게 소통했던 고대인의 의식세계를 이해할 수 있는 것이며 우리

커발한 한웅께서 신단수 아래에서 신시를 열었던 까닭을 이해할 수 있는 것이다.

고구리의 고분 벽화마다 등장하는 신비스러운 나무 또한 고구리인들의 우주적인 의식세계를 표현한 것으로 '桓' 자에 포함되어 있는 '木' 자의 성격을 나타내주는 사례이다.

따라서 '桓' 자의 한 요소인 '木'은 산과 들에 자라는 예사로운 나무가 아니라 소위 우주와 지금의 나를 연결해주는 나무로 인류학에서는 '우주목'이라 부른다.

다음의 '◉' 자는 상, 하에 각각 '一'이 있고 그 사이에 소용돌이나 회오리바람처럼 빙빙도는 형상을 표현하였는데 이것은 신묘하게 변하는 '丨'의 한 형태다.

'丨'은 초기에는 좌나 우로 조금씩 기우는 듯한 모습으로부터 마침내 소용돌이 또는 회오리바람처럼 빙빙 도는 모습에서 변화의 절정을 이룬다.

동일한 예가 '回' 자와 '雷(우뢰 뇌)'의 옛 글자인 '뢰'에 남아있어 참고가 된다.

상하의 '一'은 혹 '二' 자로 보는 경우도 있으나 여기서는 '위로 하늘과 아래로 땅' 즉 공간적인 이 세상을 의미한다고 보겠다.

이상은 우리 한민족학의 입장에서 '桓'에 대해서 풀이해본 것이므로 기존의 풀이들과는 어떤 차이가 있는지 지나의 자료들을 참고로 살펴보기로 한다.

지나의 대표적인 문자 해설서인 『설문해자』와 『강희자전』에는 '亭郵表也(정우표야)' 즉 '역참마다 세워진 이정표(里程標)로 4각의 나무기둥'이라고 설명하고, 계속해서「4개를 세워놓은 것을 '桓'이라 하는데 2개를 세워도 역시 '桓'이라 하며 하나의 나무기둥에 4개의 표시판이 붙은 것도 역시 '桓'이라 한다. 흙을 쌓아올린 토대위에 집이 있는데 높이 솟아있는 기둥이 있고 기둥을 뚫고 4개의 판이 나와 있는데 이것을 일러 '한표(桓表)'라고 한다. 또 현의 치소 양변을 끼고 각 1개의 '桓'을 세웠다. 나무대신 돌로 만든 비를 세우기도 한다. 그런데 속언에 '桓'은 '和'와 음이 같으므로 오히려 '和表(화표)'라 하기도 하고 '華表(화표)'라 쓰기도 한다」고 하였다.

복건(服虔)은 말하기를 "요임금이 만들었는데 교량의 기둥에 가로질러 4개의 나무가 나와 있는 것을 '桓'이라 한다"고 하였다.

이것은 사람의 통행이 빈번한 곳에 눈에 잘 띄도록 나무를 세우고 이리저리 방향을 가리키는 표지판을 붙인 나무기둥으로 요즈음의 '도로표지판'과 같은 것을 말한다.

먼 길을 가는 낯선 객에게는 큰 도움이 되었던 '桓'은 또 남을 비방하려는 사람들에게도 아주 적당한 장소였던 모양이다. '桓'은 그래서 '비방지목(誹謗之木)'이라고도 한다.

우리는 이상의 풀이로부터 '桓'자와 관련된 몇 가지 요점을 설정할 수 있다. 그것의 하나는 '이정표'라고 하는 구조물의 속성에 관한 것이고 또 하나는 '桓'의 음가에 관한 것이다.

지금은 '이정표'라고 하는 것이 단순히 도로 이용자의 편의를 위한 것으로 볼 수 있지만 고대 사회에서 '이정표'의 기능은 지금처럼 그렇게 단순한 것이 아니었다.

이정표의 기원을 말한다면 과거 우리 마을의 어귀나 신성한 곳에 세워놓았던 '장승'이나 '솟대'를 들 수 있을 것이며 이들이 만들어지기 시작한 시기나 그 의미는 지금까지도 분명히 밝혀진 바가 없을 정도로 그 연원은 깊고 오래다.

『태백일사』「삼신오제본기」의 '하늘 아래 두루 있으면서 5제(靑帝, 白帝, 赤帝, 黑帝, 黃帝)의 사명을 주관하는 이를 천하대장군이라 한다'는 기록을 참고로 한다면, 장승은 보이는 세계와 보이지 않는 세계를 통합하는 어떤 존재이다.

만일 '천하대장군'을 체(體)와 용(用)이 있어 나눌 수 있다면, 오랜 세월을 지나오면서 지나인들은 '천하대장군'의 '용'을 계승하였고 우리 한겨레는 '천하대장군'의 '체'를 계승하였다고 말할 수 있다.

결국 '桓'은 한겨레가 이해하는 형이상학적인 존재의 표시임과 동시에 마을 어귀나 길가에 우뚝 서있는 이정표의 기능을 동시에 가지고 있다고 할 수 있다.

보이지 않는 세계의 '하느님'과 땅에 나타난 천하대장군, '장승'과 심지어는 '솟대'에 이르기까지 또 길거리의 '이정표'와 무덤에 서있는 '비목(碑木)' 등이 문화적 용어로서의 '桓'이 가지고 있는 의미다.

또 하나의 요점은 '桓'의 음가에 관한 것이다.

'桓'자 독음에 대한 의견이 '환'과 '한'으로 나뉘어 논란이 끊이지 않는데 지나인들은 '桓'자를 또 '화'로도 읽는다고 하니 그렇다면 '환'과 '한'과 '화'로 다시 삼파전을 벌여야 하는가?

아니다. 신농씨의 아들인 '희화(羲和)'씨의 이름을 예로 든다면, 그 내용을 모르는 이들로부터 '희'씨와 '화'씨 두 사람인 것으로 풀이되기도 하는데 '희'나 '화'나 모두 '해' 즉 태양을 말하는 소리라고 하니 우리가 생각하는 것처럼 '환'과 '한'도 그렇게 큰 차이가 있는 말은 아닐 수도 있다.

하지만 '환'은 '빛'이라는 물리적인 자연현상에 근거한 표현이고 '한'은 철학적인 가치에 근거한 표현이므로 그 차이는 서로 양보할 수 없는 이유가 되기도 한다.

『말은 어떻게 태어났나?』의 저자이신 박병식 님의 연구에 따르면 인류의 언어는 최초에 '하'와 '마'에서 시작되어 3대 원시 조어(祖語)인 '마라라(母)', '하라라(父)', '라라라(子)'로 발전하여 갔다고 하니 '환'과 '한'과 '화'는 모두 같은 계열의 음일 것이며 굳이 선후관계를 따진다면 '한→화→환' 또는 '화→한→환'으로 변해갔을 가능성을 추측해볼 수 있다.

따라서 이 세 가지 음을 다 사용하는 것도 무방하나 역사·철학적인 의미를 고려한다면 '한'으로 쓰는 것이 우리 정서에 부합될 것으로 생각한다.

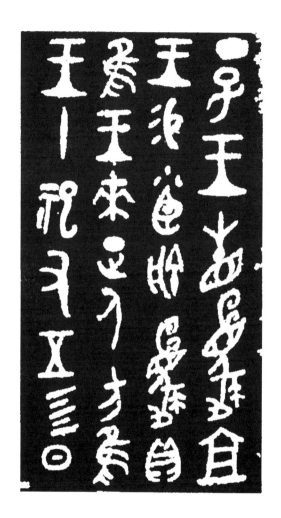

「알자왕(제곡고신)이 희화씨를 모신 사당에 제사를 드렸다.
이때 왕이 중여(고양씨의 셋째 아들)에게 돈을(주패) 주었다.
새왕이 인방에 와서 제사를 드린것은 새왕 10년 5월 5일이다」라고
풀이되는 금문.

| 朝 | ① 아침 조
② 조정 조
③ 임금 뵐 조
④ 왕조 조
⑤ 이를 조 | 시작의 때,
뵈다, 알현하다 |

동양에서 가장 오래 된 인문지리서인『산해경(山海經)』에는 처음으로 세워진 나라로 '조선(朝鮮)'을 소개하고 있다.

동해지내 북해지우 유국명왈 조선 천독 기인수거 외인애지
東海之內 北海之隅 有國名曰 朝鮮 天毒 其人水居 畏人愛之
〈산해경 해내북경〉

'朝'자로부터 '조선(朝鮮)'이라는 나라를 먼저 떠올리는 것은 우리의 뿌리 깊은 역사의식을 반영하는 것이기도 하지만 이 양자를 분리해서 생각하기 어려운 것은 이들이 기원을 같이하기 때문이다.

따라서 '朝'자가 갖는 '아침'이란 의미도 '朝鮮'이 우리 민족사에 있어서 아침과도 같은 나라이므로 '朝'자는 '어둠을 열고 태양이 떠오르는 아침'을 상징한다고 여긴다.

특히 '朝'자의 갑골문의 모습이 마치 '풀 속에서 태양이 솟아오르는데 그 옆에 아직 지지않은 달이 남아 있는 모습'처럼 보이므로 '朝'자가 갖는 '조정(朝廷)', '왕조(王朝)' 등의 의미가 있지만 역시 기본이 되는 것은 '아침'이라고 단정한다.

허신이 쓴『설문해자』에는 '아침'을 보다 구체적으로 구분하여 '해가 떠서부터 조반을 먹기 전까지'라고 말하고 있다.

이처럼 '朝'는 '아침'의 의미가 움직일 수 없는 중심처럼 되어 있는

데 이런 의미에 최초로 의문을 제기한 분이 복초(伏草) 최인(崔仁) 선생이다.

복초 선생은 '민족사의 출발이나 민족의 본질을 철학적으로 논할 일이지 해가 뜨고 날이 밝고 어둡고 하는 미물 짐승들의 오관(五官)에 의지한다고 하는 것은 민족사의 모독이다. 짐승과 사람의 차이는 바로 오관이나 본능이 아닌 사고하는 힘, 철학의 유무가 그 기본'이라고 문제를 제기하였다.

사마천의『사기』조선열전(朝鮮列傳)에는, '조선유조수 열수 선수 삼수 합위열수 의낙랑 조선 취명어차야(朝鮮有潮水 洌水 汕水 三水 合爲 洌水 疑樂浪 朝鮮 取名於此也)'라 하여 '朝鮮'이라는 이름이 조수, 선수라는 물 때문에 생긴 이름이라고 했다.

그러나 사마천의 이 기록은 '姜'씨와 강수(姜水)의 관계에서처럼 액면 그대로 수용하기에는 문제가 있지만 '朝鮮'의 '朝'가 기존의 뜻 외에 또 다른 의미로도 읽힐 수 있음을 말하는 것이기도 하다.

또『한단고기』를 주(註)한 임승국 선생은 '조선'이란 우리말이 한자인 '朝鮮'보다 먼저 있었을 것에 착안하여 '朝鮮'의 어원인 '숙신(肅愼)'과 또 숙신의 옛 이름인 '주신(珠申)'에서 조선의 뜻을 찾으려 하였으며 '조선'이 '아침은 빛난다' 등의 한자와는 무관함을 주장하였다.

한편『금문의 비밀』의 저자이신 김대성님은『이아(爾雅)』의 기록가운데서 지금까지 알려지지 않은 '朝'의 또 다른 의미를 소개해 주셨는데 '아짐 조(我朕 朝)'가 그것이다.

'아짐 조(我朕 朝)'란 '我'는 '나' 또는 '우리'를 말하고 '朕'은 '내 님', '나랏님', '나라', '태양', '밝다'라는 뜻이므로 '우리 님', '내 님', '우리나라', '밝은 님', '태양같이 밝은 님'이란 뜻으로 읽어야 하며, 혹 '아짐'에서 '아침'으로 변했을 가능성을 조심스럽게 내비쳤다.

만일 '아짐 조'에서 변하여 '아침 조'가 되었다면 '찬란한 해가 뜨는 아침의 나라'로 풀이해온 '조선'이라는 나라는 어떻게 되는 것일까?

지금까지의 다양한 풀이를 참고하면서 우리의 지식을 동원하여 '朝'의 옛 글자로부터 다시 살펴보자.

'朝'자는 '丨'과 '一' 그리고 '日'이 합쳐진 좌변과 우변의 '月'이 합쳐진 글자인데, 좌변의 '卓'자는 '十'과 '日' 그리고 '十'자가 합해진 것이며 '十'은 또 '丨'과 '一'이 합해진 글자이므로 금문의 지식을 동원해 보면, '朝'의 좌변은 붙임검이신 신농씨(丨)와 신농씨의 딸 뉘조(一) 그리고 신농씨의 아들인 희화 주씨(日)를 표시한 것이다.

이 세 분이 집합해 있는 의미를 알 수 있는 키워드가 '△'이다. 세 분을 한꺼번에 말할 때 쓰는 기호가 '△'인데 『설문』의 안내대로 '집'이라 읽는다.

개인에게 있어서는 집이지만 '朝'가 나라의 이름인 점을 감안하면 '△'은 또 종묘를 의미한다.

나라를 '종묘사직'이라는 말로 부르는 것은 또 그만한 까닭이 있었던 것이다.

다음엔 '朝'의 좌변 '月'을 살펴보자.

'月'은 '달'을 의미하는 글자지만 '肖 → 日 → 刖 → 舟 → 月'의 변화과정을 거쳤으므로 옛 글자로부터 그 의미를 살펴보면 '月'은 희화 주씨의 아들인 정옥 고양씨의 이름자이며 동시에 '술잔을 주고 받는다' 또는 '제사에 술을 올린다' 라는 의미를 가지고 있다.

'舟'자의 위에 있는 '人'은 지붕을 의미하며 여기서는 조상을 모신 사당을 뜻한다.

따라서 '朝'자에는 신농씨와 뉘조 그리고 신농씨의 아들 희화 주씨, 주씨의 아들 정옥 고양씨 등 4명의 이름이 들어 있고 사당과 그리고 제사 드리는 내용이 구체적으로 담겨있다.

이런 까닭에 '朝'자는 '정옥 고양씨가 아버지와 할아버지를 모신 사당에 제사를 드린다'는 뜻을 가지고 있다고 풀이한다.

이제 이 '朝'자에 대한 이해가 선행되면 '朝'로부터 만들어지는 '朝鮮'이란 나라에 대한 이해가 한결 쉬워지는데, '종묘에 제사를 드림으로써 비로소 나라가 시작되었다'는 고대사회의 실상을 구체적으로 말해줄 뿐만 아니라 '왕조(王朝)', '조정(朝廷)' 등의 용어가 모두 '나라'의 대명사인 고대의 '조선'으로부터 기원하였음도 알 수 있다.

예를 들어 '하왕조(夏王朝)'는 '하왕가가 다스리는 조선'이라는 뜻이며 '주왕조'란 '주왕가가 다스리는 조선'이란 뜻이다.

조선이란 나라를 잃어버린 우리로서는 이해하기어려운 말일 수도 있으나 이것이 역사의 실상이다.

'朝'자로부터 만들어지는 나라인 '朝鮮'이 정옥 고양이라는 인물에 의해서 건국되었다는 이야기 역시 새로운 사실이므로 이 부분에 대해서는 향후 많은 연구를 필요로 한다고 하겠다.

한편 이 '朝'자도 시간이 지나면서 많은 의미의 변천을 겪게 되었다.

본래의 의미인 제사나 종묘나 사당은 '묘(廟)'자를 별도로 만들어 사용하고 정작 '朝'자는 '아침'이란 또 다른 뜻으로 사용되고 있다.

뿌리도 없는 '아침'을 버리고 '아짐'을 찾아 제대로 읽는 날이 빨리 오기를 기대한다.

① 나라이름 한	나라이름,
② 성 한	삼한, 우물귀틀

'한'이란 말은 우리 겨레의 상징어다.

상고에 우리 선조가 세운 최초의 나라 이름이 '한국(桓國)'이고 조선에 이어 탄생하는 '마(馬韓) · 진(辰韓) · 변(弁韓)'의 나라가 '삼한(三韓)'이며 근세에 이르러 '대한제국'과 지금의 '대한민국'에 이르기까지 '한'은 우리의 정체성을 듬뿍 담고 있는 말이다.

우주 삼라만상의 주자재인 신의 이름을 우리는 '한'이라 부르며, 마음에 품은 원(願)이 또 '한'이며 작은 것과 큰 것이, 처음과 끝이 우리에게는 모두 '한'이다.

신라의 왕호인 거서간(居西干), 마립간(麻立干)의 '간'이 '한'이며 각간(角干), 대각간(大角干)의 벼슬 이름 '간'이 곧 '한'이다.

몽골의 영웅 '징기스칸'의 '칸'은 우리말 '한'의 또 다른 음으로 지도자를 '한'이라 부르는 그들의 뿌리는 별도의 연구 대상이다.

이처럼 지고의 대상인 신으로부터 아주 적은 하나에 이르기까지 또 왕과 관료의 호칭에서 우리 겨레의 호칭에 이르기까지 거침없이 통용되는 '한'의 정체는 무엇일까?

'桓', '韓', '漢' 등은 모두 우리말 '한'을 표현하는 문자들인데 우리가 스스로를 '韓國人'이라 여기는 한 '韓'자는 '한'을 표시하는 다른 '한'자보다도 우리의 정체성을 담은 대표적인 문자다.

이제 우리 '한국'의 이름자에 사용된 '韓'은 무엇을 의미하는 글자인지 기존의 설명으로부터 그 내용을 살펴보기로 한다.

'韓'의 옛글자

먼저 『설문해자』의 '韓'자 풀이는 '정교야(井橋也)' 즉 '우물의 난간'이며 '한'이란 음가는 '韓'의 모양과 비슷한 '倝(해돋을 간)'자로부터 온 것이라고 말한다.

'韓'자의 모양으로부터 '우물'을 떠올리고 둘레에 상하로 대칭을 이루고 있는 것들은 '난간'을 뜻한다고 본 것이다.

단옥재의 주(註) 또한 여러 기록에 나타난 '井橋' 즉 '우물난간'에 대해서 장황하게 설명하고 있는데 이것은 단옥재 자신이 '韓'자의 깊은 뜻을 모르고 있음을 드러내는 것 외에 무엇을 말하는지 알아듣기가 어렵다.

'한'이란 음가에 대해서도 '韓'자가 '倝(간)'자에 '韋'자를 덧붙인 것처럼 보이므로 '간'으로부터 '한'이 되었다고 말한다.

이낙의(李樂毅)가 지은 『한자정해(漢字正解)』에는 '韓'의 옛 글자를 살펴서 '아침 해가 막 떠올라 낭떠러지 밑을 비추고 있고 낭떠러지 위에는 푸른 풀이 자라고 있으며 그 아래에는 제단이 있다'고 설명한다.

이 설명은 기존의 한자에 대한 상식에도 어긋나는 풀이로서 저자의 상상력이 지나치게 가미된 풀이라고 말할 수 있다.

이들 설명을 대하면서 느끼게 되는 것은 허신이 『설문해자』를 편찬한 후한(後漢) 때에 벌써 역사 초기에 만들어진 문자들의 내용이 거의 잊혀졌다는 것이다.

그러나 문자의 생명력이란 끈질긴 것이어서 4천여 년에 걸친 망각에도 결코 생명을 다하는 법이 없다.

이제 우리의 고대 문자에 대한 지식을 동원하여 '韓' 자가 담고 있는 내용을 풀어볼 것인데 그전에 몇 가지 방향설정이 필요하다.

먼저 '韓' 자는 이 글자가 고대 '국가' 의 이름자로 쓰였다는 점으로부터 접근해야 한다. 이것은 매우 중요한 관점으로써 문자가 가지는 의미는 가치지향적 특징이 있기 때문이다.

특히 '韓' 자가 역시 고대 국가의 이름인 '朝' 와 유사하다는 점이 또 하나의 참고사항인데 『강희자전(康熙字典)』에 중요한 단서가 소개되어 있다.

그것은 '韓' 자의 대전(大篆)이 '朝' 자의 대전 '' 과 모양이 거의 비슷하다는 점에서 '韓' 자는 '朝' 자와 서로 비교하며 풀어야 한다는 것이다.

이제 이런 전제아래 '韓' 자를 구성하고 있는 요소들을 나누어 살펴보자.

'韓' 자의 좌변 '卓' 자는 '朝' 자와 공통자로서 이미 설명하였으므로 생략하고 우변의 윗부분 '人' 역시 좌변의 인물들을 모신 사당을 의미하나 이 글자들이 나라의 이름자로 쓰였다는 사실을 감안하여 '종묘(宗廟)' 로 풀이한다.

남은 부분은 우변의 아랫부분인데 '朝' 자에서 우변은 제사 드린 주체인 고양씨의 이름자와 종묘에 제사 드린다는 내용으로 풀었던 점을 떠올리면 '韋' 또한 종묘에 제사 드린 사람의 이름자일 것이며 종묘에 제사 드렸다는 사실에서 이 사람의 신분이 임금이라는 것도 짐작할 수 있다.

'韋' 자는 지금은 상하의 발 모양이 방향이 서로 다르므로 '어긋나다' 라는 뜻으로 쓰이고 있지만 본래는 '호위하다' 라는 뜻의 글자였다.

'韋' 자가 만들어지는 과정은 다음과 같다.

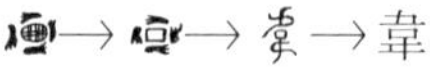

'韋' 자의 변화하는 모습

'韋' 자의 원래의 모습은 '' 이다. 봉토를 중심으로 주위를 돌고 있는 발의 모양을 나타낸 것으로 '봉토를 호위하다' 또는 '밭 가운데 농작

물을 호위하며 지키다' 라는 뜻으로 읽는다. '護(보호할 호)' 자와 '衛(지킬 위)' 자의 시원자이다.

봉토의 가운데에 세로로 쳐진 5개의 획으로부터 이 글자가 순임금의 이름자임을 읽어낸 분은 낙빈기 선생이다.

'韋' 자에 들어있는 상하의 두개의 발과 순임금의 이름자인 '舜' 자에 들어있는 두개의 발의 표시는 모두 '◢' 자의 흔적인데, 이 두 글자에 들어 있는 발의 모양이 서로 방향을 달리하고 있는 것으로 서로 '어긋지다' 라는 뜻을 표시하고 있다고 말한다.

그러나 '위' 라고 하는 음이 '호위' 한다는 본래의 뜻에서 변화하여 '어긋나다' 라는 뜻을 갖게 되는 것은 당시를 지배하던 모계제의 유습을 버리고 부계중심으로의 사회 대변혁을 시도한 '순임금의 유신(維新)' 이라는 역사적인 대사건이 반영된 결과다.

결국 '韓' 자는 순임금이 조상을 모신 종묘(사당)에 제사를 드렸다는 내용을 표현하는 글자로 '韓' 자보다 먼저 만들어진 '朝' 자의 경우를 토대로 다시 풀이해보면 고양씨 이래로 세워진 종묘사직에 제례를 올린 주체가 순임금이라는 뜻이다.

한편 우리나라 '韓' 씨는 '행주 기(奇)씨' 와 서로 형제지간이라 하여 통혼하지 않는데 이것은 순임금과 푸나루아 관계에 있던 형 오회(吳回)와의 관계에서 기인한 것으로 '韓' 자가 순임금의 이름자이고 '奇' 자가 순임금의 형 오회의 이름자이므로 韓씨와 奇씨는 서로 형제지간이라 하여 금혼(禁婚)하는 것이다.

역사는 어떤 형태로든 사람들의 의식에 영향을 미치고 있음을 새삼 느끼게 된다.

倭

① 왜국 왜　　　　순하다,
② 뺑돌 위　　　　빙 돌아서 먼 모양

‘倭’ 자는 먼저 ‘임진왜란(壬辰倭亂)’과 ‘왜구(倭寇)’를 떠오르게 하므로 우리 겨레로서는 좋은 정서로 대하기 어려운 면이 있다. 더구나 21세기 이르러서도 반성 없이 역사왜곡과 독도문제로 우리의 감정을 상하게 하는 걸 보면 우리 선조들이 ‘寇(도둑 구)’ 자를 써서 ‘왜구’라고 부른 까닭을 이해할 만도 하다.

그러나 왜인들의 행태는 지탄을 받아 마땅하지만 문자야 무슨 죄가 있겠는가? 왜인에 대한 감정을 제쳐 두고 ‘倭’ 자가 가지고 있는 문자로서의 내용을 살펴보기로 한다.

지금의 ‘일본(日本)’은 ‘일본’이라는 국호를 사용하기 이전에는 ‘왜(倭)’ 또는 ‘왜인(倭人)’이라고 불렸다.

이 ‘倭’에 대하여 『설문해자』에서 허신은, ‘順貌(순모)’ 즉 ‘순하다’라고 하였고 단옥재는 주(注)하면서 「왜(倭)와 위(委)는 대략 뜻이 비슷하다. ‘委’는 ‘따르다(隨)’라는 뜻이며 또 ‘좇는다(從)’는 뜻이다. 광운(廣韻)에 ‘신모(愼貌)’ 즉 ‘신중하다’라 하였다. 한시(韓詩)에서 ‘왜지(倭遲)’는 ‘위이(威夷)’로 썼다」고 덧붙였다.

이 기록을 토대로 한다면 ‘倭’는 ‘비교적 점잖고 신중하며 외모도 온순한 사람들’이었던 것으로 보인다.

뿐만 아니라 ‘왜지(倭遲)’라는 말은 왜인들이 마치 우리 조선조의 양반들처럼 느릿느릿 팔자걸음을 걷는 모습을 연상케 하는 말인데 이 ‘왜지(倭遲)’를 ‘위이(威夷)’ 즉 ‘동이족의 위엄있는 모습’으로 보고 있다는 것은 결국 ‘倭(왜)’가 동이족의 한 갈래라는 사실을 말해준다. 느릿느릿

뒷짐을 지고 팔자걸음을 걷는 것은 동이족의 전통적인 행동거지였던 모양이다.

그러나 '倭' 자는 '委(맡길 위)' 자를 가져다가 'ㅓ(사람 인변)'을 붙여서 '왜'를 표시했으므로 '倭'의 본래의 의미는 '委' 자에서 찾아야 한다.

'倭'의 옛글자

'委' 자는 '禾(벼 화)'와 '女(계집 여)' 자가 합쳐진 글자이므로 마치 '곡식을 짊어 나르는 여자'처럼 보이지만 이 풀이에 참고해야할 귀절이 『강희자전』에 언급된 「集韻」의 다음 기록이다.

'위적뢰미신추지총명소왈위다왈적 위적이대시혜'
(委積牢米薪芻之總名少曰委多曰積委積以待施惠)

풀이하면 '우리에 쌓아둔 쌀과 땔나무와 꼴을 통틀어 위적(委積)이라 하는데 적은 것은 위(委)라하고 많은 것을 적(積)이라 한다. 위적은 위급하고 어려운 자들에게 베풀기 위해 예비하는 것이다'라고 할 수 있다.

따라서 '委'의 '禾'는 위급한 경우에 대비하여 준비하는 곡물로 볼 수 있으며 아랫부분의 '女'는 음을 나타낸다.

또 '委委(위위)'가 '의젓하고 아름다운 모양'을 뜻하는 것도 '委' 자의 성격을 파악하는데 도움이 된다.

지금까지 살펴본 것처럼 '倭' 자는 비교적 소박하고 당당한 의미를 가지고 있는 글자다.

따라서 이런 뜻의 글자를 가져다 종족의 이름으로 사용했다면 필경 그럴만한 까닭이 있을 것인데 '委'자가 '맡기다', '위임' 등의 뜻을 가지고 있는 것을 고려한다면 왜는 자주적인 주권을 가지고 있는 나라라기보다는 권력을 위임받아 일정한 지역을 관할하는 소위 총독부와 같은 성격의 집단일 가능성을 추측해 볼 수 있다.

조선에서 일본의 침입을 '왜란(倭亂)'이라 부른것도 일본을 하나의 나라로서가 아니라 조선의 지역정권으로 인식하는 정서가 이때까지도 여전하였음을 말해주는 사례라 하겠다.

실제로 고대사를 연구하는 분들의 주장을 따르면 일본이라는 국호를 사용하기 전의 왜는 동이족 즉 우리 겨레의 한 갈래이며 거주지역도 지금의 일본 땅이 아니라 양자강 이남의 대만으로 추정하기도 한다.

그리고 그런 인식은 조선왕조가 1592년 일본의 침략을 '임진전쟁(戰爭)'이 아닌 '임진왜란(亂)'으로 규정한 사실에서도 확인된다.

지금의 생각으로 '7년 전쟁' 또는 '임진전쟁' 등으로 불러야 한다고 주장하는 것은 당시인들의 역사인식을 무시하는 처사이거나 아니면 전쟁과 난도 구분하지 못하는 자들이거나 둘 중의 하나일 것이다.

조선조가 난으로 불렀다면 우리는 그대로 부르는 것이 타당하다.

또 왜구의 침입을 '임진왜란'이라고 할만큼 왜와는 한민족이라는 공통된 정서를 가지고 있었음이 틀림없다.

우리의 고대사를 제대로 찾는다면 왜의 역사도 저절로 제자리를 찾을 수 있을 것이고, 왜의 역사가 자리 잡히면 불편한 이웃 일본의 뿌리가 드러나 우리와의 관계가 명확해져서 역사왜곡 같은 일로 감정을 낭비하는 일도 없어질 것이다.

① 둔할 로	노둔하다,
② 어리석을 로	미련하다,
③ 노나라 로	나라이름

'魯' 자는 '노둔하다' 라고 풀이하는데 '노둔하다' 라는 말은 무슨 말인가?

우리말의 '둔하다' 는 말은 '鈍(둔)' 이라는 말로도 족한데 굳이 '노(魯)' 자를 더하여 '노둔하다' 고 했을까?

'魯' 자에 대한 이해는 이 글자가 나라이름에 쓰이고 있다는 데서부터 시작해야 한다. 어떤 글자가 나라이름에 쓰였다면 그것은 비교적 떳떳하거나 아름답거나 자랑스러운 글자로 보아야 할 것이다. 많은 글자를 두고 '어리석고 둔하다' 는 말로 나라이름을 삼을 사람들이 있을 것으로는 생각되지 않기 때문이다.

따라서 이 글자는 나라이름이 먼저였고 어떤 정치적인 이해관계 때문에 '둔하고 어리석다' 라는 의미가 추가되었을 것으로 볼 수 있다.

'魯' 자는 '魚(고기 어)' 와 '日(해 일)' 이 합해진 글자로써 옛 사람들은 '羊' 과 '魚' 가 합쳐진 '羮' 와 같은 글자라 하였다. '魯' 와 '羮' 는 어떻게 해서 같은 글자가 될 수 있는 것일까?

사실 이 글자에는 문자에 대한 인식의 폭을 넓혀줄 중요한 정보가 담겨있다.

'魯' 자는 양(羊)이 우선이 되고 거기에 고기(魚)가 합해진 '羮' 가 변해서 된 글자로 원래는 조선(朝鮮)의 '鮮' 과 같은 글자였다. 그런데 '羊' 은 음이 같은 '陽' 과 같이 쓸 수 있으며 '陽' 은 또 해를 나타내는 '日' 과 같이 쓸 수 있으므로 '羊' 대신 '日' 을 썼던 것이다.

다만 羮→鮮→魯로 변하는 일련의 과정으로부터 '魯나라는 조선의 후예들이 세운 나라'일 가능성을 추측해 볼 수 있다.

이러한 사실을 숨기기 위하여 '羕'과 '鮮'을 꾸며서 '魯'자를 만들었을 것이다.

『좌전(左傳)』의 다음 구절도 추측의 가능성을 높여준다.

「노인이위민위둔인야(魯人以爲敏謂鈍人也)」
'노나라 사람들은 민첩함으로써 둔인이라고 한다'

그런데 공자께서는 '魯'를 '鈍也'라 하였다. '鈍'은 '어리석고 둔하다'라는 뜻이다. 어떻게 민첩한 노나라 사람들이 둔하고 어리석은 사람으로 묘사되었을까?

노나라가 도읍을 정한 곳이 대대로 동이(東夷)의 터전인 산동의 제남(濟南)지방임을 고려한다면 '魯'나라에 대해서 더 밝혀야할 사실들이 숨겨져 있는 것은 아닐까?

'魯'의 옛글자

한자의 결구방면에서 보아도 '魯'자는 석연치 않은 면이 있다.

문자의 발전 과정에서 보면 '羣→群'처럼 소전의 특징인 상하결구는 대부분 좌우결구로 바뀌게 되는데 오히려 좌우결구였던 '鮮'을 그것도 '羊'을 '日'로 바꾸어 역으로 상하결구로 만들어 사용했다고 하는 것은 이 글자와 관련하여 우리가 알 수 없는 사실이 숨겨져 있음을 암시한다.

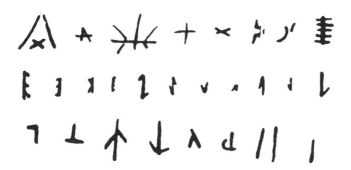

서안반파(西安半坡) 문자

임당(臨潼) 문자

앙소문화(仰韶文化 5,000~3,000BC) 유적지에서 출토된 도기(陶器)에 새겨진 부호.

고구리 고분의 천정에 그려진 연꽃을 태양화(太陽花)라고 하는데 8개의 꽃잎으로 되어있다. 이 8개의 꽃잎을 다른말로 4정4유(四正四惟)라고 하는데 네 방위를 4정이라 하고 4모서리를 4유라고 한다. 4정4유가 번듯해야 12진법이 나온다고 한다.

8

주제가 있는 한자

春

① 봄 춘 　　　　　　젊은 때,
　　　　　　　　　　남녀의 정

　　어떤 사람들은 인생을 '일장춘몽(一場春夢)'이라고 말한다. 인생을 나른한 봄날 잠깐 눈을 붙인 사이에 꾼 꿈 정도에 비유하는 것은 좀 지나치다는 생각이 들기도 하지만 온몸이 나른해지면서 어느새 졸음이 밀려오는 것은 봄날의 특징임에는 틀림없다. 봄이 되자 몸에 양기가 일어나면서 나타나는 현상이다.

　　봄이 되면 삼라만상이 새 생명을 토해내므로 또 봄의 특징을 표현한 말에 '춘생하장추수동장(春生夏長秋收冬藏)'의 '춘생(春生)'이 있다.

　　'봄'의 한자어인 '春' 자는 '본래 따뜻한 햇볕을 받아 새싹이 나는 모양을 본뜬 글자로 뒤에 자음을 나타내기 위하여 屯(둔) 자를 더하여 春(춘) 자로 변하였다.'라고 풀이하는 것이 보통이다.

　　이 설명으로도 '春' 자의 의미 전달은 가능하다. 그러나 한자도 우리 글이므로 우리말 '봄'이 '春' 자에 어떻게 어우러져 있는지를 알아보자.

　　'봄'은 '불이 오는 계절'이란 뜻의 '불오옴'에서 온 말이다. 불이 옴으로써 겨우내 얼었던 산천을 녹이고 새싹이 파릇파릇 돋아나게 하는 것이다.

　　물론 불은 태양을 말한다. 따뜻한 봄날의 햇빛을 말한다고 해도 상관없고 사람의 내면을 흐르는 양기(陽氣)를 의미한다 해도 상관없다. 봄이 되면 살아있는 모든 생물들은 내면을 흐르기 시작하는 새로운 기운으로 생명 활동을 개시한다. '불'이 봄의 키워드다.

　　봄은 또 하늘로부터 불빛이 내려와 비로소 사물을 인식할 수 있음을 의미하기도 한다.

그렇다면 이런 내용의 '봄'이 '春'자에는 어떻게 반영되어 있을까?

'春'자의 옛 글자를 보자.

(갑골문)　　　　(금문)　　　　(소전)

이들 글자들로부터 '春'자를 구성하고 있는 몇 가지 요소를 얻어낼 수가 있다.

우선 불을 뜻하는 해 즉 태양(日)이 있고 또 초목이 있으며 또 다른 하나가 '屯(진칠 둔)'인데 '屯'은 같은 음의 '芚(초목 싹트는 모양 둔)'에서 알 수 있듯이 싹트는 모양을 나타내기도 하며 '춘'의 음가를 나타내는 요소다.

이 요소들 가운데 핵심은 당연히 '불' 즉 '해'이다. 갑골문이나 금문 그리고 소전체의 '春'자 모양에서 중심에 '해'를 뜻하는 '日'이 위치해 있음을 볼 수 있다.

'해'로부터 불기운이 옴으로써 비로소 초목이 싹트게 되는 현상을 그림처럼 나타냈다.

① 여름 하	약초이름,
② 중국 하	안거
③ 왕조이름 하	

봄이 '춘생(春生)'으로 '태어나게 하는 계절'이라면 여름은 '하장(夏長)'으로 즉 '태어난 생명을 기르는' 계절이다.

'春'자가 내면의 불로 인해 삼라만상이 태어나 봄의 모양을 나타냈다면 '夏'자는 '여름'이라는 계절을 어떻게 나타내고 있는 것일까?

'夏'자는 『설문해자』에 '중국지인야(中國之人也)'라고 풀이해 놓았다. 저자인 허신이 후한(後漢)의 사람이므로 당시로서는 '중국'이란 나라는 어디에도 없는 것이지만 허신은 이렇게 버젓이 '중국'이라고 써놓았고, 단옥재(段玉裁)는 한걸음 더 나아가 '북방의 적(狄), 동북의 맥(貊), 남방의 만(蠻), 서방의 강(羌), 동방의 이(夷)와 구별된다'고 주(注)하였으나, 후세의 학자들은 그 점이 마음에 걸렸던지 '이 기록에 나타난 중국은 우리의 현대 국가의 개념이 아니라 고대의 중원지구를 가리킨다'라고 덧붙였다.

허신은 무엇을 근거로 '夏'자가 '중국사람'을 말한다고 하였을까?

허신의 주장대로 '중국사람'을 인정한다 하더라도 중국사람과 또 여름은 어떻게 관련이 있는 것일까?

고대 하(夏)나라 사람들은 신체가 크고 건장했으므로 '夏'자가 '크다(大)'는 개념을 갖게 되었으며, 또 여름철은 태양이 작열하고 만물이 무성하므로 모두 장대하게 되는 까닭에 크다는 뜻의 '夏'자로 여름을 나타내게 되었다는 것이 지나의 현대학자들의 해석이다.

'夏'자의 옛 모습에서 과연 사람의 이미지와 크다는 그런 이미지가 떠오르는가?

'夏'의 금문(金文)　　　　　소전(小篆)

만족스러운 풀이라고는 보기 어렵다.

정작 우리말의 '여름'이 무엇을 뜻하는지를 말해주는 좋은 예가 '용비어천가(龍飛御天歌 2장)'의 다음 구절이다.

'곶 됴코 여름 하나니' (龍飛御天歌 2장)
'꽃이 좋고 열매가 많으니'

용비어천가의 이 짧은 구절은 '여름'에 관한 두 개의 키워드를 적절하게 표현해 주고 있다.

두개의 키워드란 '열매'는 '여름'으로부터 온 말이며 '많다'는 말은 '하'로부터 온 말이라는 것이다.

'여름 하나니'라는 이 표현으로부터 '여름'을 표현하는 한자로 '夏'자가 동원되는 까닭을 읽어내야 한다.

'夏'자는 지나족 최초의 나라인 하나라를 세운 주체의 이름에서 기원한 글자다. 말이 먼저이고 문자는 말을 표현하는 방법이라는 점을 고려할 때 '夏'자는 '많다', '크다'는 뜻의 우리말 '하'를 나타내는 한자였을 것이다.

'夏'자의 옛 글자인 ''를 보고 지나인들은 '사람의 모습'이며 뜻은 '大'와 같다고 한 것도 '大'자의 옛 글자가 '솟'처럼 사람의 모습이므로

233

위의 설명은 일면 상통하는 부분이 있는 듯이 보인다.

그러나 허신이 설명한 '중국지인야(中國之人也)'는 '중국인'이 다른 사람들보다 월등하게 커서 '크다'는 뜻을 갖게 된 것이 아니라 원래 '夏'자가 '하' 즉 '크다', '많다'는 뜻을 나타내는 글자였기 때문에 '夏'와 '大'가 서로 통용될 수 있었던 것이다.

따라서 '하(夏)' 즉 여름은 열매가 풍성하기를 기원하는 마음에서 '夏'자를 빌려다가 여름의 명칭으로 삼았다.

① 가을 추	결실,
② 때, 해 추	성숙한 때,
	결실할 때

봄의 키워드는 '불'과 '옴'이고 여름의 키워드는 '열매'와 '많다'라면 '가을'의 키워드는 무엇일까?

언어학자들은 우리 말 '가을'은 '갈'로부터 온 말이라고 한다. '추수(秋收)'를 우리말로는 '가슬걷이'라고도 하는데 이 '가슬'로부터 '가을'이 왔으며 칼의 고어인 '갈'과 어원이 같은 것으로 알려져 있다.

'가을'이 '칼'로부터 기원하였다는 것은 가을이 수확의 계절이라는 사실을 전제한다.

이것은 일년 사시의 구분이 분명한 온대지방에 거주하는 사람들의 공통된 정서다.

수확한다는 것은 이미 성숙한 것을 의미하므로 가을은 또 성숙을 의미하기도 한다.

따라서 그런 개념들이 '秋'자에 어떻게 반영되어 있는지 살펴보자.

'秋'의 갑골문(甲骨文)　　　'秋'의 주문　　　'秋'의 소전(小篆)

'秋'자는 '禾(벼 화)'자와 '火(불 화)'자가 합쳐져 있으므로 가을철 추수가 끝나고 불을 질러 병충을 없애고 또 거름을 마련하는 소위 '화전

(火田)'이나 '분전(焚田)'의 습관을 나타내는 글자라는 설명이 지금까지의 상식이다.

'본래 가을철에 많은 메뚜기의 모양을 본떠 가을을 뜻하였으나, 뒤에 메뚜기의 모양은 빠지고 벼화(禾)자와 불화(火)자가 합치여 가을을 뜻하게 되었다'라거나 가을철의 메뚜기에 의한 피해가 엄청나게 커서 메뚜기를 잡으려고 벼에 불을 지른다는 '추'자의 옛글자인 '龝'의 풀이도 같은 류에 속한다.

그 밖에도 '秋'자는 '춘추(春秋)', '여삼추(如三秋)', '천추만세(千秋萬歲)' 등의 예에서 보듯이 1년에 가을이 한번 있으므로 곧 해를 뜻하는 '年(해 년)'자와 동등하게 쓰이는 경우도 있다.

지금까지는 '한자'가 '중국글'이라는 인식이 지배적이어서 한자의 풀이에 있어서도 지나인들의 해석을 인용하는 정도가 전부였다.

이런 인식의 벽을 깨고 '秋'자 해석의 새로운 지평을 열어주신 분은 『천고의 비밀』의 저자이신 김용길 님이다.

김용길 님은 '秋'자를 풀이하시기를,

「가을의 뜻으로 쓰이는 글자로 '벼, 곡식(禾)+타다(火)'의 구조다. 이 글자가 어째서 추수하는 가을을 나타내는지에 대해 그 어느 누구도 정확한 해석을 못하고 얼렁뚱땅 넘어가고 있다. 그러나 이때까지 살펴본 것처럼 '火'자를 '타다'로 읽게 되면 '곡식(禾)+타다(火)'라는 말이 되어 곡식을 거둬들이는 가을과 연결됨을 알 수 있다. 메뚜기 밑에 '火'자가 그려진 '龝'자를 현재의 학자들은 '秋'의 갑골문으로 알고 있다. 그래서 모 대학의 하모 교수는 '곡식이 영근 가을에 메뚜기 피해가 심했기 때문에 메뚜기를 잡아 불에 태운 것을 나타냈다'로 해석하고 있다.

그러나 메뚜기가 덮치는 계절은 알곡을 거둬들이는 가을이 아니고 이삭이 영글기 시작하고 잎새들이 한창 그 푸르름을 뽐낼 여름철과 초가을이다. 그리고 메뚜기는 지금처럼 식용으로 할 수도 있는데 하나하나 공들여 잡은 것을 무엇 때문에 불에 태워 없앨까? 먹거리가 풍족치 않은 그 때에 말이다.…(중략)…그러면 이 때까지처럼 '火' 자를 불타는 모습으로만 보지 말고 '타다' 로 읽어보자. 이렇게 되면 '메뚜기가 탔다' 가 되어 농작물이 메뚜기 피해를 당했음을 나타낸 기록임을 쉽게 알 수 있다.」

지금까지의 어설픈 설명을 압도하는 탁월한 안목이 아닐 수 없다.

그런데 문제는 가을의 핵심어인 '갈' 즉 '칼' 과의 관련성이다. 김선생님의 말씀처럼 메뚜기는 초가을에 볼 수 있는 곤충으로 '가을' 이나 '추수' 를 나타내는 대상으로는 어딘가 적절치 못해 보인다.

따라서 '秋' 자의 옛 글자에 나타나 있는 메뚜기는, '火' 가 '불' 이 아니라 '타다' 로 읽어야 하는 것처럼 '메뚜기' 역시 '메뚜기' 자체로서가 아니라 메뚜기가 농작물을 '갉아 먹는' 행위로 읽어야 한다고 생각된다.

메뚜기가 농작물을 갉아 먹는 행위처럼 사람들은 벼 이삭을 칼로 잘라 수확하는 것이다. 이것을 나타내는 말이 '갈' 이며 '갉' 이며 갈은 그대로 '가을' 의 축약음이 되는 것이다.

가을걷이를 나타내기 위해 농작물과 불(타다)과 메뚜기(갉)를 동원한 문자를 만든 주체의 고뇌가 눈에 보이는 듯 선하다.

그러나 여기에도 문제가 없는 것은 아니다.

갑골문의 '釜' 자를 보면 아랫부분의 '火' 자는 '火' 자가 아닌 '돌칼' 로 볼 수도 있으나 아직은 드러난 자료가 충분치 않으므로 훗날을 기약한다.

① 겨울 동	동면하다

　계절의 명칭인 춘하추동은 하나의 묶음이 된 용어이므로 탄생의 배경이나 의미 등이 서로 관련이 있을 것이라고 가정하고 겨울을 뜻하는 '冬' 자를 보자.

　'冬'의 훈은 '겨울'이고 음은 '동'이다. 겨울은 '겨를'에서 온다고 하는 것이 언어학자들의 설명이므로 '冬' 자의 풀이에 있어서 잊어서는 안되는 코드가 '겨를' 즉 '여가', '여유'다.

　봄에 따뜻한 기운을 맞아 씨를 뿌리고 여름에 풍성하게 열매를 맺으며 가을에 수확을 마치고 나면 이제는 여유를 가지고 쉴 수가 있다고 생각한 것이 '춘하추동(春夏秋冬)'이란 계절의 이름을 붙인 주체의 생각일 것이므로 '冬' 자에는 그런 의미들이 반영되어 있을 것이다.

'冬' 자의 갑골문　　'冬' 자의 금문　　'冬' 자의 금문　　'冬' 자의 소전

　먼저 기존의 '冬' 자 풀이를 살펴보자.

　지금까지 알려진 '冬' 자의 풀이를 정리해보면, "본래 끈을 맺은 모양을 본뜬 것인데, 사계절의 끝인 겨울의 뜻으로 쓰이게 되었다. 뒤에 얼음을 뜻하는 'ㆍ(이수 변)'이 더해진 글자이다"

"'冬'자의 갑골문에 보이는 양끝의 두개의 매듭은 '종결' 또는 '완료'를 표시하는 것으로 '冬'자의 의미를 표시한다. 겨울은 한 해의 종결을 의미하는 것이다"로 요약할 수 있다.

관련된 한자로는 '盡(다할 진)', '藏(감출 장)', '終(끝날 종)' 등이 '겨울'을 의미하는 한자들이다.

대체로 '冬'자와 관련해서는 이상 예로 든 것을 꼽을 수 있다. 물론 이 해석들은 지나인의 시각을 반영한 것이다.

따라서 이제 우리 시각으로 '冬'자를 다시보자.

'冬'자는 우리말의 겨울을 표시하는 한자이며 겨울은 '겨를'에서 오는 것이고 '겨를'은 또 '물결', '살결', '숨결'이라 할 때의 '결'이 된다. 그런데 결은 또 결정(結定), 결혼(結婚) 등에서 보듯이 '맺는 것'이기도 하므로 결을 '매듭'으로 표시할 수 있다.

이것이 바로 '冬'자가 겨울을 의미하는 한자가 되는 배경이다.

겨울은 이처럼 1년 4계절의 마침이기도 하고 맺는 것이기도 하며 생장을 멈추고 쉬는 계절이기도 하다.

그러나 그 마침은 끝나는 마침이 아니다. 새로운 시작을 의미하며 그 맺음은 단절이 아니며 연속을 의미하며 쉬는 것은 안에 내재된 새 생명의 전진이 전제되고 그 생명에 대한 믿음이 있을 때 의미를 갖게 되는 것이다.

| 東 | ①동녘 동 | 동쪽,
오행의목(木) |

한자어로 '東'이라 쓰고 읽기는 '동'으로 읽으며 '해뜨는 쪽'을 가리킨다고 한다.

그래서 동쪽을 가리키는 '東'자를 '日'과 '木'이 합쳐진 글자로 보아 '해가 나무가지에 걸려 있는 모습'이라고 풀이해 버린다.

그러나 해가 나뭇가지에 걸리는 것은 동쪽에서도 가능하지만 역시 해가지는 서쪽에서도 똑같은 현상을 볼 수 있다.

따라서 '東'자를 단순히 '해와 나무'라는 소재의 결합으로 해석해서는 '동쪽'이라는 방위를 제대로 표현했다고 말하기 어렵다.

더구나 한자를 만든 분들이 우리 선조들이라면 우리가 생각해도 수긍하기 어려운 '해와 나무'를 가지고 해뜨는 방위를 표시했다고는 생각되지 않는다.

그렇다면 '東'이란 무엇을 나타낸 것일까?

'東'자의 이해에는 선행되어야 할 것이 있다. 그것은 같은 방위 표시인 남(南)과 북(北)이 '앞'과 '뒤'라는 서로 상대적인 개념을 가진 글자로 대구(對句)를 이루고 있다는 사실이다. 남과 북이 이렇게 짝을 이루고 있다면 동과 서도 역시 대구(對句)를 이루고 있을 것이다.

이런 논리전개에 하나의 가능성을 제시해주는 단어가 『설문해자(說文解字)』의 다음구절이다.

「東, 動也」풀이하면 '동(東)'이란 '움직이는 것'이라는 말이다.

'동쪽'과 '움직이는 것'에서 무엇을 떠올릴 수 있을까?

이럴 때 조상으로부터 물려받은 소중한 우리말이 진가를 발휘한다.

우리말에 '동이 튼다'는 말이 있다. 어둠을 뚫고 동쪽이 훤히 밝아오는 것을 우리 선조들은 '동이 튼다'고 말했다. '東'은 '動'이며 '트는 것'이었던 것이다.

이런 개념의 흐름을 이해하면 다시 거꾸로 '트는 것'으로부터 '東'자의 옛 모습을 읽어낼 수가 있다.

'東'자의 옛글자는 '❉'이다. '❉'이라는 글자의 모양 때문에 '해'와 '나무'와 관련해서 이 글자를 해석하려다 보니 해가 나뭇가지에 걸린 모습으로 해뜨는 쪽을 나타냈다고 말할 수밖에 없었을 것이다.

그러나 '❉'자는 위아래가 묶여 있는 물체가 좌우로 터지는 모습을 표시한 것으로 짙은 어둠을 뚫고 떠오르는 태양의 빛을 나타낸 글자다. '東'을 또 '새'라고 하는 것도 결국은 '해'를 의미하는 말이다.

'東'자를 이해하는 데에는 모양이 비슷한 '束'자로부터 도움을 얻을 수 있다.

'束'의 옛글자

'東'의 옛글자

위아래가 묶여 있는 것이 '束'자로 '묶을 속'으로 읽는다. 이 '묶인 것(束)'으로부터 가운데 부분이 좌우로 갈라지면서 터지는 것을 표시한 글자가 '❉'자다.

'東'자는 해가 나뭇가지에 걸린 모습을 나타내는 글자가 아니라 이렇게 동이 트는 것을 '묶은 것을 트는' 움직임으로 나타낸 글자인 것이다.

① 서녘 서	서쪽, 서쪽으로 향하여 가다, 깃들이다

동쪽 즉 해뜨는 쪽과 상대되는 방위는 서쪽이며 해지는 쪽이다. '東'과 대구를 이루고 있다는 사실을 염두에 두고 서쪽을 나타내는 한자인 '西' 자를 풀이해보자.

앞서 살펴본 바와 같이 '東'이 '움직임'이므로 '西'는 '멈춤'을 의미할 것이다. 따라서 '서'라는 방위는 우리말의 '서다', '멈춤', '그침' 등의 뜻을 가지고 있을 것인데 이런 개념들이 '西' 자에는 어떻게 나타나 있을까?

'西'의 옛글자

'西' 자의 옛 글자를 보면 '䍘'으로 '새가 둥지 위에 앉아 있는 모습' 또는 '새가 나무 위에 지어진 둥지로 날아드는 모습을 나타낸다'고 풀이하기도 하고 '해가 서쪽에 있을 때 새들이 둥지위로 날아든다. 이것을 빌려서 서라 했다'고도 한다.

그러나 어느 경우든 이 또한 완전한 설명에는 미치지 못한다. 왜냐하면 '東'이든 '西'든 그 바탕에는 '해'가 전제되어야 한다. '東'이 움직이는 것은 해 즉 태양이 움직이는 것이며 태양으로 인해 동이 트는 것처럼, '西'가 서는 것은 해 즉 태양이 서는 것이며 태양이 둥지로 들어가 멈추는 것이어야 한다. 그런데 '해'는 어디가고 '새'가 등장하는가?

　이런 경우에 참고할 만한 유물이 고구리의 고분 벽화에 등장하는 '삼족오(三足烏)'다. 삼족오란 세발달린 까마귀를 말하는 것으로 전설에 의하면 해 속에 사는 새로 알려져 있다. 그러나 사실은 해 속에 사는 것이 아니라 '새'가 곧 '해' 그 자체다. 우리말에 '해'는 곧 '새'이다. '형'을 '성'으로 부르거나 '몇 해'를 '몇 살'로 부르는 것들은 모두 'ㅎ'과 'ㅅ'의 상관관계를 말해주는 사례이다.

　따라서 새가 둥지로 날아드는 것은 곧 해가 둥지에 드는 것으로 '새'와 '해'를 동일하게 여기는 한민족에게는 아주 자연스러운 일일 뿐이다.

　동서남북의 방위가 우리 한민족으로부터 기원하였음을 엿볼 수 있는 글자다.

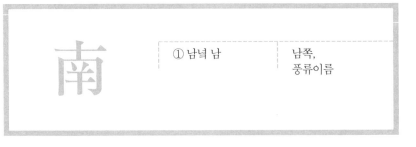

① 남녘 남	남쪽, 풍류이름

동서(東西)가 태양의 움직임과 멈춤을 바탕으로 만들어진 방위라면 남북(南北)은 또 어떤 배경을 가지고 있는 것일까?

동서의 경우와 마찬가지로 '南'을 알려면 먼저 '北'과 연관지어 살펴보아야 하는데, '北'자는 '뒤'를 의미하므로 이와 상대적인 '南'은 '앞'을 나타낸다는 것을 짐작할 수 있다.

실제로 우리말에서는 남쪽을 앞쪽이라고 한다. 서울의 '남산(南山)'은 서울의 앞에 있다고 해서 붙여진 이름이다.

따라서 우리나라 어느 곳이든 '남산'이라는 이름을 가진 산들은 남쪽의 방위에 위치해 있다고 해서 남산이 아니고 주요 거주지역의 앞쪽에 위치해 있다는 의미에서의 앞산을 다른 말로 남산이라 부르는 것이다.

우리 한민족의 가옥 구조가 대부분 양명한 남쪽을 향하고 있음을 감안하면 결국은 남쪽이 앞쪽이고 앞쪽이 남쪽이 될 수밖에 없는 것이지만, 우리는 여기서 북쪽을 '뒤'라 하고 남쪽을 '앞'이라 하는 한민족 특유의 언어 습관을 만나게 된다.

이런 방위 개념으로부터 우리는 한민족이 북쪽을 등지고 남쪽을 향해서 내려온 이동 민족이라고 하는 것이다.

'南'자의 옛 글자는 '᳜'으로 원래는 '모(旄, 깃대장식 모)'의 모양을 나타낸 것인데 '모(旄)'에 대해서는 '모(旄)'자를 참고하기 바란다.

고대에 임금이 천제를 드릴때는 성의 남문박 교외에 나가서 예를 갖추었다. 천제를 드리기 위해 모든 앞세우고 남쪽 교외로 향했던 사실을

배경으로 '旂'는 곳 남쪽을 상징하게 되었으며, 천제는 천자의 고유권한
이었으므로 모는 곧 천제의 권한을 상징하기도 했다.

'南'의 옛글자

천자의 깃발을 앞세우고 천제를 위하여 남문밖 교외로 향하는 임금의
행열을 떠올리면 그것이 '南' 자의 모습이다.

'南' 자에 대한 기존의 해석이 『설문해자(說文解字)』의 풀이를 쫓아
대부분 초목의 가지가 남쪽으로 무성하게 자라는 것을 나타내는 것으로
여기는 듯 하나 방위와 관련해서는 그 상대 개념인 '북'이 '뒤'를 뜻한
다는 것을 전제로 '南'은 천제를 위하여 나아가는 '앞'을 의미하는 것임
이 분명하다.

北	① 북녘 북	북쪽,
	② 달아날 배	달아나다,
	③ 저버릴 배	도망치다

동서(東西)가 태양의 움직임과 멈춤을 기준으로 정해진 방위라면 남북(南北)은 사람이 지향하는 앞과 뒤를 기준으로 정해진 방위다.

'北' 자의 옛 글자를 보면 두 사람이 서로 등지고 앉아있는 모습을 그린 것으로 두 사람의 남자가 두 사람의 여자와 공동의 남편이 되어 가정을 꾸리던 모계사회가 끝나고 다정하던 두 남자는 서로 등지고 각자 자기 가정을 꾸리고 살게 되었다는 사회적인 배경을 반영하는 글자다.

이런 내용을 상징적으로 반영하고 있는 문자가 '亞(동서 아)' 자와 '北(북녘 북)' 자다.

'亞' 자와 '北' 자를 옛 글자로 보면 그 내용을 더 분명하게 알 수 있다.

'亞'의 옛글자

'北'의 옛글자

이 '北' 자는 '등을 돌렸다'는 의미 때문에 싸움에서 등을 돌리면 지는 것이므로 '패배(敗北)'를 뜻하는 글자로도 쓰이지만 한민족의 이동과 관련하여 앞쪽과 반대되는 뒤쪽 즉 북쪽 방위를 나타내는 글자로 쓰이게 되었다.

'동서남북'이라는 방위를 나타내는 글자들로부터 분명하게 알 수 있는 하나는 그 방위를 정한 사람들이 우리 한민족이라는 사실이다.

태양의 움직임과 멈춤을 배경으로 동서를 명명하고 사람이 지향하는 쪽과 그 반대쪽으로 남북을 명명한 사람들은, 우리 한민족을 제외하고는 그런 개념을 가지고 있거나 그런 언어를 사용하는 다른 주체를 생각할 수가 없다.

① 참 진	참,
② 바를 진	변하지 아니한다,
③ 사진 진	있는 그대로

문자를 그 뿌리로부터 배우는 이로움 중의 하나는 고대인들이 왜 그 글자의 형과 음과 뜻을 그렇게 만들었는지를 알 수 있다는 점이다.

많은 글자들이 오랜 세월을 지나오면서 본래의 뜻으로부터 멀어진 경우가 허다하여 자형과 의미를 연결시키기가 쉽지 않기 때문이다.

眞자는 '참 진'으로 새기며 '변하지 않고 생긴 그대로'를 의미한다. 왜 고대인들은 이 '眞'이라는 글자에 그런 의미를 부여했을까?

'眞'의 옛 글자는 '𠤎'인데 일단 그 요소들을 구분하여 설명해보면, 맨 위의 '匕'는 비수, 숟가락 등의 형상으로 여기서는 북두칠성을 의미한다.

숟가락을 한자로는 '시(匙)'라 하는데 '是(시)'는 소리를 맡은 부수이고 의미는 '匕'에 있는데 이것은 숟가락이 북두칠성을 본 따서 만든 것으로 그 원형이 나침반에서 발견된다. 나침반은 북극성을 중심으로 북두칠성이 매일 한바퀴를 도는 하늘의 형상을 만들어놓은 것으로 나침반 가운데 중심에 수저가 놓인 것들이 발견되는데, 이것은 수저가 곧 북두칠성을 의미하는 것을 나타낸다.

다음의 요소는 '大'자를 가운데 두고 양 손으로 감싸 안은 모습이다. 이것은 무슨 의미일까? '大'자는 '大'자로 사람의 형상임을 염두에 두고 『설문』의 다음 기록에 눈을 돌려보자.

'僊人變形而登天也'(僊人＝仙人)

'선인이 수행을 통하여 형체를 바꾸어 하늘에 오르다'

'참', '진실', '성실', '충실'을 말하는데 왜 수행이 이야기되는가?

지금으로써는 약간 의아스럽게 여겨지는 부분이지만 그러나 이것이 '眞'의 본래의 의미이다.

즉 북두칠성에게 염원하며 수행을 통하여 하늘에 오르는 경지에 달한 선인을 일컫는 말이었다.

따라서 누구나 한국인 전통의 선가수행을 통하여 일정한 경지에 오른 다음에야 비로소 '眞'에 대해서 거론할 수 있는 것이었다.

적어도 칠성님께 기도하며 마음의 때를 벗기는 수행을 오랫동안 해온 수행자들이라면 자신의 양심뿐만 아니라 하늘의 칠성님께 거짓을 말할 수는 없을 것이다. 이런 개념이 반영된 글자가 '眞'이다.

선가에서 높은 경지에 오른 수행자들을 부르는 호칭 가운데 '眞人'이란 명칭이 眞의 의미를 잘 나타내준다고 여겨진다.

이런 배경을 알아야 '眞' 자가 '신(神也)', '순(淳也)', '정(精也)', '정(正也)' 등의 뜻과도 통하는 것을 이해할 수 있다.

따라서 이 '眞' 자는 지금처럼 단순히 진위(眞僞)라는 개념으로서가 아니라 수행을 통하여 몸과 마음이 충실해져서 거짓이란 있을 수 없는 경지를 포함한다고 하겠다.

性	① 성품 성 ② 성(성별) 성 ③ 마음 성	성품, 성질, 생명, 목숨

　조선조 500년을 지배한 '성리학(性理學)'은 관념과 명분에 지나치게 기울어 비현실적·비생산적이라는 혹평을 받는다. 선비들은 지나치다 싶을 만큼 '理'와 '氣' 논쟁에 휩쓸려 세월을 보냈으나 칼로 무를 베듯 명확한 결론에는 이르지 못했으므로 그런 비평을 면할 길이 없다.

　이것은 '性(성)' 자가 그만큼 어려운 글자임을 암시하는 것이기도 하다. 따라서 여기서는 '性' 자에 대한 철학적인 설명보다는 '性' 자의 문자학적인 이해를 돕는 정도에 의미를 두려한다.

'性'의 옛글자

　먼저 문자로서의 '性' 자를 살펴보면, '性' 자는 '忄' 즉 '心'과 '生' 자의 합체자로 '나면서부터 가지고 있는 마음'으로 볼 수 있는데 이 마음을 이해하기 위해서 '文' 자의 옛 글자인 '◈'의 안에 있는 '心'을 떠올릴 필요가 있다. 이것은 사람의 본성에 내려와 있는 하늘의 마음을 의미한다.

　하늘은 따뜻한 햇빛을 내려 주기도 하지만 때로는 폭풍우와 태풍으로 천지를 뒤 흔들어 새로운 환경을 만들기도 한다. 어느 부분으로는 파괴와 폭력으로 보이나 또 다른 면으로는 정화를 위한 진통이기도 하다. 인간의 입장으로는 선악의 문제로도 볼 수 있는 이런 현상들은 그러나 하늘의 입장에서는 하나의 자연스런 현상일 뿐이다. 하늘의 마음이란 그래서 선악의 구분이 없는 경지가 되는 것이다.

'性'에 대한 동양학의 이해도 결국은 하늘의 마음을 설명하는 것으로 보인다.

'性'자에 대한 기존의 풀이 가운데 가장 대표적인 것으로는 '천명지위성(天命之謂性)'이며 '성시부명자연(性是賦命自然)'이라는 『중용(中庸)』의 기록을 든다. '性'은 '천명'이며 또 '자연으로부터 부여받은 명'이라고 풀이한다.

또 『효경(孝經)』에 있는 '성자생지질야(性者生之質也)'란 구절도 '性'의 풀이에 자주 거론되는 메뉴에 속한다. '성이란 나면서부터 타고난 바탕'을 말한다고 풀이한다. '性者生也'라는 『통론(通論)』의 구절도 빼놓을 수 없는 구절이다.

『설문해자(說文解字)』에는 '인지양기성(人之陽氣性)' 즉 '사람의 양기가 성이다'라는 색다른 풀이가 있다. 양기가 있다면 음기가 있을 것인데 『효경(孝經)』에 '性生於陽以理執 情生於陰以繫念'이라 하여 '성'과 '정'이 서로 짝을 이루고 있음을 말해주고 있으므로 '情'과 '性'을 연결하여 풀이하면 '마음의 본 바탕(理)은 양이며 性이요 마음의 쓰임(用)은 음이며 情이라 한다'라고 볼 수 있다.

그렇다면 본래부터 타고난 마음의 바탕이란 무엇을 말하는 것일까?

우리 한민족의 3대 경전의 하나인 『삼일신고(三一神誥)』(眞理訓)에는 '性'과 '情'에 대하여 매우 상세하게 설명하고 있으므로 이를 옮겨보려 한다.

「인물동수 삼진 왈성명정 인전지물편지 진성무선악상철통 진명무청탁중철지 진정무후박하철보 반진일신(人物同受 三眞 曰性命情 人全之 物偏之 眞性無善惡上哲通 眞命無淸濁中哲知 眞情無厚薄下哲保 返眞一神)」

"사람과 만물이 다같이 세 가지 참 즉 '성명정'을 받는데 사람은 이 세 가지를 온전하게 받으나 만물은 치우치게 받는다. 성은 선악으로 나뉘나 참 성은 선악이 없으니 상철이 통하고 명은 청탁으로 구분하나 참 명은 청탁의 구분이 없으니 중철이 알며 정은 후박의 구분이 있으나 참 정은 이 구분이 없으니 하철이 보전하며 모두 진성, 진명, 진정으로 돌이키면 하느님과 하나가 된다"

우리는 이 내용으로부터 의미있는 사실을 읽어낼 수 있다. 그것은 우리 한민족의 선조들이 추구한 삶의 경지가 얼마나 높은 수준의 것이었는가에 관한 것이다.

동양의 석학들이 인간 본성의 선악에 집착하여 '성악설'과 '성선설'로 논쟁을 벌이고 있음에 비하여, 그보다도 무려 2천년이나 이른 시기에 우리 선조들은 선악의 문제를 넘어 하느님과 일치를 이루는 진성(眞性)의 경지를 추구하고 있음을 알 수 있기 때문이다.

| 命 | ① 목숨 명 ② 시킬 명 ③ 명령할 명 ④ 가르칠 명 | 운수, 운, 명령하다 |

생명이 있는 모든 것 특히 사람은 그 생명을 위하여 최선을 다할 의무가 있다. 왜냐하면 그 생명은 하늘이 준 것이기 때문이다(天之所賦人所稟受).

전통적으로 동양의 가치관속에서 생명(生命)은 하늘로부터 주어진 것으로 이해한다.

단순히 주는 정도가 아니라 '명령하다', '시키다(使也)'라고 할 정도로 강력한 강제력을 동반한다. 그래서 '命者天之令也(명자천지령야)' 즉 '명이란 하늘의 령이다'고 말한다(『설문해자』의 풀이 참조).

'命'자가 '목숨'을 기본의미로 가지고 있지만 겸해서 '명령하다', '시키다'의 뜻을 가지게 되는 철학적 배경이다.

이런 인식은 문자의 구성요소에서도 확인된다.

'命'의 옛글자

'命'자는 '△'과 '口'과 '卩(병부절)'로 이루어져 있으므로 그 요소들을 나누어서 살펴보기로 한다.

'△'은 '삼합 집'이라 읽는데 원래 '천지인' 삼재(三才)를 말하기도 하고 '집(家)'은 또 돌아가신 조상을 모시는 것이 기본 개념이므로 '조상(祖)'을 의미하기도 하며 돌아가신 조상들은 모두 하늘에 계시므로 때로는 '하늘(天)'로 보기도 하는 다분히 철학적인 배경을 가지고 있는 글자다.

'口'는 '입 구'로 입 또는 입으로 전해지는 말을 나타내는데 '△'으로부터 전해지는 것이 구체적임을 사실적으로 표현하는 요소이다.

'卩'는 '병부 절'로 읽는데 일종의 '신표(信標)'를 말한다. 임금님의 명령을 전하는 사신은 임금의 깃발을 동원하거나 아니면 임금의 신분을 표시할 무언가를 소지하고 있어야 하는데 이것은 무형의 말로써가 아니라 구체적인 표식을 말한다.

그러나 '卩'은 원래는 '절'이라는 음(音)이 뜻하는 바와 같이 '꿇어 엎드린 사람의 모습'이다.

'어명을 받기 위해 꿇어 엎드려 넙죽 절하는 신하의 모습'을 생각하면 그 장면이 곧 '命'자의 모습이다.

이것이 '命'자가 갖는 이중성이다. '어명을 받는 모습'으로 '하늘로부터 주어지는 命'을 설명하고 있으며 '임금의 말은 곧 법'이라는 사회적인 준칙으로 '하늘로부터 사람이 받는 命'의 속성을 적절히 표현하고 있는 것이다.

결국 '命'이란 '하늘로부터 주어진 구체적이며 실재하는 어떤 것'이다.

과연 그 실재하는 어떤 것이 무엇인지는 우리 선인들이 남겨주신《삼일신고》진리훈의 다음 구절을 통해서 소개하고자 한다.

「人物同受三眞曰性命精 人全之物偏之 眞性無善惡 上哲通 眞命無淸濁 中哲知 眞精無厚薄下哲保 返眞一神 惟衆迷地三妄着根曰心氣身 心依性有善惡善福惡禍 氣依命有淸濁 淸壽濁妖 身依精有厚薄厚貴薄賤眞妄對作三途曰感息觸」

「만물 가운데서 사람만이 '성명정(性命精)'을 온전하게 받는데 …

'命(목숨)'과 관련된 것은 '기(氣)'로써 기가 맑으면 오래 살고 기가 탁하면 일찍 죽는다.

따라서 호흡(調息)을 통하여 기를 조절함으로써 천수를 다할 수 있다」

'命'은 곧 '호흡'에 있으며 호흡을 통해 보이지 않는 기(氣)와 생명(命)이 긴밀하게 연결되어 있음을 알 수 있다.

'命'자에 담겨진 신표가 의미하는 것은 호흡이었던 것이다.

그러나 세상에서는 본말(本末)이 전도되어 '본(本)' 대신 '말(末)'이 화려하게 의상을 차려입고 행세하는 경우가 다반사다.

어느덧 하늘로부터 주어진 '命'의 추상적인 본 뜻은 감추어지고 임금의 말이 갖는 소위 땅의 법칙이 실력을 행사하기 시작한다. 임금님의 말은 그 자체로 곧 법이므로 이로부터 '시키다', '명령하다', '가르치다' 등의 뜻이 파생되었다.

이 밖에도 '命'자의 뜻을 쉽게 표현한 말에 '명령(命令)'이 있다.『강희자전』의「增韻」에 '대왈명소왈령상출위명하품위령(大曰命小曰令上出爲命下稟爲令)' 즉 '큰 것은 명이고 작은 것은 령이며 위로부터 오는 것은 명이고 아래에서 받는 것은 령이다' 라는 표현은 '命'의 부가적인 의미를 잘 설명해 주고 있다.

情

① 뜻 정	뜻, 정, 본성
② 사랑 정	
③ 형편 정	

'정이란 무엇일까? 주는 걸까? 받는 걸까? 받을 때 꿈 속 같고 줄 때는 안타까운 정에 울고 정에 웃는 …'

대중 사이에 유행하는 노래의 가사지만 '정'에 대한 세인의 심금을 잘 표현하고 있다.

들리는 말로는 우리 말 '정'을 제대로 표현할 단어가 영어에는 없다고 하니 '情'을 정의하기란 그만큼 어려운 일인가 보다.

우리는 '情'이라하면 남녀간의 사랑 또는 정분 같은 것을 먼저 생각하지만 그러나 알고 보면 그것은 '정'에 대한 극히 일부분의 속성일 뿐이고 정은 그보다 훨씬 본질적인 사람의 성품을 표현하는 말이다.

'정'을 '情'만으로 설명하기에는 어려움이 있으므로 정과 짝을 이루고 있는 '性'의 상대적 개념과 비교하면서 우리 한자의 '情'이 가지고 있는 정서를 살펴보기로 한다.

맹자께서는 "옛날 선인들이 문자를 만들 때에 '心'자를 먼저 만드셨다. '性'과 '情'은 모두 마음으로부터 말미암은 것인데 '性'은 마음의 이치요 '情'은 마음의 쓰임이다(心性卽心之理 情卽心之用)"라고 말씀하셨다.

'情, 性之動也'란 말도 결국은 잔잔한 마음(性)에 무언가 움직임이 시작되면 그것이 곧 정이란 뜻이다.

그렇다면 이러한 내용이 문자에는 어떻게 반영되어 있는지 살펴보자.

'情'자는 '忄'자와 '生'자와 '井'자 세 부분으로 되어 있는데 '忄'자와 윗부분에 위치한 '生'자를 합치면 이 것이 곧 '性'자로서 태어나면서부터 하늘이 부여한 하늘의 마음을 뜻한다.

이것을 자연의 법칙에 비추어 말하면 '마음의 이치'라고 말할 수 있으며 우리 선인들은 '일신강충(一神降衷)'으로 표현하였다.

'情'의 옛글자

'情'자는 '性'자의 이런 바탕위에 '井'이 추가되어 있는 것이 다를 뿐인데 이 '井'은 '끊임없이 솟아나는 샘물' 또는 '연못'을 의미하므로 '情'이란 보이지 않는 천명이 겉으로 드러난 어떤 실체를 의미한다는 것을 알 수 있다.

비유하여 말한다면 '性'이나 '情'은 모두 마음을 설명하는 글자인데 '性'은 보이지는 않으나 분명히 존재하는 지하수를 말하는 것이요, 정이란 그 지하수가 밖으로 솟아오르거나 솟아올라 연못을 이루고 있는 것을 표현한 것이다.

'情'자를 '실야(實也)' 즉 '실재하는 것'이라고 말하거나 '情을 통해서 性을 안다'고 말하는 것도 바로 이런 배경을 표현한 것이다.

이제 이런 배경을 이해하고 나서 다시 『설문』을 보자.

『설문』의 '情'자 풀이에, '인지음기유욕자(人之陰氣有欲者)'라고 하였는데 이것은 마음을 음양 이분법에 따라 '性'을 양기로, '情'을 음기로 구분하고, '性'은 움직일 수 없는 마음의 이치이므로 그 이치가 사람의 하고자함에 따라 겉으로 드러나는 것을 '情'으로 본 것이다.

이런 시각으로 서두의 노래를 다시 본다면 우리가 생각하는 소위 '미운정 고운정'은 아주 다양한 마음의 작용 가운데 하나에 속하는 것이며, 비록 우리가 기대한 풀이는 아니다 하더라도 '情'이란 마음의 작용 전체를 나타내는 포괄적인 글자임을 알 수 있다.

| 罪 | ① 허물 죄 | 허물, 죄, 벌주다 |

'하늘에 죄를 지으면 도망갈 곳이 없다' 라는 논어의 글귀는 사람이 살아가면서 여러 가지 죄를 짓게 마련이지만 특히 하늘에 죄를 지으면 벗어날 길이 없으므로 천륜을 어기는 일을 해서는 안된다는 것을 강조한 표현이다.

천라지망(天羅蜘網)이란 하늘이 펼쳐놓은 그물로 엉성하기 짝이 없는데도 누구라도 빠져나갈 수 없는 그런 그물을 말한다.

辠(죄,罪의 古子)   '罪' 의 대전

인간을 옥죄는 이 '罪(죄)' 란 무엇을 말하는 것일까?

'罪' 자를 '四(넉 사)' 와 '非(아닐 비)' 의 합체로 보고 '네가지 아닌 것이 죄다' 라고 말하는 경우도 있다. 그러나 여기에 쓰이는 '罒' 은 '넉 사' 자가 아니고 그물을 뜻하는 '网(망)' 자의 변형이다.

따라서 '네 가지…' 운운하는 것은 그야말로 우스갯소리에 지나지 않는다.

진나라 이전까지 '罪' 자는 '辠' 자를 썼다. 그러나 이 글자가 진시황(秦始皇)의 '皇' 자와 비슷하다 하여 서로 혼동하기 쉬우므로 진시황이 그것을 '罪'로 바꾸어 쓰도록 하였다.

　그렇다면 정말 '죄'란 무엇을 말하는 것일까?

　『설문』에 '죄'의 의미를 생각케하는 재미있는 글귀가 있다.

　'죄(罪), 포어죽망(捕魚竹罔)'

　'죄, 물고기를 잡는 대나무로 만든 그물'

　이 기록, 즉 '물고기와 그물'의 관계에서 '인간과 죄'의 관계를 읽어내야 한다면 자연과 타인에 대한 해악행위는 물론이고 인간의 생명력을 위협하는 모든 존재가 다 죄가 된다.

　우리는 사회적 규범과 무관하게 각자 자기 종교와 신념과 양심에 따라 죄의식을 유발하는 것들이 있다는 사실을 잘 알고 있다.

　죄란 그런 모든 것을 포괄하는 개념이다.

　요즈음의 용어로 말한다면 실정법(實定法) 뿐만이 아니라 도덕법(道德法)의 범위까지를 포함한다.

　이런 내용을 토대로 인간과 죄와의 관계를 살펴본다면, 물고기가 자신을 노리는 대나무 그물을 두려워하듯이 인간은 언제나 죄를 두려워해야 한다. 이것이 인간의 운명이다. 왜냐하면 죄란 인간의 자유와 생명을 옥죄는 것이기 때문이다. 물고기가 운명적으로 그물을 피해 달아나야하듯이 인간은 죄로부터 멀리 떨어져 있을수록 그 생명은 안전하다.

　'죄'라는 음가는 생명력을 '죄는' 즉 구속하는 죄의 속성을 표현한 것이다.

罰

① 벌줄 벌 ② 벌 벌	벌, 형벌, 죄를 속하다

죄와 더불어 동전의 양면처럼 서로 불가분의 관계에 있는 글자가 '벌(罰)' 자다.

글자의 구성에서도 '罪'가 '罒'과 '非'의 합체이고 '罰'이 '罒'과 '言'과 '刂'의 합체로 서로 비슷하며 그 의미에서도 죄가 생명을 옥죄는 모든 것을 말하는 한편 벌은 '말(言)'과 '칼(刂)'로써 꾸짖는 것을 말한다.

꾸짖음은 말로 그치는 경우도 있고 때로는 회초리나 체벌을 동반하는 경우도 있는데 '罰' 자에 들어있는 '言'과 '刂'는 곧 이들을 말하는 것으로 어느 경우든 죄로 인해 벌어들인 결과다.

'벌'이란 우리말 자체가 '돈을 벌다', '매를 벌다' 등의 표현에서처럼 '벌다'라는 의미를 가지고 있는데 '罰'은 그 벌어들인 것 중에서도 꾸짖음을 말한다.

'형벌(刑罰)'이란 단어는 '벌'의 의미를 보다 명확하게 이해하는데 도움이 되는데, '罰辠之小者 刑辠之重者'란 형벌의 개념을 비교하여 설명한 것으로 '범법의 정도가 적은 것은 벌이고 큰 것은 형이라 한다'는 것이다.

옛날 형을 맡은 관리들이 큰 칼을 차고 다니는 것으로부터 만들어진 글자임을 알 수 있다.

'辠'자는 지금은 뜻이 없이 쓰이는 글자지만 '罪'의 옛 글자로 '범법(犯法)'의 뜻이 있다.

① 상서로울 복	복 내리다,
② 음복할 복	돕다,
	제사에 올린 고기와 술

사람이 좋아하는 것에 '福'만한 것이 있을까만 그러면서도 막상 '福'이 무어냐고 물으면 대답하기가 쉽지 않다.

'福'을 가장 쉽게 설명하는 말로는 '복권(福券)'의 당첨을 드는 것이 가능하지 않을까 생각해 본다. 어느 날 예상치 않았던 떼돈이 갑자기 들어왔다면 그것을 '福'이라 불러 틀림이 없을 것이다.

그러나 정말 그럴까?

지금까지의 설명이 '福'에 맞는 풀이일까? 문자의 본 뜻을 상고해보면 그러나 '福'의 의미는 그런 뜻이 아니다.

『설문해자』에는 '복 비야(福 備也)'라 풀이하고 덧붙이기를 '세상에서 일컫는 그런 복이 아니다'라고 설명하고 있다. 『강희자전』에도 「제례통(禮祭統)」을 인용하여 '복자비야(福者備也)'라고 말하고 있다.

'福'자는 '示'와 '畐'로 되어 있는데 이 글자들로부터 풀어보면, '示'는 이 복이 하늘과 관련이 있음을 말해주며 '畐'는 '畐'인데 '富'자나 '滿'자처럼 '가득 차고 풍성하다'라는 뜻을 나타낸다.

이들의 의미를 종합해서 복의 뜻을 유추해본다면 '하늘로부터 주어진 풍성하고 가득 찬 것'이라고 말할 수 있다.

우리 인생에 있어서 하늘로부터 누구나가 풍성하고 가득 차게 받을 수 있는 것은 무엇이 있을까?

그것은 생명처럼 하늘로부터 부여된 각종의 인생 프로그램이다.

어떤 행사를 잘 치르기 위해서 주최 측에서는 사전에 진행 순서와 각본을 마련하고 철저한 예행연습을 거치게 되는데 이 때 주최 측에서 계획한 '진행순서'를 '복(福)'에 비유할 수 있을 것이다.

이 복의 의미를 이해해야 상(喪)을 당하여 지붕에 올라 망자(亡者)의 옷가지를 흔들며 '복! 복! 복!' 하고 세 번 외치는 관습의 풀이가 가능해진다. 그것은 마침내 그 예비된 순서를 다 마쳤음을 고하는 의식인 것이다.

이런 '福'의 의미를 되찾고 보면 우리가 흔히 쓰는 '복 많이 받으십시오'는 잘못된 인사말임을 알 수 있다. 사실은 '복 잘 받으십시오'라고 해야 본 뜻에 맞는다.

'福'의 옛글자

그러나 본뜻이 이러하다 해도 복은 그 속성상 빌어야 되는 특징이 있다. '복자비야(福者備也)'란 복이 이미 준비된 것임을 말하지만, 이 예비된 것은 또 잘 받도록 해달라고 마음으로 준비하며 빌어야 하는 것이다. 그런 뜻을 나타내는 글자가 '備(비)'자다.

어쩔 수없이 빌어야 하는 것이 복의 특성이라면 누구에게 빌어야 하는 것일까?

여호와? 석가모니 부처님? 예수님? 공자님? 아니면 산신님? 용왕님? 상제님?

우리 『삼일신고(三一神誥)』 신훈(神訓)에 참고할만한 좋은 구절이 있다.

'성기원도 절친견 자성구자 강재이뇌
(聲氣願禱 絶親見 自性求子 降在爾腦)'
'하느님은 소리나 기운으로 원하여 빈다고 대할 수 있는 것이 아니

스스로의 성품에서 씨알을 구하라.

너의 머릿속에 이미 내려와 계시느니라.'

하늘의 마음은 이미 사람의 머릿속 문(頂門)을 통하여 우리 몸에 내려와 계시다. 따라서 우리는 이 하늘의 마음을 의지하여 끊임없이 이 하늘의 마음과 일치를 위하여 빌고 빌어야 하는 것이다.

어떻게 빌어야 하는가?

이 방법에 대해서는 석가모니 부처님이나 예수님께서 우리 보다 앞서 추구해야 할 삶의 모범을 보여주셨으므로 이 분들의 삶을 반추하면 우리도 그 경지에 도달 할 수가 있다.

이분들이 존경을 받아 마땅한 것은 누구도 실천하기 어려운 삶을 몸으로 직접 실천하셔서 그 길을 보여주셨다는데 있는 것이지 이 분들이 우리에게 복을 주고 화를 주는 것이 아니라는 것이다.

따라서 이분들에게 복을 달라고 비는 것은 사실 이분들을 욕되게 하는 것에 다름 아니다.

禍	① 재화 화 ② 재앙 화	재화, 불행, 근심, 죄, 허물

'복(福)'과 화(禍)는 동전의 양면처럼 서로 결부된 용어다.

복이 하늘이 예비한 인생이 겪어야할 여러 가지 순서라면 그 반대어인 화(禍)의 의미는 어떠한 것일까?

『설문해자』의 풀이를 빌리면 '신불복야(神不福也)'다.

신이 예정된 대로 순서를 진행하지 않는 것이다. 말하자면 비가 내려야할 때에 가뭄이 든다든지 이슬이 내려야할 때에 우박이 쏟아진다든지 하여 일이 그르치는 것을 말한다. 이것이 '禍'의 본래의 의미이다.

'禍'의 옛글자

'福'이나 '禍'에 모두 '示'가 포함된 것은 그 글자들이 갖는 개념들이 모두 일월성신과 관련이 있기 때문이다. 복이나 화는 하늘로부터 온다고 여긴 고대인들의 관념이 담겨 있는 글자들이다.

服	① 옷 복 ② 일할 복 ③ 복종할 복 ④ 복 입을 복 ⑤ 약 먹을 복 ⑥ 착복할 복	의복, 입다, 일용품

'福'과 음이 같으며 내용도 비슷한 글자가 '服'이다. '服'은 '복장(服裝) 또는 의복(衣服)'의 의미를 비롯하여 '복종(服從)'의 의미, 그리고 '착복(着服)'처럼 억지로 자기 것으로 하는 의미와 '복용(服用)', '복무(服務)' 등의 의미가 있는가 하면 '상중(喪中)'임을 뜻하는 말로 '복(服)입었다'고 말하는 경우에도 사용된다.

알고 보면 제법 다양한 의미를 가지고 있는 심상치 않은 글자가 '服(복)'자다.

'服'자가 이렇게 다양한 의미를 갖게 되는 이유를 알아보기 위해서 그 옛글자를 살펴보자.

'服'의 옛글자

『설문(說文)』에는 마치 '배를 조종하는 사람의 모습'을 형상한 글자에서 '用也(용야)', '事也(사야)'라고 풀이하고 있다. 그러나 '服'자의 겉모습에만 사로잡히면 '服'이 가지고 있는 다양한 의미들을 다 읽어 낼 수가 없게 된다.

'服'은 '月'과 '人'의 합체로 되어 있다. 이 때의 '月'은 '배 주(舟)'

가 변해서 된 글자임에는 틀림없지만 '舟'의 금문은 '님', '月' 등으로 강이나 바다에 떠다니는 배가 아니라 제사에 쓰이는 '술 잔'임은 이미 언급한 바와 같다.

그렇다면 옛글자인 '服'에서 읽어낼 수 있는 것은 '服'이 제사와 연관있는 글자로 제사의 순서를 진행하는 사람이거나 제사에 참여하여 순서를 돕는 사람을 의미하는 것이다.

'服'이 가지고 있는 여러 의미 중에서 가장 본질적인 것은 '복을 입었다'는 의미이다. 앞서 '福(복)'이 이미 태어나면서부터 그 사람에게 주어진 '인생의 프로그램'을 의미한다고 설명한 바 있다. 마찬가지로 '服(복)' 역시 '福(복)'의 연장선상에 있는 글자다. '복을 입었다'는 말은 현재 '망자의 프로그램 중에 참여하고 있다'는 의미이다.

그렇다면 어떻게 '服'이 '의복'의 의미를 갖는가? 그것은 고대에는 경우에 따라 의복의 종류와 색이 엄격하게 규정되어 있었다. 관직에 따라 복장과 옷의 색을 달리함으로써 신분의 상하를 분명히 구분하였으며 일의 성격에 따라 착용하는 복장을 엄격히 구분하였는데, 이 전통이 고대의 제사로부터 기원하였다. 오늘날에도 '상복(喪服)'에 까다로운 기준이 적용되고 있는 이유도 제사가 우리의 기층문화를 형성하고 있기 때문이다.

이처럼 '복'에는 '복'에 적용되는 옷이 이미 정해져 있었기 때문에 그 정해진 순서에 따르면 되는 것이었다. '服'이 옷을 의미하는 것은 이렇게 고대의 제도에 기인하고 있다.

'복무(服務)'는 또 어떻게 설명될 수 있는가? 군대에 다녀온 사람은 '군복무'라는 말에 익숙해져 있다. 국민개병제가 적용되는 우리나라의 경우 '군복무'란 이미 제도적으로 정해진 어떤 순서에 참여하는 것으로 건강한 국민은 예외 없이 3년 또는 2년의 기간을 마치고 와야 하는 것이다. 이것이 '복무(服務)'다.

'복종(服從)'은 내 순서가 아닌 다른 누군가의 순서에 따르는 것을 의미한다. 임금의 말에 복종하는 것은 내 순서가 아닌 임금의 순서(프로그램)에 따르는 것이며 누군가에게 복종하는 것은 누군가의 순서에 따르는 것이다.

환자가 약을 먹는 '복용(服用)'도 마찬가지다. 이미 의사의 처방(프로그램)에 따라 그냥 먹기만 하면 되는 것이다. 그렇다면 '착복(着服)'은 어떠한가? 이미 정해진 순서가 있음에도 억지로 그 순서를 흩트리는 것을 말한다. '공금착복'은 공적인 용도로만 사용하도록 이미 정해진 돈인데 이를 무시하고 사적인 일에 충당하는 행위를 말한다.

결국 이들의 개념을 종합해보면, '服'은 '福'과 마찬가지로 인생에 있어서 이미 정해진(갖추어진) 자연의 법칙(순서)를 말한다. 이들 '복'은 사람이 죽으면 망자의 옷가지를 들고 지붕에 올라가 복! 복! 복! 세 번을 외침으로써 마침내 그 순서(프로그램)를 마감하게 된다. 이처럼 죽음은 망자의 생명과 더불어 복의 끝자락을 거두어버리지만 남은 자들은 또 여전히 자신에게 주어진 복에 따라 여생을 계속한다.

복은 우리 인생과 이처럼 긴밀하게 연결되어 있는 글자다.

청동으로 만든 솥에 새겨진 금문.
병오(丙午)라는 간지가 보이므로 병오정이라 부르며
오른쪽 간지 밑에 '天君'이 보인다.

9

그 외의 한자

旄

① 깃대장식 모   깃대장식,
② 늙은이 모   앞가높고 뒤가낮은 언덕

문자를 알기 쉽게 설명하기 위해서는 그릇에 비유하곤 한다. 각기 그 릇은 크기에 알맞은 용도를 갖기 마련인데 어떤 그릇은 크고 깊어서 식 량을 담는 항아리로 쓰이기도 하고 어떤 그릇은 작아서 양념그릇으로 쓰 이는 것도 있다.

'모(旄)' 자의 경우는 한민족의 정체성을 밝히는 주요한 글자로써 식 량을 담은 큰 항아리처럼 한민족을 먹여 살리고도 남을 만큼의 풍부한 내용을 지닌 글자 가운데 하나인데 지금은 잘 쓰이지 않으므로 생소한 글자가 되고 말았다.

모(旄)자의 사전적 의미는 '소꼬리나 꿩의 깃털로 장식한 기'라고 한다. 글자의 모양이나 내용으로 보아서는 특별히 주목을 받을 만한 글자로 보이지는 않으나, 깃발을 꾸미는데 하필이면 '소꼬리'로 장식한다는 점 이 눈길을 끈다.

'旄' 자의 이해를 돕기 위하여 관련된 기록들을 모아보면 다음과 같다.

① 무당이 굿을 할 때 모구(旄丘)를 만들고 그 위에 깃대를 세우는데 이것을 모(旄)라 한다. 모(旄)로부터 남(南)자가 만들어 졌다.

② 모의 흔적은 모구(旄丘)와 풍물패들의 전립에 달린 상모(象旄)에 남아 있으며(상모란 모자 꼭대기에 달린 쇠꼬리라는 뜻이다), 육사 생도 들이 착용하는 정모의 수술이 혹 모의 흔적일 것으로 추측한다.

③ '소꼬리나 꿩의 깃털로 장식한 기'를 또 다른 말로 '독(纛)'이라고

도 하고 '둑' 이라고도 하며 '도' 라고도 한다.

④ 동양의 군신(軍神)이며 배달국의 제14한웅이신 치우천황의 이름이 '독(纛)' 이며 이 독(둑)은 또 두꺼비를 말한다.

⑤ '둑' 의 한자 '纛' 을 보면 '毒(독 독)' 자와 '縣(매달 현)' 자로 되어 있어 독이 깃발을 의미하므로 '두꺼비의 기를 매달다' 라는 것이다. 따라서 기에 그려진 것은 두꺼비일 것이고 두꺼비는 또 치우천황을 상징하므로 이 기는 치우천황을 상징하는 깃발이었을 것이다.

치우천황은 이 깃발을 앞세워 적군을 진압했으며 이 둑기가 내걸린 것만으로도 적군은 치우천황의 위용에 겁을 먹을 수밖에 없었을 것이다.

⑥ '둑' 은 우리 가정에서 쓰는 큰 오지그릇인 항아리를 말하는 '독(纛)' 이라고도 한다.

⑦ 항아리는 역시 물을 담아 놓는 그릇이며 둑은 논둑이나 밭둑, 둔덕이나 둑방처럼 물을 막아놓은 기능을 가지고 있다.

⑧ 『이의실록(貳義實錄)』에 독(둑)의 모양에 대해서 언급하였는데 '독은 치우의 형상으로 만든다' 는 기록 아래 마름모꼴의 뿔을 가진 투구의 형상을 중심으로 활모양의 받침대를 가지고 있는 모습으로 그려놓았다.

⑨ 서울의 지명이기도한 '뚝섬' 은 원래 '둑섬' 으로 조선조에 군사를 훈련시킨 곳으로 '둑기(纛旗)' 를 모시고 둑제(纛祭)를 지냈으며 '둑신사' 를 세워 치우천황을 모신 까닭에 '둑섬' 이라는 지명을 갖게 되었다.

⑩ '둑제(纛祭)' 란 '물의 신' 인 치우천황에게 드리는 제사를 말하며 논둑, 밭둑, 둑방길, 독(항아리), 두꺼비 등의 공통된 어원인 둑이 물과 관련이 있는 것은 고대에 치수를 맡았던 치우천황의 업적과 관련이 있다.

'치우' 란 우뢰와 비를 크게 일으켜 지형을 확 바꾸어버리기도 하지만 또 둑방을 쌓아 홍수를 막기도 하므로 큰 물과는 불가분의 관계에 있는 인물임에 틀림없다.

둑제를 드리는 곳은 대체로 물가이다.

⑪ 충무공 이순신 장군께서도 상강(霜降)과 경칩(驚蟄)에 이 둑제를

모셨다는 기록이 있다.

이상 나열된 사실들을 정리하면 다음과 같이 요약할 수 있을 것이다.

「둑(독, 纛)이라고도 하고 모(旄)라고도 하는 기(旗)가 있는데 이 기는 쇠꼬리나 꿩의 깃털로 장식되어 있으며 깃발은 마름모꼴로 되어 있고 그 안에는 활 모양의 받침대 위에 뿔이 달린 투구의 형상이 그려져 있으며 치우천황을 나타낸다.

치우천황은 언제나 이 둑기를 앞세우고 전쟁에 나섰으므로 이 둑기는 곧 치우천황의 상징이자 천하 평정의 상징이었다.

'치우'는 또 우뢰와 비를 크게 일으켜 지형을 확 바꾸기도 했지만 산림과 치수를 맡아 홍수를 예방하기 위해 언덕을 쌓기도 했으므로 이 언덕을 '둑'이라고 불렀으며 지금도 논둑, 밭둑, 둑방 등에 그 어원이 남아있다.

또 두꺼비도 '둑'에서 기원한 말로 두꺼비는 비가 올 때 나타나므로 두꺼비는 또 치우천황을 상징한다.

치우천황은 싸움으로 천하를 평정하기도 하지만 물로써 천하를 평정하기도 하고 또 홍수를 막아 큰 재앙을 평정하기도 하였다.

이러한 역사적 배경으로부터 다양한 형태의 민속이 만들어지게 되었는데 그것이 곧 '둑제(纛祭)'요, 둑기(纛旗)요, 모(旄)요, 모구(旄丘)요, 상모(象旄)며 뚝섬, 독(항아리), 논둑, 밭둑, 둑방, 두꺼비 등의 어원이 되었으며 '쇠꼬리 잡은 놈이 임자'라는 속담이 만들어졌다.」

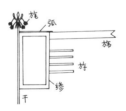

기치에 달린 '旄'의 모양

'소꼬리를 잡은 놈이 임자'라는 우리 속담은 바꾸어 말하면 '모를 잡은 사람이 임자'라고 말할 수 있는데, 이 말은 사실은 고대 우리 한민족의 정신적 정치적 지도자이셨던 한인, 한웅, 단군이 가졌던 하늘에 제사를 드리는 권한을 의미한다.

하늘에 제사지내는 것이 뭐 그리 큰일인가고 반문할지도 모른다. 그러나 고대 문명의 초기에 하늘 제사란 매우 특별한 의미를 가지고 있었다.

카톨릭과 크리스트교에서는 '개인이 하늘에 직접 제사지낼 수는 없다'고 말한다. 그런 까닭에 하나님과 사람들 사이에 신부와 목사라는 중보자를 세워 대신 제사를 담당하게 한다.

그러나 우리 한민족은 다르다. 우리 한민족은 누구나 직접 하늘과 소통할 수 있으며 누구나 하늘에 직접 제사를 지낼 수도 있는 것이다.

지금은 역사를 잃어버렸으므로 문화의 가치를 가늠하는 것조차 불가능해졌지만 분명한 것은 하늘에 제사지내는 권한은 '쇠꼬리 잡은 놈이 임자'라는 말을 남길 만큼 특별한 권한이었던 것이며 그 권한을 가진 민족이 우리 한민족이었던 것이다.

'旄'자와 관련해서 많은 민속이 그리고 언어가 만들어진다는 것은 '旄'자의 비중이 그만큼 크다는 것을 말한다.

'旄'자를 이해하는데 도움이 되는 글자가 모양도 비슷한 '旅'자다. 이 두 글자에 쓰인 '方'자는 펄럭이는 깃발을 의미한다. 두 글자에서 서로 다른 부분인 '毛'와 '氏'는 '毛'가 깃대의 장식과 음을 나타내는 반면 '氏'는 하늘 제사를 위해 길을 떠나는 인물을 의미한다.

그리고 이들 두 글자의 윗부분인 '人'은 '旅'의 옛글자인 '𣃓'의 윗부분을 의미하는 것으로 '旄'자가 천제와 관련된 깃발이라면 '旅'자는 천제를 지내러 가는 행열을 의미한다.

易	① 바꿀 역	바꾸다,
	② 주역 역	고치다,
	③ 쉬울 이	새로워지다,
		도마뱀

'易'자가 눈에 익숙해졌다면 그것은 소위 '주역(周易, The Book of Changes)'의 공이 크다고 할 것인데, 주역은 동양사회에 보편화된 인생철학으로 그 안에는 천변만화하는 인생의 군상들이 사례별로 가득 차 있어 가히 사람이 만든 것으로 보기에는 도저히 믿기지 않을 만큼 질은 세밀하고 양은 방대하다.

역사적으로는 주역이 있기 전에 하나라에 연산역(連山易)이 있었고 은나라에 귀장역(歸藏易)이 있었는데 이 모두 한국(桓國) 때 시작된 것으로 '한역(桓易)'이라고 불러야 한다는 주장이 있고, 또 서기 1884년에 동방의 성인 일부 김항 선생님이 기존의 역을 바로잡아 '정역(正易)'을 만드셨으니 '易'의 역사 또한 우리 민족사와 그 궤를 같이 한다고 볼 수 있다.

이처럼 동양의 심대한 인생철학을 단 하나의 글자로 대변하는 글자가 '易'자인데 '易'자는 본래 밤낮이 매일 바뀌는 것처럼 '바뀐다'는 의미를 가지고 있으며 이로부터 '쉽다'는 뜻이 덧붙여졌다.

그러나 '易'이라 해서 모두 모두 변한다고만 생각하면 잘못이다. 역에는 '간역(簡易)'과 '변역(變易)' 그리고 '불역(不易)'의 세 가지가 있는데, '간역'은 천지자연은 끊임없이 변화하나 단순하고 평이하다는 뜻이며 '변역'은 천지만물은 멈추어 있는듯하나 끊임없이 변한다는 것이고, '불역'은 모든 것은 변하나 항구불변의 원칙에 따라 변하는 것으로 그 법칙 자체는 영원히 변하지 않는다는 것을 말한다.

'易'자를 만든 우리 선인들은 이 글자에 어떤 의미를 새겨 담았는지 살펴보기로 하자.

'易'자의 풀이에 관련해서는 지금으로부터 2천여 년 전에 허신이 말한 몇 가지 설이 『설문해자』에 소개되어 있으므로 이들을 먼저 살펴보는 것이 도움이 될 것이다.

① 도마뱀설 : 석척(蜥蜴)이란 도마뱀이 있는데 이 도마뱀은 태양의 높이에 따라 시시각각 색이 달라지므로 이 도마뱀의 모습으로 '변화하는 자연현상을 나타내는 글자'를 만들었으며 '바꾼다'는 뜻을 갖게 되었다.

따라서 '易'의 옛글자인 '🐾'을 도마뱀의 모습으로 보았다.

② 비서(秘書)설 혹은 일월음양(日月陰陽)설 : 육덕명(陸德明)의 참동계(參同契)라는 비서(秘書)에 따르면 밤낮이 바뀌듯이 천지만물은 끊임없이 변화하므로 '日과 月'로써 변화하는 자연현상을 상징적으로 나타냈다.

따라서 '易'자는 '日'과 '月'자가 합해서 만들어진 글자다.

③ 깃발 설 : '易'자를 해인 '日'과 깃발인 '勿'의 합체로 보아 마치 태양아래 깃발이 나부끼는 것으로 풀이하였다.

'日' 아랫부분의 '勿(말 물)'자는 깃발이다.

'易'의 옛글자

무려 2천년의 긴 역사를 가지고 있는 세 가지 주장 외에 최근 대종언어연구소의 박대종 소장이 새로운 의견을 발표하였으므로 이 주장을 추가하여 네 번째로 소개한다.

④ 박대종님의 주장 : 새의 깃털이 바뀔 무렵 털갈이하는 모습을 형용한 글자로 머리 부분의 '日'은 해가 아니고 새의 머리부분이며 아랫부분은 새의 몸통과 깃털을 표시하여 '바꾸다', '바뀌다', '새롭다', '변화하다' 등의 뜻을 가지게 되었다.

그런데 '易'자와 관련해서 우리의 『한단고기』에 주목할 만한 기록이 있다.

「한역(桓易)은 우사의 관리로부터 나왔다. 때에 복희는 우사가 되어 여섯 가지의 가축을 기르게 하였으며 또 신용(神龍)이 해를 쫓는 것을 살펴 하루에 열두 번 색을 바꾸는 것을 보고 이에 한역을 만들었다. 한은 곧 희(羲)와 같은 뜻이고 '易'은 곧 옛날 용(龍)자의 본 글자다.」<태백일사 소도경전 본훈 제5 (太白逸史蘇塗經典本訓 第五)>

'易'자가 본래 '龍'의 본자였다는 『한단고기』의 이 기록은 고금문의 연구에서 용의 실체가 '누에'였음을 밝혀냄으로써 '易'자 풀이의 새로운 지평을 열어주었다.

'龍'이 '누에'가 변해서 된 것이라면 '易'의 본 자는 곧 '누에'라는 말이 된다.

누에를 다른 말로는 '하늘벌레(蚕)'라고도 하며 또 '잠(蠶)'이라고도 하는데, 누에는 넉 잠을 자고 4가지 단계의 생태학적 변화를 거치며 마디가 13마디로 되어 있는 익충이다.

하늘의 중심을 자미원이라 하는데 자미원은 곧 '누에의 뜰'이며, 자미원의 주인은 누에로 이름을 표시한 '뉘조'이며, 또 우리말 '누이', '누님' 등이 모두 뉘조를 부르는 호칭에서 기원한 것이며, 뉘조가 누에를 치면서 천문역법에 대하여 눈을 뜨게 되었다고 하니 고대사회에서 누에가 차지하는 비중이 얼마나 큰 것인가는 충분히 상상할 수 있다.

만일 앞에서 든 네 가지 설 가운데 누구도 의심할 바 없이 명확하게 드러나는 답이 없다면 '易'자는 '龗'의 본래의 모습인 '누에'를 나타내는 글자일 개연성이 크다.

문자로서 '一'과 '乙'을 넘나들며 다양한 모습으로 변신을 거듭하는 것에서나 또 인간의 삶에 밀접한 것으로나, 우리 문화 가운데서 누에가 차지하고 있는 비중으로 볼 때 '易'자는 '누에'의 모습을 나타낸 글자일 가능성이 크다.

『한단고기』는 한민족의 역사와 이념이 담겨있는 소중한 책임에도 편견과 오만에 찬 무리들로부터 외면을 받고 있는데, 순수한 마음으로 그 내부를 펼쳐 본다면 정말 다른 곳에서는 도저히 찾아 볼 수 없는 보배들이 가득 차 있음을 알 수 있다.

聖

① 성인 성
② 지존할 성
③ 거룩할 성
④ 뛰어날 성

성스럽다,
성인,
한방면에 더할 수
없이 뛰어난 사람

'聖' 자는 '성인'이란 단어를 먼저 떠오르게 할 뿐만 아니라 동시에 동양의 성인으로 추앙받는 공자나 맹자를 떠오르게 하는 글자다.

공자나 맹자를 동양의 성인이라고 하는 것은 이 분들이 동양의 가치를 한 몸으로 지탱하고 있기 때문인데 '聖' 자는 또 이들 전체를 아우르는 큰 무게가 있는 글자다.

'聖' 자에 대해서는 『書洪範』에 '어사무불통지위성(於事無不通之謂聖)'이라 하여 '일에 당하여 통하지 않음이 없는 것을 일컬어 성이라 한다'고 설명하고 있으며, 『風俗通』에는 '성자성야문성지정고왈성야(聖者聲也聞聲知情故曰聖也)'라 하여 '聖이란 聲이다. 소리를 듣고 그 본성을 알기 때문에 聖이라고 하는 것'이라고 설명하고 있다.

대체로 이들 설명은 '聖' 자에 대한 기존의 인식과 크게 차이가 없으므로 『설문해자(說文解字)』의 '聖, 通也'라는 표현을 중심으로 '聖' 자의 다른 면모를 살펴보자.

지금까지는 '聖' 자로부터 '성인'의 이미지를 먼저 떠올렸으므로 '聖, 通也'에 대해서 '성인은 모든 것에 통한다' 즉 '모든 것을 안다'는 의미로 미리 단정해 버리고 말았다.

'聖' 자는 '耳'와 '口'와 '壬' 등 세 글자로 이루어졌으므로 이들 글자로부터 성인은 '밝은 귀'와 '민첩한 입'을 가진 사람을 표시한다고 말한다.

그러나 '통한다'는 것은 의역해서 '안다'고도 할 수 있지만 직역하면 통하는 것은 통하는 것이다. 만일 '안다'는 의미를 나타내려는 의도가 강했다면 '通' 자 보다는 '안다'는 뜻을 가진 다른 말을 썼을 것이다.

그렇다면 ‘聖’ 자의 ‘통한다’ 는 것은 무엇을 의미하는 것일까? 이 궁금증을 풀어주는 단서가 ‘文’ 자에 있다.

금문(金文)에서는 ‘文(문)’ 자를 ‘聖(성인 성)’ 으로도 읽는다고 말한다. 이 말은 두 글자가 서로 통하는 부분이 있다는 것을 암시하는 말이다.

‘文’ 자는 사람의 머리 중앙에 있는 정수리의 정문(頂門)을 뜻하는 글자이고 ‘聖’ 자는 ‘통한다’ 는 뜻을 가진 글자이다. 두 글자의 의미를 합치면 ‘통하는 문’ 이 되는데 ‘통하는 문’ 이 갖는 공통점으로부터 ‘聖’ 자의 의미를 유추해 볼 수 있다.

‘文’ 자가 가지고 있는 ‘문(門)’ 의 의미는 하늘의 마음과 사람의 마음이 출입하는 문이므로 이 문이 ‘通(통할 통)’ 한 사람을 성인이라고 한다면 성인이란 하늘과 통해있는 사람을 뜻하며 천명(天命)을 아는 사람을 의미한다.

천명(天命)은 또 다른 말로 ‘성(性)’ 이다. ‘천명지위성(天命之謂性)’ 이란 천명(天命)이 곧 ‘性(성)’ 이란 말이며 ‘性’ 이란 자연으로부터 부여받은 타고난 바탕을 말한다.

이 ‘성(性)’ 과 통하는 것이 곧 ‘성(聖)’ 이며 이 양자가 동일한 음가인 ‘성’ 을 가지게 되는 까닭이다.

그러나 ‘聖’ 자가 가지고 있는 ‘通(통할 통)’ 이란 단순히 열린 통로를 뜻하는 것이 아니라 ‘미루어 안다’ 는 뜻이다. 예를 들어 사람이 타고난 본 바탕은 눈에 보이는 것이 아니다. 따라서 보이지 않는 것을 아는 방법은 ‘귀’ 와 ‘입’ 을 통해서 가능해진다.

‘통은지신심(通恩知神心)’ 이란 말은 ‘사람이 살아가는 과정에서 수많은 은혜를 입게 됨으로 이 은혜를 통하여 하느님의 마음을 알게 된다’ 는 뜻으로 풀이하는데 ‘通’ 자의 뜻을 살필 수 있는 좋은 용례이다.

‘聖(성)’ 자를 ‘通’ 자와 같은 글자로 여기는 것은 바로 이 구절처럼 무언가를 알기위해 거치게 되는 중간과정 또는 매개체를 말하는 것으로 ‘聖’ 자에서는 ‘귀(耳)’ 와 ‘입(口)’ 을 매개로 하고 있음을 알 수 있다.

和	① 화할 화 ② 화답할 화 ③ 화해할 화 ④ 합계 화	화하다, 서로 응하다, 합치다

 → → 和

　상형체 문자의 모습을 보고 옛날엔 '손자가 왼손으로는 창(戟)을 쥐고 오른손으로는 나무를 쥐고 있다'라고 풀이 하였다.

　그러나 이는 좌측에는 창이 아니라 방패를 그리고 우측엔 나무가 아니라 가래를 잡고 있는 것으로 전체적인 의미는 '봉읍을 보호한다'는 뜻을 나타내고 있다. 그 음도 보호한다는 '호('護', '戶')' 등과 같이 읽는데 옛날에는 '호'나 '화'는 같은 음이었다.

　간혹 '和'의 옛 글자인 ' (和의 古字)'에 들어있는 ' (피리 약)'에 착안하여 '풍년이 들어 곡식을 수확한 후 피리를 불며 태평가를 부르는 농부들의 화기애애한 모습'으로 풀이하기도 한다.

　그러나 '和'자가 갖는 이미지 즉 평화를 구가하는 일은 물리적인 힘이 뒷받침될 때 가능하다. '和'자가 만들어지는 배경으로도 그렇지만 우리의 현실에 비추어보아도 무력이 뒷받침되지 않는 평화는 얼마나 위태한 것인가!

　'和'자는 순임금의 이름자인 ' '에서 기원한다.

　그것은 문자가 만들어지던 당시 즉 순임금의 시기에 이미 재산의 공유 단계를 지나 사유화가 급속도로 진행되던 때이므로 타인이나 또는 짐승으로부터 사유화된 재산을 지키기 위해서는 무력이 뒷받침되지 않으면 안 되었다.

　'和'자가 재산을 뜻하는 가래와 무장을 뜻하는 방패로 만들어지는 배경이다.

이상적인 평화는 무력이 완전히 제거된 상태를 의미하지만 역설적이게도 평화는 무력에 의해서 유지된다고 하는 사실을 문자에서 발견하게 된다.

『설문해자』는 '和'자를 풀이하기를 '相應也'라고 짧게 말하고 있다. 그러나 이 설명은 이미 '和'자의 원시적인 의미가 많이 퇴색하고 벌써 '調和(조화)'의 의미가 가미되어 있음을 알 수 있다.

'和'의 옛글자

(당시가 모계제 사회이므로 한가정을 이루는 2명의 남편의 이름자인 까닭에 '和'의 시원자는 2개이다.
좌측은 순의 이름자이고 우측은 순과 형제관계인 오회의 이름자이다.)

禮	① 예도 례	예도, 예절,
	② 절 례	경의를표하다,
	③ 예물 례	폐백
	④ 예우할 례	

사람이 살아가는 데에는 서로 간에 지켜야할 예절이 있다. 예를 들어 어른을 공경하는 것이라든지 노약자를 우선 배려한다든지 공공장소에서 타인에게 장애가 되거나 거부감을 주는 것을 피하는 것 등은 어느 집단에서나 공통으로 권장하는 덕목이기도 하다.

그러나 대상이 달라지면 이 예절의 까다로움이란 대상의 권위만큼이나 침중해진다.

임금에 대한 예절이 다르고 또 공경대부의 직위에 적용되는 예절이 달랐다.

더구나 대상이 신이나 신위가 되면 그 까다로움이란 극에 달한다.

경배의 방법과 횟수, 모시는 신위의 대수, 올리는 음식의 가짓수와 상태, 심지어는 제사에 참여하는 인원과 음악에 이르기까지 엄격하게 제한되면 이제는 예절이 아니라 예법이 된다. 종묘의 제사에는 엄격한 예법이 별도로 국법으로 정해져 있기도 했다.

고대로부터 제사는 집단의 우두머리가 갖는 권한이었으므로 예법을 준수하는 것이 자신의 신분을 과시하는 방편이기도 하였다.

조상의 제사를 모시지 않는다는 이유로 생명을 빼앗는 경우도 있었을 만큼 소중한 생명보다도 더 큰 권위를 가진 예절의 기원을 고대 문자를 통해서 탐구하는 일은 대단히 의미있는 일이다.

왜냐하면 예절이라는 명목 하에 온갖 구속을 감내해야 했던 선조들의 삶을 되짚어 볼 수 있으며 지금 우리가 알고 있는 예절에 더욱 진일보한 의미를 부여할 수 있기 때문이다.

'禮' 자는 하늘의 해와 달과 별을 의미하는 '示'와 그릇인 '曲' 그리고 제기인 '豆'가 합쳐진 글자로 이들 요소 하나하나가 제사와 불가분의 관계에 있는 것들이다.

'示'는 해와 달과 별이 땅에 내려 비치는 모양으로 주로 제사와 관련된 의미를 띄고 있는데 전통적으로 우리 조상들이 돌아가셔서 계신 곳을 의미한다.

'曲'은 원래는 뉘조가 누에를 치면서 사용했던 잠박의 모양으로 뽕잎을 담는 됫박을 의미하는데 도량형기는 엄격한 기준을 의미하며, '豆'는 받침이 높은 제기를 말하는데 '주방(廚房)'이라고 할 때 '廚' 자의 의미부로 사용된 것을 보면 주방은 제사음식을 만드는 곳이다.

'曲'의 옛글자

이 요소들의 의미를 연결해보면 '禮'의 의미는 처음에는 음식을 작만하여 해와 달과 별이 되신 조상님들께 드리는 제사의 원칙을 일컫는 것이었으며, 점차로 제사만이 아니라 사람이 살아가면서 지켜야할 도리를 포함하는 포괄적인 의미로 확대되었음을 알 수 있다.

'禮'의 옛글자
(천제를 드리러가는 행열자체가 '예'라는 뜻이다.)

① 깨어날 소
② 차조기 소
③ 소생할 소
④ 부소나무 소
⑤ 들깨 소
⑥ 뱅댕이 소

소생하다,
쉬다

'蘇' 자는 우리 전통문화의 중요한 요소 가운데 하나인 '소도(蘇塗)'에 쓰이는 글자이므로 한민족의 정체성과 관련하여 갖는 의의는 매우 크다.

물론 '蘇塗'가 '소도', '수두', '솟터' 즉 '솟아 있는 터(sotte)'를 표시하는 우리말의 한자식 표현이므로 우리말의 의미로부터 살펴야 하겠지만 양자의 관계를 잘 살펴서 그 본래의 의미를 파악해야 할 것이다.

'蘇' 자의 모양으로부터 살펴보면, '艹(풀 초)'와 '魚(물고기 어)' 그리고 '禾(벼 화)'로 구성되어 있는데 '艹'는 훗날 풀을 나타내기 위하여 가져다 쓴 의미부호 이므로 그 이전에 이미 '穌'가 만들어져 있었던 것으로 보아야 한다.

따라서 '蘇(소)' 자의 의미는 '穌(소)'에서 찾아야 하는데 '魚'와 '禾' 즉 '물고기'와 '곡식'으로 표현할 수 있는 것이 무엇이 있을까?

『설문해자』에는 '곡식을 끌어 모으는 갈퀴 같은 농구'라고 말한다.

농기구를 표시하는데 관련이 있어 보이지도 않는 '물고기(魚)'까지 동원하며 이렇게 복잡하게 글자를 만들 까닭이 있을까?

'穌'는 곡식을 끌어 모으는 농기구를 말하는 것이 아니라 이미 제단에 올려진 제물을 말한다. 제단에는 온갖 제물들이 정성껏 마련되어 올려져 있을 것이므로 '갈퀴' 같은 도구로 긁어모았다고 여길 만큼 많은 제물이 진설되어 있었던 것이다.

따라서 이런 내용의 '穌'로써 표현할 수 있는 풀이라면 그 풀 또한 제사와 관련이 있을 것이다.

『설문해자』에는 '蘇, 桂荏也(소, 계임야)'라 하고 '荏' 자의 풀이에서는 '荏, 蘇也(임, 소야)'라고 하였으므로 '蘇'가 곧 '荏'인 셈인데, '蘇'는 꿀풀과의 한해살이풀인 '차조기'를 말하고 '荏(임)'은 '들깨'를 말한다.

다만 여기서는 차조기나 들깨가 무엇인가 보다는 왜 이 들깨를 '蘇'라고 하는가를 알아보려 하는데 '薌蘇(향소)'라는 『설문해자』의 기록이 있어 참고할 만 하다.

'薌' 자는 '곡식냄새 향' 또는 '제사에 쓰이는 기장·수수'라고 풀이하는 글자다. 따라서 이 표현으로부터 생각한다면 '薌蘇'란 '蘇'의 향을 이용하는 어떤 것을 의미한다. 참깨를 향으로 이용하는 것은 어떤 용도를 말하는 것일까?

곡식을 향으로 쓰는 데는 제사밖에는 달리 생각할 수가 없다. 곡물을 향기로 섭취하는 것은 신령들의 특성이기 때문이다.

따라서 이 '蘇'는 제단에 올려진 곡식 즉 '제물(祭物)'임이 분명하다.

곡물로써의 '蘇'가 제물을 의미한다면 '소도'에 쓰이는 '蘇'는 또 어떤 의미를 갖는 것일까?

'蘇塗'가 어떤 공간을 의미하거나 또는 어떤 구조물을 지칭하거나 관계없이 본래 제사와 관련되어 있다고 하는 데에는 이미 충분한 공감대가 형성되어 있다.

마고성을 떠난 우리 선인들은 부도(符都)를 잊지 않기 위해 가는 곳마다 작은 부도(符都) 즉 '소도(蘇塗)'를 세우고 수증(修證)하여 복본(複本)할 것을 기약하였는데, 이 곳에는 흙으로 단을 쌓고 나무를 세워 신성시하며 하늘과 조상에게 제사를 지냈던 것이다.

따라서 '소도'를 나타내는데 쓰인 '蘇' 자 역시 제사와 불가분의 관계에 있다고 할 수 있다.

그렇다면 성씨로써의 '蘇' 자는 또 어떤 의미를 가지고 있는 것일까?

우리나라 274개 성씨 가운데서도 '蘇' 씨는 비교적 오랜 역사를 가진 성(姓)에 속한다.

『삼국사기』에 박혁거세를 신라의 왕으로 추대하는 6부촌장의 이야기 가운데 '蘇' 씨가 등장함으로 이 내용을 살펴보려 한다.

「고대 조선이 망하고 그 유민들이 백두대간의 동쪽 기슭에 흩어져 여섯 마을에 나뉘어 살았는데, 어느 날 돌산(突山) 고허촌의 촌장(村長) 소벌도리(蘇伐都利) 공이 양산 기슭에 있는 나정(蘿井)이라는 우물 옆 숲속에서 말(馬)이 무릎을 꿇고 울고 있는 것을 보고 이상히 여겨 가까이 가 보았더니 어느새 말은 보이지 않고 다만 큰 알(卵) 하나가 있어서 그 알을 깨어보니 어린아이(兒)가 나와(出) 데려다가 길렀다. 이 아이의 나이가 10여세가 되자 유달리 숙성하였고 6부의 사람들은 그의 출생(出生)이 신기하다 하여 존경하며 따르다가 이에 이르러 임금(王)으로 세웠다.」

이 이야기로부터 소벌도리공의 신분을 읽어내는 것이 가능하다. 나정의 옆에서 알을 발견한 것이나 데려다 기른 것 또 자신이 기른 혁거세를 왕으로 추대하는 일련의 사건에서 6부의 촌장 가운데서도 소벌도리 공의 활약이 가장 크다는 것을 알 수 있는데 이로써 유추해 본다면 유민들 사이에서 그 신분은 다른 촌장들에 앞서 옛 단군의 역할을 맡고 있었음이 틀림없다.

단군이 조선 관경의 정신적인 지도자임을 생각한다면 소벌도리공의 주요업무를 또한 제사를 빼놓고는 생각할 수가 없다.

따라서 '蘇' 자는 곡식으로든 소도에서든 또 성씨에서도 '제사'와 불가분의 관계가 있음을 알 수 있는데, 제사란 행위 자체가 '한'이 이 땅에 모습을 드러내는 통과의례인 점을 고려한다면 제사를 통해 '한'은 언제든지 다시 소생할 수 있는 것이며, 돌아가신 조상 또한 언제든지 이 제사라는 행위를 통하여 다시 소생할 수 있는 것이다.

이것이 '소' 자가 갖는 '소생하다' 라는 말의 참 의미이다.

한편 '蘇' 의 옛글자를 '𧄔' 로 보기도 하는데 여기의 '✹' 는 '속(束)' 자로 '魚' 씨를 차기 대례관에 임명한다는 약속의 표시로 볼 수 있으며, 따라서 '蘇' 씨 성은 곤의 후손들일 가능성이 매우 높다.

① 구멍 공	매우, 심히,
② 매우 공	크다
③ 성 공	

'孔' 자는 '子' 와 '乙' 의 합체자이다. 이 두 글자가 합쳐지는 배경에 대하여 『강희자전』의 '孔' 자 『廣韻』항에 참고할만한 기록이 있다.

「은나라 탕 왕의 후예는, 본래 제곡의 부인 간적이 새알을 먹고 아들 설(契)을 낳자 '子' 씨로 사성(賜姓)한 것으로부터 비롯되었다. 성탕(成湯)에 이르러 그 선조가 새알을 먹고 태어난 것이므로 '子' 자에 '乙' 을 덧붙여 비로소 '孔' 씨가 되었다.」

'새알을 먹고 태어난 사람' 의 이야기는 당연히 꾸며낸 이야기로 특정 인물의 탄생 배경을 신비스럽게 꾸미는 것은 고대에는 보통 있는 일로써 '새의 알을 먹고 태어났다' 는 이야기는 이 사람의 신분이 새를 토템으로 하는 집안의 후손임을 말하는 고대인의 표현방식이다.

소호금천씨가 새로써 관직을 삼아 '새족의 시조' 로 추앙되고 있으며 고양씨가 자신의 표시로 '알' 을 사용했고 제곡 고신씨가 자신의 표시를 '알의 아들인 왕' 으로 하였으며 고신씨의 아들들이 구체적으로 새로써 자신의 이름을 표시하였던 것처럼 이들의 후예들은 대부분 새의 알로써 자신의 신분을 표시하였다. 이러한 전통은 훗날 혁거세나 김알지의 탄생으로까지 이어지고 있는 것이다.

고대의 신화처럼 전해오는 소위 '난생설화(卵生說話)' 의 정체가 이러하다.

말하자면 탕 왕의 혈통이 어느 계통인지를 말해주는 암호 같은 표시인데 문제는 '子' 씨를 성으로 하사받았다는 기록이다.

모계제사회제도 하에서는 두 명의 부인이 두 명의 남편과 한 가정을 이루는데 두 명의 부인 가운데서 큰 부인의 자녀들은 모계의 성씨를 계승하는 한편, 작은 부인의 자녀들은 모계의 성을 계승하지 못하고 이들이 사용하는 성이 별도로 정해져 있었는데 이를 자성이라 한다.

따라서 '자성'을 사용했다고 하는 것은 그 사람이 '큰 부인의 자녀가 아니고 작은 부인의 자녀'임을 말해주는 것이다. 실제로 간적은 제곡 고신의 작은 부인이다.

이 사실은 '孔'자의 성격을 말해주는 중요한 단서가 된다.

'孔' 씨의 시조는 모계제 사회제도아래에서 '작은 부인'의 태생이며 이 성씨의 뿌리가 고대국가로부터 기원하였다는 사실이다.

따라서 이런 사회제도적 배경 아래 만들어진 '孔'자는 출신배경을 나타내는 글자이므로 이 '孔'자에 다른 의미들이 있다면 그 것은 훗날 '孔' 씨들의 활약과 깊은 관련이 있을 것이다. '孔'자가 본래의 중심 개념인 '성씨'로부터 공자님의 확장되는 의미들을 이해할 수가 있다.

예를 들어 『설문해자』에, '孔, 通也, 通者達也'라 하여 '孔'자가 '통달(通達)'의 의미가 있다고 한 것은 '孔'자가 인문에 통달한 '공자'님의 성씨인 점을 고려하여 저자가 가필했을 가능성을 배제할 수 없다.

'孔'을 '구멍'으로 새김하는 것도 '공'이라는 음가가 갖는 공통성을 표현한 것인데, '孔'자에서 '乙'이 '공'이라는 음가를 맡고 있다. 새는 허공을 자유로이 왕래하는 짐승이므로.

'통위길 새위흉(通爲吉 塞爲凶)'은 또 길흉(吉凶)의 개념을 '通'과 '塞'로 나누어 설명하는 말인데 길이 통하면 좋은 것이요, 길이 막혀있으면 흉하다고 하는 것은 한민족에게는 어려운 말도 설명이 필요한 말도 아니다.

者	① 놈 자 ② 사람 자 ③ 어조사 자	놈, 사람, 것, 일, 물건, ~것

'이 노옴'

화난 선비가 내뱉는 욕이란 이 정도에서 그칠 수밖에 없다. 점잖은 체면에 더 이상 상소리를 지껄였다가는 조상님들에게까지 누가 미칠 것이기 때문이다.

'이 노옴'이란 풀이하자면 '이 자야'의 속칭인데, 만일 '王者'란 글이 있다면 어떻게 해석해야 할까? '왕이란 놈'이라고 할 수는 없을 것이고 이 경우엔 '왕이란'으로 해석하게 된다. 왜냐하면 '者'는 '놈 자'이기 이전에 '~라는 것'이라는 대명사(代名詞 즉 別事詞也)이기 때문이다.

대명사란 사물을 지칭할 때 '이 것', '저 것'의 '~것'을 말하는 것으로 사물을 말할 때는 '~것'이 되지만 사람을 말할 때는 '~사람'이 되고 또 일을 말할 때는 '~일'이 된다.

'者'자는 어떤 배경으로 이런 대명사가 된 것일까?

『설문』에 보면, '者'자는 '耂'자와 '白'자가 합해진 글자로 '耂'자는 고문의 '旅(여)'자라고 하였다. '旅'자의 옛 글자는 '㫃'로 '제사에 참여하기 위한 이동'을 의미하므로 의미가 확대되어 어디에나 가서 붙어 그 저변에 담긴 것을 드러낸다는 속성을 나타낸다.

그런 의미를 보완하는 뜻이 '白'에 있다. '白'은 '흰 색'을 나타내고 하얗게 날이 샌 것을 나타내지만 한편으론 '아뢸 백'으로 새김하기도 한다.

공지사항을 적은 글귀나 공사 현장의 알림판에 '주인 백' 또는 '소장 백'이란 표현을 본 경험이 있을 것이다. 사람일 경우 주인이나 소장이 되지만 만일 사물이나 어떤 일이라면 'ㅇㅇ백'이라 할 수 있을 것이다. 물론 표현이 어색하기는 하지만 이것이 '者' 자가 대명사의 성격을 가지고 있는 이유이다.

　이런 까닭에 사물에 해당하면 '~것'이 되고 사람에 해당하면 '~사람, ~인, ~놈' 등이 되는 것이다.

'者'의 옛글자

① 글 서	쓰다,
② 책, 문서 서	글씨를 쓰다,
③ 쓸 서	기록하다,
④ 편지 서	글자, 문서

『설문해자(說文解字)』를 지은 허신(許愼)은 그 서문에서 말하길,「황제의 사관 창힐이 처음으로 서글(書契)을 만들었는데, 물체의 모양을 본떴으므로 이를 '문(文)'이라하고, 그 후에 모양과 소리를 합쳐 서로 보완하였으므로 이를 '자(字)'라 부르며, 이들 문과 자를 가지고 대나무 조각이나 비단위에 쓴 글자를 일컬어 '서(書)'라 한다」고 '書'를 정의하였다.

다시 풀이하면 '문(文)'은 사물의 모양(象)을 그린 상형문(象形文)을 말하고, '자(字)'는 상형문자와 지사자를 합하여 만든 형성(形聲)자를 말하며 '서(書)'란 이들 문자가 대나무나 비단위에 씌어진 것을 말한다.

그러나 어느 경우든 글이란 말을 가시적으로 표현하는 방법이다. 따라서 '書'자에는 말을 표현하는 방법이 담겨 있을 것인데, '書'자의 구성요소로부터 이 글자가 어떻게 '글'이란 뜻을 갖게 되었으며 '글'은 또 무엇인지 그 내용을 살펴보기로 하자.

'書'의 옛글자

'書'자는 원래는 '書'자로 '聿(붓 율)'과 '者(놈 자)'가 합쳐진 글자였는데 예서로 고치면서 생략하여 지금의 '書' 자가 되었다.

'聿(율)' 자는 '드디어', '마침내', '스스로' 등의 뜻이 있지만 '붓 율'이라는 새김처럼 원래는 '붓'의 모양을 나타낸 글자다. 따라서 말을 드러나게 하는 도구를 생각할 수 있다.

'者(놈 자)' 자는 대명사인 '~것'이 아니라 '著(분명할 저)' 자의 뜻처럼 '분명하게 드러나다', '나타내다', '드러내다' 등의 뜻으로 풀이해야 한다.

따라서 이 들의 내용을 종합해보면, '붓으로 분명하게 드러나도록 하다' 라는 뜻이다.

무엇을 드러내는 것일까? 그것은 보이지 않는 사람의 말을 글자로 지면에 드러내 보이는 것이다.

'書'와 관련해서는 전통적으로 '6서(六書)'가 있는데, 6서란 상형(象形), 지사(指事), 형성(形聲), 회의(會意), 전주(轉注), 가차(假借)를 말하는 것으로 이 6서를 다른 말로는 '한자를 만드는 법'이라고도 한다.

고구리에서는 '6예(六藝)'에 통달해야만 비로소 대장군의 지위에 오를 수 있었는데 '6예'란 예(禮), 악(樂), 사(射), 어(御), 서(書), 수(數)를 말하는 것으로 이 '6예'의 5번째에 '서(書)'가 속해 있다. '6예'에 통달한 고구리의 대표적인 대장군으로는 을지문덕을 꼽는다.

永	① 길 영 ② 오랠 영	길다, 오래다, 오래도록 길게하다

영원한 사랑은 언제나 가슴 뭉클하게하는 감동이 있게 마련이다. 요즈음처럼 사랑이 입에 걸려 내면에서 우러나오는 사랑을 찾기 어려운 시절에는 더욱 그러하다.

영원무궁을 뜻하는 글자가 '永'이다. 우리말로는 '길다'라는 뜻을 표현하는 글자인데 무엇을 가지고 '길다'라는 형용사를 표현했을까?

'永'의 상형문을 보면 ''이다.

모양으로 보아서는 도대체 무엇을 나타내고 있는지 쉽게 알아차리기 어렵다. 지금까지는 사람이 물에서 헤엄치는 모습이라고 해석하는 것이 보통이었다.

그러나 이 글자는 '영'의 의미인 '길'에서 찾아야 한다. '永'은 이리저리 끝 간 데 없이 뻗어있는 도로나 물길인 강을 표시하고 있는 글자다.

도로를 우리말로 '길'이라고 하는데, 이 길은 정말 한번 시작되면 끊임없이 이어지고 또 이어지며 다른 세계로 연결되는 통로가 되기도 한다. 더구나 그 길이 물이 흐르는 길이 되면 이건 정말 끝을 찾기 어려울 만큼 길고도 긴 길이 된다.

때로는 Y자형 갈림길이 나타나고 때로는 T자형, 十자형 길을 만나지만 이리 저리 끊임없이 이어지는 도로나 물길에서 옛 사람들은 '永'이란 글자를 만들었다.

『설문해자』에는 '수장야(水長也)' 즉 '물길이 길다'라고 하여 길 가운데서도 '물길'을 언급하고 있다.

길의 여러 가지 의미 가운데서도 영원으로 통하는 의미를 읽어내 문자로 발전시킨 고대인의 안목이 돋보이는 글자다.

 그러나 이 원시 상형문에 대한 이해 부족으로 '⺼' 자에서 수영하는 모습으로만 보려다보니 'シ(삼수 변)'을 더하여 '泳(헤엄칠 영)' 자를 만들게 되었다.

'永'의 옛글자

貝	① 조개 패 ② 재물 패	조개, 돈, 옛날 화폐

　문자는 당시의 사회상을 반영한다는 말의 의미는 '貝'자에서 또 한번 확인이 된다.

　'貝'는 옛 글자의 모양에서 보듯이 '조개' 그대로이다. 조개를 돈으로 여기는 것은 고대에 조개껍질을 이용하여 화폐로 사용했다고 하는 역사적 사실에 근거한다.

　경제사의 초기에 화폐로 조개가 사용되었음은 이미 공인된 사실이다.

'貝'의 옛글자

　또 조개가 화폐로 사용된 데에는 '모계사회제도'라고 하는 사회배경을 빼놓을 수 없다. 아무래도 바닷가에 나가 예쁜 조개껍질을 주어들고 기뻐하는 것은 여성적인 정서와 잘 어울리는 일이다. 간혹 예쁜 여성들의 마음을 사로잡기 위하여 남성들은 여성들이 좋아하는 조개껍질을 찾아들고 여성의 환심을 사려고 노력했을 것이다. 지금도 결혼에 마련되는 예물을 '貝物(패물)'이라고 하는 것이 그런 배경을 짐작케 한다.

　이런 까닭에 '貝'는 '조개', '돈', '옛날 화폐로 이용되던 조가비' 등의 뜻을 갖게 되었다.

　'貝'가 부수자로 들어있는 한자는 모두 재물이나 부(富)와 관련이 있다.

| 虎 | ①범 호 | 범,
용맹스럽다 |

산신령의 충직한 동행인 호랑이는 동물 중에서도 영물이어서 '산왕 (山王)'으로 불리기도 하거니와 두려움의 대상이기도 하다.

호랑이 또는 범을 표시하는 글자는 '虎'자인데 호랑이의 모습을 그대로 글자로 사용하였다.

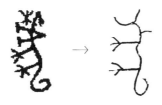

'虎'의 옛글자

'虎'자 역시 고양씨의 둘째 아들(次子) 이름자에 처음으로 등장한다.

첫 글자는 '✳'과 '⻁'의 두 글자가 합해진 것으로 '✳'는 '束(속)'으로 읽으며 '⻁'는 '虎(호)'로 읽어 '속호(束虎)'라 한다. '속호'란 '호를 ○○직에 임명한다'는 약속의 의미를 가지고 있는 글자다. 글자 앞 부분의 '⼁'은 '足(족)'자로서 자신이 제사지내는 신농계를 표시한 것이며, 꼬리에 매달린 '◑'자는 지금의 '呂(여)'자로 속호씨의 이름자다. '호피'의 무늬를 본뜬 글자라는 사전(동아현대한한사전)의 풀이는 그럴 듯 하지만 본래 호랑이의 모습 자체를 그려낸 글자에서 점차 다듬어지면서 지금의 '虎'자가 되었다.

| 鄉 | ① 시골 향
② 고향 향
③ 고장 향 | 마을, 곳, 장소,
성진(城鎭) 이외의
장소 |

요즈음의 전자제품을 보면 하루가 다르게 신제품이 쏟아져 나와 이전의 제품을 밀어내고 앞자리를 차지하게 된다. 동일한 현상이 문자의 세계에서도 발견된다.

본래의 문자는 보다 원시적이고 덜 세련된 모양인데 일단 이 글자가 만들어지고 나면 이에 더하여 날로 세련되고 세분화된 글자들이 그 자리를 차지하고 원래의 글자는 저만치 밀려나게 마련이다.

'鄉' 자가 그러한 경우에 속한다.

'鄉' 의 옛글자

글자의 모양에서 보면 가운데에 잘 차려진 음식을 놓고 좌우에 서로 마주보고 앉아 음식을 나누는 모습인데, '鄉' 은 원래 임금이 베푼 연회에 참가하여 음식을 먹는 모습을 형용한 글자다.

임금이 연회를 열게 되면 경향 각지의 고급관료들이 자신의 충성심을 표시하기 위하여 선물을 가지고 참가한다. 따라서 초기의 '鄉(향)' 자는 곧 '향연(饗宴)' 을 뜻하는 글자였다.

그러나 점차 잔치에 음악이 동원되고 내용이 풍부해지면서 향연을 뜻하는 '향'은 '饗'으로 대치되고 본래의 '鄕'은 '시골'을 뜻하는 글자로 자리를 바꾸게 된다.

　　'鄕'에는 원래 음식과 담화와 멀리서 참가한 사람들의 사는 곳까지를 망라하는 뜻이 담겨져 있었는데, 세분화되면서 잔치와 연회에 관한 내용은 '饗'이 맡고 원래의 '鄕'은 잔치에 참가한 사람들의 출신지를 표시하는 말이 된 것이다.

　　'鄕'의 의미를 잘 반영한 낱말로는 '고향(故鄕)'이 있다.

知	① 알(분별) 지 ② 주장할 지	깨닫다, 느끼다, 사귀다, 나타나다, 다스리다

　무언가를 깨우치거나 분별하거나 또는 파악하게 된 상황을 표현하는 글자가 '知'자다. '知'는 화살을 의미하는 '矢'와 봉읍이나 영토 또는 입을 의미하는 '口'로 구성되어 있다.

　『설문』에는 '입에서 나오는 아는 것의 빠르기가 화살과 같으므로 화살(矢)과 입(口)으로 표시하였다'고 풀이하고 있다.

(금문)　　　　(전문)

'知'의 옛글자

　그러나 '知'의 핵심은 '알'에 있다. '알'이란 말 그대로 새로운 생명을 내포하고 있는 미지의 존재다. 그 속에는 엄청난 생명의 신비가 숨겨져 있지만 겉모양만으로는 도저히 그 내면의 세계를 알 수가 없다. 따라서 화살과 같은 뾰족한 물건을 이용하여 그 핵심을 꿰뚫어 보아야만이 알의 세계를 느낄 수 있는 것이다.

　화살이 동원되는 이유를 이에서 찾을 수 있다. 화살은 정곡을 찌르는 상징적인 물건이다. 화살을 의미하는 '시(矢)'에서 '지'라는 음가를 갖게 되었다.

'알다'라는 우리말의 의미가 그러하다. 무언가 그 내면을 들여다 보아야만이 '안다'고 말 할 수 있는 것이다. 둥근 알을 깨트려(覺) 보아야만이 그 안에 놀라운 새생명의 신비가 숨겨져 있음을 알게 되는 것이다. 그리고 아는 것은 입으로 말해져야 한다. 알의 세계를 꿰뚫어 보고 그리고 말로 표현되어야 한다. 이것이 '知'의 본래의 의미이다.

'知'에서 세분화된 글자가 '智'다. 처음에는 '知'로써 아는 것에 관한 모든 것을 표현하였으나 점차 의미가 세분화되면서 '知'는 지식의 분야를, '智'는 지혜의 분야를 담당하게 되었다.

'知'에서 '曰(왈)'을 더하여 말을 통하여 전달되어야하는 의미를 추가하였다.

'슬기 지', '지혜 지'로 새기며 지혜, 슬기, 꾀, 모략의 의미를 담고 있다.

寅	① 동방 인 ② 셋째지지인 ③ 삼갈 인 ④ 공경할 인	삼가다, 크다, 동료, 동관

천간지지(天干地支)에서 '寅'은 쥐(子), 소(丑)에 이어 세 번째 동물인 호랑이를 나타내는 글자다.

'寅'의 고금문은 다음과 같다.

'寅'의 옛글자들

'寅'의 첫 번째 글자는 화살과 화살을 양쪽에서 두 손으로 감싸고 있는 모습이다.

중심이 되는 글자는 당연히 가운데 하늘을 향해 우뚝 서있는 화살(↑)이다. 화살은 신농계의 표시로 '족(鏃)'을 표시하는데 쓰였으며 '足(족)'과 그 음가가 같다.

따라서 화살을 양쪽에서 두 손으로 감싸고 있는 것으로 신농족을 보호한다는 개념을 표현하였다.

이것은 신농족의 여인들에게 장가든 황제족의 표시로 여계를 존중한다는 의미이기도 하다.

황제족의 토템이 호랑이라는 사실은 이미 잘 알려진 사실이다.

그러나 지금의 '寅'자에는 이런 역사 내용은 모두 사라지고 간지의 하나로만 쓰이고 있는 실정이다.

① 재상 재
② 주장할 재
③ 다스릴 재
④ 잡을 재

벼슬아치,
다스리다,
주관하다

'宰(재)'는 소위 '재상(宰相)'을 말하는 관청인데, 고대 조선의 고신 임금 때 고신의 이름자인 '辛(신)'자를 이용하여 임금의 보좌하는 일인 지하만인지상(一人之下萬人之上)의 지위를 표시하는 관칭(官稱)으로 사용하였다.

지금은 재상이라고 해야 쉽게 알아듣지만 문자가 만들어지던 당시에는 '재'나 '상'이나 모두 임금을 보좌하는 국무총리에 해당하는 직책이었다. 오히려 발생 순서를 고려한다면 '宰'보다는 '相'이 먼저여서 우리가 '양음(陽陰)'이라고 불러야 하지만 '음양(陰陽)'이라는 말에 익숙해져 있듯이, 또 '신귀(神鬼)'라고 불러야 하지만 '귀신(鬼神)'이라는 말에 익숙해져 있듯이, '상재(相宰)'라고 불러야 문자의 발생순서에 맞는 것이지만 '재상(宰相)이라는 말에 익숙해져 있듯이 언제나 앞의 역사는 뒤의 역사에 의해 훼손되는 법이어서 문자에도 그러한 사회상이 반영되어 있다.

'宰'의 옛글자

| 未 | ① 아닐 미
② 지지 미 | 아니다,
아직 ~하지 못하다 |

글자의 모양은 나무(木)에 한 획을 더하여 가지와 잎이 무성함을 나타냈으며 뜻하는 것은 '맛(味)'이라고 『설문(說文)』은 풀이하고 있다.

그런데 지금은 '아니다' '아직 ~하지 못하다' '아직 그러하지 못하다' 등의 부정적인 의미로 쓰이고 있다.

이런 부정적인 의미는 어디에서 온 것일까?

이 '未' 자가 보다 중요하게 쓰이기는 아마 간지(干支)에서 일 것이다. 따라서 간지에서 말하는 '未'를 검토해볼 필요가 있다.

간지에서 '未'는 6월에 해당한다. 6월이 되면 백과는 이미 맛이 들게 되면서 오행의 목(木) 기운이 노쇠하게 된다. 목 기운은 만물이 싹이 트고 자라나는 시기를 말하므로 목기운이 노쇠했다는 것은 성장의 기간이 끝나감을 의미한다. 따라서 비록 맛이 들기는 하였으나 아직 충분히 익은 것은 아니어서 결실을 하기까지는 시간이 더 필요하다.

'未' 자를 이해하는 중심 의미는 설문에서 말하는 바와 같이 '맛'이므로 맛으로 본다면, 백과가 비록 자기 맛을 가지게 되었으나 아직 충분히 익지는 않은 상태이므로 제대로 맛이 든 것은 아니다.

이런 까닭에 그 맛이 '아직 ~하지 못하다' 라는 의미를 갖게 되었다.

'未'의 옛글자

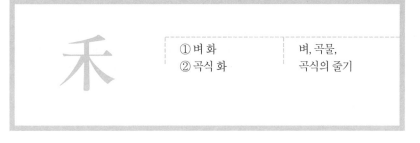

| 禾 | ① 벼 화 | 벼, 곡물, |
| | ② 곡식 화 | 곡식의 줄기 |

‘木’은 줄기, ‘⌒’은 이삭이 드리워진 모양을 본뜬 것으로 가장 좋은 곡물인 벼를 나타낸다고 설명한다.

'禾'의 옛글자

‘禾’자의 옛 모습을 살펴보면 곡식이 익어 고개를 숙이고 있는 모습을 형용한 글자다. 한줄기의 벼가 결실을 맺어 이삭의 무게를 이기지 못하고 늘어뜨리고 있는 모습으로 곡식을 나타냈다.

畢	① 마칠 필	마치다,
	② 상할 필	끝내다,
	③ 죽일 필	죄다,
	④ 평평할 필	모두, 그물

'畢'의 상형체 금문은 다음과 같다.

이 글자를 왕국유는 '새가 집 아래 있어 새그물(畢)로 잡는 것이다.'라고 풀었다. 그러나 이 풀이는 후세의 것으로 글자의 모형이 가지고 있는 원래의 뜻은 다르다.

'🐦'자는 가운데 새를 중심으로 상·하 세부분으로 나누어 볼 수 있다. 맨 위의 그물 같은 모양은 '用(쓸 용)'자 또는 '甲(첫째 천간 갑)'자를 거꾸로 뒤집은 것인데, 이것은 신농씨 계열의 여자 즉 필씨의 모계를 높이는 의미를 담고 있다.

고대에 甬(용), 庸(용), 用(용), 崇(숭), 戎(융), 融(융)자는 서로 같은 음으로 통용되는 자로써, '神農(신농)'씨를 '神戎(신융)'씨로 쓴 것과 고양씨의 아들 '祝融(축융)'의 '融'이 신농씨의 농에서 온 글자라는 것이 예증이 된다.

가운데 새는 제곡 고신씨의 자녀들이 새로써 이름을 만들었던 사례에 비추어 보면 제곡 고신씨의 자녀들 가운데 한사람 우임금의 이름자이다.

그리고 아래 부분의 '👹'는 신식 농기구로써 산(鏟, 대패 산, 자귀)이라 부른다.

鏃	① 살촉 촉(족)	살, 화살, 작은 가마솥, 날카롭다

'鏃'의 상형문은 '↑'이다. 이 '↑'를 옛날에는 '矢(화살 시)'로 풀었으나 '시'는 변음이고 본음은 '족(촉)'으로 읽어야 하며 또 변하여 '寅(인)'이 되었다는 것이 낙빈기 선생의 주장이다.

'↑'과 '○' 합해져 만들어진 '↑'은 그 구성요소를 중심으로 풀어보면, '○'은 당연히 정옥 고양씨의 표시이므로 정옥 고양씨의 자손 중의 누구인데 고양씨의 셋째아들 중여 곤의 이름자에 'ᄈ↑'가 있음을 고려하면 이 '↑'은 중여 곤의 이름자에서 기원한 것으로 볼 수 있다.

束	① 묶을 속 ② 약속할 속	잡아매다, 결박하다, 속박하다

사랑이 깊으면 상대를 속박(束縛)하게 되는데 지나친 속박은 때로 반감을 사게 되어 일을 그르치기도 한다.

'束(속)'은 이렇듯 얽어 메는 것을 말하는데 경우에 따라 다양한 소재가 동원된다.

예를 들면 땔 나무를 운반하기 위해서는 질긴 끈으로 묶어야 하고, 사랑은 말로써 묶으며 동지들끼리는 이념으로 묶기도 한다.

또 부모와 자식의 사이처럼 피와 인륜으로 묶어 사람이 억지로 뗄 수 없도록 되어 있는 것도 있다.

한자의 자원을 설해한 『설문해자』에는 '束, 縛也' 즉 '束이란 묶는 것'이라고 설명하였으며 '束縛(속박)'에 주(注)를 단 단옥재는 '束'을 '口'와 '木'이 합쳐진 글자로 보고 '口'는 '나무를 묶는 것'을 말하고 '薪(섶나무 신, 잡초, 땔나무)', '蒲(부들 포, 창포, 왕골)' '楚(모형 초, 가시나무)' 등이 '木'에 해당한다고 설명하고 있다.

이것은 어쩌면 가장 기초적인 풀이라고 할 수 있다.

문제는 '과연 나무를 묶어 무엇에 썼는가?', '왜 묶는가?' 하는 것이다.

다시 말하면 표면적으로는 나무를 묶은 것인데 묶은 이유 즉 속내는 무엇인가 하는 것이다.

'束'자가 만들어지는 모습을 보자.

초기의 '束' 자   '束' 의 옛글자   윗부분의 묶음이 '束' 자다.

'束' 자는 처음에 나무 막대기 3개를 묶은 모습이다. 그러다가 점차 안에 어떤 내용물을 넣고 위 아래의 입구를 봉한 형태로 변한다.

나무 세 개를 묶은 모습은 변하여 '束' 자도 되지만 '王' 자로도 변한다. 따라서 초기의 '束' 자는 나무 막대기 세 개를 묶어 차기 왕위를 누가 맡을 것인가를 약속하고 그 표시로 남긴 일종의 'sign'이다.

그러나 점차 사회조직이 확대되면서 임금 뿐만 아니라 제사장과 재상에 대하여서도 차기 내정자에 대한 언약의 표시로 사용하게 되었다.

이런 배경으로부터 말한다면 '束' 자의 본래의 의미는 '언약'을 말하는 것이었으며, 허신이나 단옥재가 '묶는 것' 또는 '나무'에만 집착했던 것은 '束' 자가 만들어지는 고대의 역사적인 배경을 잘 알지 못했다는 것을 말해준다.

	① 사람이름 곤	물고기 이름, 큰 물고기, 사람이름, 우의 아버지

　동양의 고대사를 논하면서 결코 빼놓을 수 없는 인물이 곤이다. 곤의 집안은 할아버지 때로부터 대대로 '수정(水正)'이란 관직을 세습하면서 치수를 담당했기 때문에 자연스럽게 '물고기'로 집안의 상징을 삼았다.

　신농씨가 양, 소호김천씨가 새, 고양씨가 양을 상징으로 했던 것처럼 고대의 부족들은 자기 집안을 상징하는 토템을 가지는 것이 보통이었다.

　'鯀(곤)'자를 '물고기이름', '큰물고기', '사람이름', '우임금의 아버지' 등으로 풀이하는 것도 물고기를 토템으로 한 곤이라는 인물의 배경을 반영한 풀이다.

　그러나 '鯀'이라고 하는 이름자로부터 다른 사실들을 추측해 볼 수도 있다.

　'鯀'이란 '魚씨가 잇는다(系)'라고 풀이할 수 있는데, 곤의 토템이 물고기라는 것과 또 양을 토템으로 하는 정옥 고양씨의 셋째 아들이라는 두 가지 사실로 미루어 곤이 정옥 고양씨 집안에 양자로 들어와 제사를 이어간 것으로 보기도 한다.

'鯀'의 옛글자

鯀(곤)은 큰물고기를 뜻하는 글자이면서 우임금의 아버지 이름자로 알려져 있다. 그러나 곤은 우임금의 장인이었다. 당시가 모계제사회였으므로 사위를 '子'로 불렀는데 이런 역사적 사실을 알 수 없었던 후세인들이 우임금의 장인인 곤을 우임금의 아버지라고 오해했던 것이다.

① 순임금 순	무궁화,
② 무궁화 순	뛰어나다

요임금과 더불어 도의정치를 실현한 인물로 순임금을 꼽는다. 그래서 '요순시대'란 역대의 제왕들이 지향하는 정치의 이상향이었다. 물론 요순은 모두 지나의 땅에서 임금에 오른 분들이다. 그럼에도 순임금에 대해서는 '동이인(東夷人)'이라는 전적의 기록을 들어 우리 한민족의 일원임을 주장하기도 한다.

순임금의 이름자인 '舜'의 상형문은 '禿'자이다. '禿'자는 '尤(머뭇거릴 유, 게으르다. 걷다)'자의 자원이고 음은 '沈(침)'인데 이 침은 '진(陳)'에서 기원한다.

'舜'의 옛글자　　　'陳'의 옛글자

'舜'자의 상형문은 '어깨 위에 발이 올라가 있는 모습'이다. 이 발은 순임금이 제사지내는 종족의 우두머리를 표시한 것으로, '발' 표시가 신농씨의 아들 희화 주씨의 이름자로 쓰인 이래 전통적으로 신농족의 표시(族標)로 사용된 점을 고려하면 순임금은 곧 신농씨의 후손이다. 순임금이 '동이인'이라는 말은 이렇게 문자학으로도 증명이 되는 것이다.

‘’의 형상은 또 ‘어깨위에 짊어진 역사의 임무가 무겁다’는 개념의 표현으로 풀이하기도 하는데, 이것은 순임금이 부계중심제도로의 사회 변혁을 꾀한 것과 같은 극히 침중한 임무를 수행한 인물임을 나타낸다.

아랫부분은 원래 인방의 표시였으나 변하여 두개의 발이 되었다. 발이 서로 등지고 있다고 해석한 것은 그럴듯하지만 진실은 아니다.

거짓은 그뿐 아니라 요임금과 순임금이 왕위를 세습(世襲)하지 않고 이상적인 인격을 갖춘 인물을 물색하여 선양(禪讓)했다는 전설이 사실처럼 전해지면서 이 시대는 이상적인 통치시대의 모범으로 전해 오는데, 그러나 이러한 사실은 유가(儒家)에서 꾸며낸 거짓이다. 전설상의 인물처럼 전해오는 요순이 사실은 역사적으로 실재한 인물들이며 요순의 인격을 가늠케하는 ‘선양’은 이들의 전유물이 아니라 당시 모계제사회에서의 자연스러운 왕위계승의 전통이었음이 드러난 것이다.

거기에다가 요임금은 매, 부엉이, 효웅으로 표현될 만큼 표독한 인물로써 왕위를 차지하기 위해 구데타를 일으켰으며, 순임금은 당시까지 계승되던 모계제의 전통을 바꿔 부계중심의 사회로 ‘유신(維新)’을 단행한 혁명적인 인물이었던 것이다.

특히 온갖 나쁜 짓을 저지르는 못된 인물로 거짓 꾸며낸 순의 동생 ‘상(象)’의 이야기도 사실은 상이 순의 동생이 아니라 모계제도하에서 순과 더불어 공동의 남편으로 짝을 이룬 사촌 형 ‘오회’다.

2500년 동안 동양사의 중심에서 뭇 선비와 학자들을 호도한 곡필의 대표적인 사례인 소위 ‘요순’에 관한 기록은 그 사실을 전하는 전적(典籍)을 비판할 문자학의 연구를 통하여 마침내 그 진실을 드러내게 된 것이다.

우리가 통상 알고 있는 이상적인 왕도정치의 상징적 표현인 '요순시대'와는 달리 순임금의 시대는 정치적인 야욕과 사회제도의 변혁을 시도한 격동의 시대였던 것이다.

『시정풍(詩鄭豊)』에 '순, 목근야(舜木槿也)', '유우씨지호야(有虞氏之號也)' 또 『사기 오제본기(史記 五帝本紀)』에 '우순자명왈중화(虞舜者名曰重華)' 등의 기록이 있어, 순임금의 이름자인 '舜'이 무궁화와 관련이 있으며 또 순임금의 다른 이름이 '중화'임을 알 수 있다.

槿	① 무궁화 근	무궁화나무,
	② 무궁화나무 근	우리나라의
		이칭(異稱)

　무궁화(無窮花)는 우리나라를 상징하는 '나라 꽃'이다. 운(運)이 변함없이 영원하기를 비는 염원이 담긴 꽃이름으로 느껴지는 무게가 예사롭지 않다.

　종종 명사들의 싯귀에서는 '근역(槿域)', '근역만리(槿域萬里)' 등이 우리나라의 별칭으로 등장하기도 한다. 무궁화가 아름답게 피는 지역이란 뜻이다.

　거기에다 신라의 화랑들이 머리에 꽂았다는 '천지화'가 무궁화의 다른 이름으로 그 역사성까지 더해지고 나면, '무궁화'야 말로 우리나라 꽃의 이미지로 손색이 없다.

　무궁화를 뜻하는 '근(槿)'은 동양 고대사의 상징적 인물인 순임금의 이름자로부터 기원한다. 이 근(槿)의 시원자는 다음과 같다.

'槿'의 옛글자

韋	① 다룸가죽 위	다름 가죽
	② 가죽 위	

'韋' 자는 글자의 모양이 가운데 땅을 사이에 두고 위와 아래에 각각 발이 서로 방향을 달리하고 있기 때문에 '상배(相背)' 즉 '서로 등지다' 라고 풀이한다.

갑골문의 글자의 모양에서 가운데 있는 네모는 사람들이 살고 있는 마을이고, 위 아래에 각각 하나씩 있는 발은 서로 반대 방향으로 걸어가고 있으므로 '위배되다' 라는 뜻을 가지고 있다고도 말한다.

그러나 이 글자는 갑골문보다도 더 이른 시기의 고금문이 밝혀지면서 갑골문에서 말하는 뜻보다도 더 근원적인 의미가 밝혀지게 되었다.

다음은 '韋' 자가 만들어지는 과정을 고금문으로부터 표시한 것이다.

'韋'의 옛글자

고금문에서 가운데 둥근 원은 경작지로서 밭(田)의 기원이 되는 글자이고, 밭의 둘레는 돌고 있는 발의 모양은 밭을 보호하려고 순수(巡狩) 즉 호위하는 모습이다.

따라서 이 고금문으로부터 점차 간략하게 생략되고 다듬어지면서 만들어지는 글자가 '호(護)' 자와 '위(衛)' 자인데 본래는 따로 존재하거나 같이 존재하거나 모두 '호위(護衛)' 한다는 개념을 가지고 있는 글자다.

 그러나 시간이 흐르다 보니 '🐚'가 간략하게 변한 본래의 '韋' 자는 '가죽'을 나타내는 엉뚱한 글자로 변질되었고, 본래의 의미인 '호위'를 의미하는 '위' 자는 '衛' 자를 새로 만들어 쓰게 되었다.

 이것은 글자가 가지고 있는 본래의 의미는 잃어버리고, 훗날 누군가가 '韋' 자의 모양에서 상하의 발이 서로 다른 방향을 향하고 있음에 착안하여 '너는 너대로 나는 나대로 서로 방향을 달리한다' 는 뜻으로 설명을 붙인 것으로 보인다.

 '韋' 자의 고금문 '🐚' 자는 순임금의 이름자이다. 가운데 세로로 다섯 개의 줄은 순임금이 고양씨의 다섯째 집안에 속해있음을 나타낸다. 순임금의 아버지는 '유호(有戶)' 씨이다.

| 薛 | ① 나라이름 설
 ② 사철 쑥 설 | 맑은 대쑥,
 향부자(香附子) |

　'설과 추석'은 한민족의 양대 명절로 손꼽힌다. '한민족의 대이동'이란 용어를 탄생시킬 만큼 한민족의 정서에 깊이 뿌리내리고 있는 '설과 추석'은 7천만 세계 한민족의 대표적인 잔칫날로써 뿌리인 조상을 기리는 것이 그 잔치의 핵심이다.

　추석은 다른 말로 '한가위'라 하여 일종의 '한민족의 추수감사제'의 성격을 갖는 기념일로 알려져 있으며 신정, 구정으로 나뉘어져 있는 '설'은 대체로 두 가지로 그 해설이 나뉘어 있다. 하나는 '설'이 이 해에서 다음해로 넘어가는 순간을 말하는 것으로 '낯설다'라는 용어에 남아 있는 그런 의미이며, 또 다른 하나는 '설'이란 '차(茶)'의 이름으로 매월 초하루에 조상을 모신 사당에 차를 올리는데서 비롯된 이름이라는 것이다.

　한민족은 매월 초하루와 보름에 조상을 모신 종묘와 사당에 차를 올리는 습속이 있었는데 이를 번잡하다하여 연중 정월 초하루와 팔월 대보름으로 줄여 간략하게 조상에게 예를 차리게 되었다.

'欂'의 옛글자

　이 정월 초하루에 중여 곤에 이어 그의 아들 설(薛)이 새로운 제관이 되어 사당에 차를 올리게 되었으므로 이 역사적인 내용을 기념하여 '설'이라 하였다는 것이다.

'설'은 중여 곤의 아들 이름자다. 아버지 곤에 이어 아들 설이 고양씨를 모신 종묘의 제사장이 되어 정월 초하룻날 사당에 차를 올리게 되었다. 그런데 이 고양씨의 종묘가 산동성 곡부에 있었으므로 곡부를 의미하는 '阜'에 새로이 제관이 되었음을 뜻하는 '辛'이 첨가되어 '辥'이 만들어 졌다. 머리의 '艸'는 후대에 덧붙여진 것이다.

우리나라의 성씨 가운데 설씨는 원효대사의 아들로써 '이두(吏讀)'를 남겨 신라 향가연구에 기여한 '설총(薛聰)'이 있다. 아들이 설씨이니 아버지 원효대사의 속성도 당연히 설씨일 것이다. 설총은 우리나라 설씨의 조상이다.

지금은 차에 대한 흔적은 사라지고 맑은 대쑥, 향부자, 주나라의 제후 등의 뜻이 남아 있다.

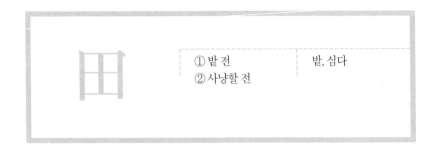

| 田 | ① 밭 전
② 사냥할 전 | 밭, 심다 |

인류가 문명을 시작할 수 있었던 배경에는 '농경'이라는 새로운 생산 방식의 출현을 빼놓을 수 없다. 먹을거리를 찾아 수 백리씩 이동해야만 했던 유목생활을 접고 한곳에 정착하여 농경을 시작함으로써 비로소 문명의 창조가 가능했던 것이다.

이 농경이 가능한 땅을 '전답(田畓)'이라고 한다. 맨 처음에는 산을 개간하여 평지로 만들고 거친 돌이나 나무뿌리를 캐내어 농작물이 방해받지 않고 잘 자랄 수 있도록 다듬었을 것이다.

이렇게 해서 다듬어진 땅을 '밭(田)'이라 하였다. 밭이란 종자를 받아서 기르는 터전이란 뜻일 것이다.

밭농사에서 한 단계 발전한 농사가 '수경(水耕)'인데 수경이 가능한 터전을 논이라 하고 밭에 물이 차있는 것으로 표시하여 '답(畓)'이라 하였다.

전답(田畓)이란 밭농사와 논농사를 함께 일컫는 말인데 그 상형체문자에 논과 밭의 특징이 그대로 드러난다.

'田'자는 다음 글자의 가운데 부분에 그 모습이 보인다.

밭을 가운데 두고 사방에 그려진 발은 밭 가운데 자라는 농작물을 보호하며
순수(巡狩)하는 모양으로 '田氏의 봉토를 호위한다'는 개념이다.

이 글자는 본음으로 '호(戶, 護, 田)'이며 변음은 '위(圍)'라 한다.

'護衛(호위)'라는 말의 개념을 나타내는 문자다.

아버지의 이름이 유호(有戶)씨이므로 '戶'를 가져다가 만든 순임금의 이름자인데, 밭을 세로로 다섯줄로 나눈 것은 순임금의 아버지가 고양씨의 다섯째 아들임을 나타낸다.

가운데 밭의 모양이 앞의 글자와 비교된다.
둥근 형태는 장방형으로 변해있고 구획의 표시가 사라졌다.

패형 전田의 시체자로 옛 음은 '호(戶)'라 부른다.
그런데 순의 이름이 '호(戶, 護)'인 관계로 田과 護, 戶는 서로 통용되었으며
또 순의 어릴 때 이름이 貝이며 봉전(封田)의 명칭이
'貝'였던 관계로 田은 또 貝와도 서로 통용되었다.
호전(護田)을 호패(護貝)라 하기도 하며 노예를 뜻하는
'하호(下戶)'를 '하전(下田)'이라 부르는 것이 증거가 된다.

숲 가운데에서 경작지를 개간하는 모습이다.
우측의 攴(칠 복)은 攵(칠 복)으로 又(손 수)와 卜(점 복)으로 되어 있어 종합해보면
숲 가운데 밭을 개간하고 손으로 씨앗을 파종하는 의미를 포함하고 있는 글자다.
田(밭 전)과 播(뿌릴 파)는 그 뿌리가 같은 글자이다.

『설문』에는 '田'의 옛 음이 '陳(진)과 같다'고 하고 또 '天', '辛'과도 같이 쓰며 '貝', '戶', '護'와도 서로 통한다고 한다.

서로 상관이 있어 보이지 않는 글자들이 서로 통용되는 것은 이 '田'자가 사람의 이름자와 관련이 있기 때문이다.

한 인물은 족칭(아버지의 씨칭)과 여러 개의 씨칭(아버지와 동일한 음가로 지어진 이름)과 이름 그리고 봉읍을 받게 되면 봉읍의 이름까지 갖게 되는데 이런 까닭에 이들 이름들은 서로 통용이 가능했던 것이다.

앞서 상형문 '🏵'에서 알 수 있듯이 '田'은 순임금의 이름자의 중앙에 등장한다. 이런 까닭에 '田'자는 순임금과 관련된 글자들과 서로 통용된다.

참고로 '田'과 관련있는 글자들을 나열해보면 다음과 같다.

天(천) : '田'과 음이 같으며 순이 제위에 올라 '천'이라 불렸다.

辛(신) : 옛 음이 '진(陳)'과 같다. 순임금 부자가 사용한 성씨다.

戶(호) : '護', '胡'와 더불어같이 쓰며 '戶'는 순의 어릴 때 이름자이다.

圍(위) : '圍'는 원래 '🏵'에서 비롯된 글자이다. '田'과 뿌리가 같다.

陳(진) : '陳'은 동방인(東方人)이라는 뜻으로 순임금의 이름자이다.

　　　　'陳'의 옛 음이 '辛'과 같으며 순의 봉읍의 이름이 '陳'이다.

吳(오) : '虞', '五'와 마찬가지로 '戶'와 같은 음이다.

　　　　(옛음으로 ㄱ, ㅇ, ㅎ은 같이 사용하였다)

'新'과 '辛'과 '申'은 음이 같으므로 같이 썼다.

| ① 성 유 | 점점, 그러하다, 대답하다 |

'兪'의 옛글자

이 모습은 '舟'과 비슷한 글자인데 좌우를 서로 바꾸었음을 알 수 있다.

'舟'은 중여 곤의 이름자로써 아버지의 이름자를 이용하여 아들의 이름을 짓는 전통을 따랐으므로 '舟'은 '舟'의 아들임을 알 수 있다.

이런 전통에는 좌우 또는 상하로 위치를 바꾸는 법과 방향을 바꾸는 법, 아버지의 표시를 가져다가 일부 추가하는 방법 등이 있다.

지금은 같은 음의 '劉(유)'씨와 구분하기 위하여 파자하여 '입월도 (入月刀)' 유씨로 부르는 '兪'는 청암 김대성님의 주장에 따르면, '集酬刂(집수도), 廟酒刂(묘주도)'로 풀어야 역사 실질 내용에 맞는다고 한다.

'점점 유', '대답할 유' 등으로 새김하나 주로 성씨의 하나로 사용된다.

오늘날 동양문화권에서 '兪'씨 성을 사용하는 사람들은 혈통까지 그러한지는 모르지만 어찌되었든 곤의 아들 유로부터 그 기원을 찾을 수 있을 것이다.

| 播 | ① 씨뿌릴 파
② 달아날 파
③ 퍼트릴 파
④ 펼 파 | 퍼트리다,
베풀다, 씨뿌리다 |

땀 흘려 개간한 농경지에는 절기를 따라 파종을 해야 많은 수확을 거둘 수가 있다.

밭에 종자를 뿌린다는 의미를 가진 한자가 '파(播)' 자다.

손을 뜻하는 '扌'와 '番(번)'이 합해진 '播' 자의 상형체 문자는 다음과 같다.

밭에 종자를 뿌리는 파의 상형체

'播'의 始體字이며 '𤽆(칠 복)' 자의 상형문으로 '우거진 숲을 헤치고 개간을 하는 모습'이다.

상형문은 '밭(田)에 씨가 뿌려진 모습'을 나타내고 있음을 한눈에 알수 있다. 그러나 이 모습만으로는 아무래도 충분치 못하다고 여겼던 모양이다. 후에 파종에 빠질 수 없는 손을 추가하여 지금의 '播(씨를 뿌릴 파)'가 되었다.

이 '播'는 순임금의 아들 이름이다. 따라서 '播'가 살았던 고을을 '鄱 (고을이름 파)'라 부른다.

'潘(성 반)'은 고문에서 '番(차례 번)'으로 썼으며 '蒲(부들 포)', '番 (차례 번)'은 음이 서로 비슷하여 옛 글자에서는 통용하였다.

盒	① 합 합	찬합

'盒'의 상형체 문자를 보면, 두개의 그릇을 서로 합해놓은 모양으로 두개의 시원자를 가지고 있는데 모양은 서로 비슷하나 몸체 부분의 세로 줄이 차이가 있다.

盖(뚜껑)　　　器(그릇)

모두 '합'이라 부르고 층층이 음식을 담는 그릇을 말한다.

특별한 설명이 필요 없을 만큼 비교적 평이한 모양이므로 이 '盒'자로부터는 글자 자체에 대한 설명보다는 명씨금문(命氏金文)을 설명하는 소재로 활용하는 것이 더 효과적이라 생각한다.

'盒'자의 두개의 상형체 문자가 나타나는 금문의 전체모습은 다음과 같다.

우선 금문에 나타난 표시들을 차례로 읽어보자.

'畐'는 소호금천씨의 표시다.

'畠'는 소호금천씨의 아들 교극의 표시다.

'畠'는 '畐'를 좌우로 뒤집을 글자로 '畐'의 아들이다.

'☷'는 제곡 고신씨의 표시다.

이렇게 위의 두 종류의 금문에는 네명의 인물이 표시되어 있다. 그런데 이들이 제사 그릇에 자신들의 표시를 하고 서명을 하였으므로 이 서명으로부터 이 네사람의 관계를 읽어 낼 수 있다.

우선 뚜껑에 있는 인물은 몸체에 새겨진 인물보다 존위(尊位)이므로 부자관계를 설정하면 뚜껑의 '☷(父辛)'은 몸체의 '☷(父辛)'의 아버지가 된다.

또 뚜껑의 '☷(祖己)'는 몸체의 '☷(祖己)'와 부자관계가 된다. 이런 관계들을 차례로 정리해보면 '☷'→'☷'→'☷'→'☷'의 관계가 드러난다.

그런데 '☷(祖己)'는 소호금천씨이며 '☷(父辛)'은 제곡 고신씨의 표시라는 것이 이미 알려져 있으므로 이들 세 사람은 중간의 '☷'이 소호금천씨의 아들 교극이 되어 조손(祖孫) 3대가 되는 것이다.

이런 관계를 확인하고 금문을 다시 보면 뚜껑의 '盒'은 교극의 이름자이며 몸체의 '盒'은 교극의 아들 제곡 고신씨의 이름자임을 확인할 수 있다.

'盒'의 상형문

찾아보기

찾아보기

ㄱ

家(가) · · · · · · · · · · · · · · · · · · 158

監(감) · · · · · · · · · · · · · · · · · · 134

姜(강) · · · · · · · · · · · · · · · · · · 150

居(거) · · · · · · · · · · · · · · · · · · 176

高(고) · · · · · · · · · · · · · · · · · · 70

丨(곤) · · · · · · · · · · · · · · · · · · 22

緄(곤) · · · · · · · · · · · · · · · · · · 310

孔(공) · · · · · · · · · · · · · · · · · · 288

咎(구) · · · · · · · · · · · · · · · · · · 115

瞿(구) · · · · · · · · · · · · · · · · · · 138

仇(구) · · · · · · · · · · · · · · · · · · 200

君(군) · · · · · · · · · · · · · · · · · · 46

群(군) · · · · · · · · · · · · · · · · · · 48

屈(굴) · · · · · · · · · · · · · · · · · · 173

槿(근) · · · · · · · · · · · · · · · · · · 315

麒(기) · · · · · · · · · · · · · · · · · · 164

ㄴ

男(남) · · · · · · · · · · · · · · · · · · 122

南(남) · · · · · · · · · · · · · · · · · · 244

魯(노) · · · · · · · · · · · · · · · · · · 225

尿(뇨) · · · · · · · · · · · · · · · · · · 179

ㄷ

檀(단) · · · · · · · · · · · · · · · · · · 192

大(대) · · · · · · · · · · · · · · · · · · 108

禱(도) · · · · · · · · · · · · · · · · · · 60

屠(도) · · · · · · · · · · · · · · · · · · 170

冬(동) · · · · · · · · · · · · · · · · · · 238

東(동) · · · · · · · · · · · · · · · · · · 240

ㄹ

려(旅) · · · · · · · · · · · · · · · · · · 76

린(吝) · · · · · · · · · · · · · · · · · · 128

ㅁ

命(명) · · · · · · · · · · · · · · · · · · 253

母(모) · · · · · · · · · · · · · · · · · · 100

旄(모) · · · · · · · · · · · · · · · · · · 270

文(문) · · · · · · · · · · · · · · · · · · 118

美(미) · · · · · · · · · · · · · · · · · · 146

尾(미) · · · · · · · · · · · · · · · · · · 172

末(미) · · · · · · · · · · · · · · · · · · 304

忞(민) · · · · · · · · · · · · · · · · · · 129

(ㅂ)

伯(백) · · · · · · · · · · · · · · · · · · 91

罰(벌) · · · · · · · · · · · · · · · · · · 260

福(복) · · · · · · · · · · · · · · · · · · 261

服(복) · · · · · · · · · · · · · · · · · · 265

父(부) · · · · · · · · · · · · · · · · · · 38

夫(부) · · · · · · · · · · · · · · · · · · 116

北(북) · · · · · · · · · · · · · · · · · · 246

(ㅅ)

思(사) · · · · · · · · · · · · · · · · · · 125

山(산) · · · · · · · · · · · · · · · · · · 88

相(상) · · · · · · · · · · · · · · · · · · 72

西(서) · · · · · · · · · · · · · · · · · · 242

書(서) · · · · · · · · · · · · · · · · · · 292

善(선) · · · · · · · · · · · · · · · · · · 144

鮮(선) · · · · · · · · · · · · · · · · · · 148

薛(설) · · · · · · · · · · · · · · · · · · 318

成(성) · · · · · · · · · · · · · · · · · · 78

盛(성) · · · · · · · · · · · · · · · · · · 80

性(성) · · · · · · · · · · · · · · · · · · 250

聖(성) · · · · · · · · · · · · · · · · · · 278

蘇(소) · · · · · · · · · · · · · · · · · · 284

束(속) · · · · · · · · · · · · · · · · · · 308

壽(수) · · · · · · · · · · · · · · · · · · 59

酬(수) · · · · · · · · · · · · · · · · · · 189

舜(순) · · · · · · · · · · · · · · · · · · 312

崇(숭) · · · · · · · · · · · · · · · · · · 90

豕(시) · · · · · · · · · · · · · · · · · · 152

示(시) · · · · · · · · · · · · · · · · · · 166

尸(시) · · · · · · · · · · · · · · · · · · 168

屍(시) · · · · · · · · · · · · · · · · · · 178

神(신) · · · · · · · · · · · · · · · · · · 40

辛(신) · · · · · · · · · · · · · · · · · · 84

囟(신) · · · · · · · · · · · · · · · · · · 121

臣(신) · · · · · · · · · · · · · · · · · · 130

心(심) · · · · · · · · · · · · · · · · · · 139

(ㅇ)

亞(아) · · · · · · · · · · · · · · · · · · 198

我(아) · · · · · · · · · · · · · · · · · · 202

惡(악) · · · · · · · · · · · · · · · · · · 199

찾아보기

余(여) · · · · · · · · · · · · · · · · · · · 75

餘(여) · · · · · · · · · · · · · · · · · · · 81

女(여) · · · · · · · · · · · · · · · · · · 102

易(역) · · · · · · · · · · · · · · · · · · 274

永(영) · · · · · · · · · · · · · · · · · · 294

禮(예) · · · · · · · · · · · · · · · · · · 282

屋(옥) · · · · · · · · · · · · · · · · · · 174

王(왕) · · · · · · · · · · · · · · · · · · 110

倭(왜) · · · · · · · · · · · · · · · · · · 222

韋(위) · · · · · · · · · · · · · · · · · · 316

幼(유) · · · · · · · · · · · · · · · · · · · 74

兪(유) · · · · · · · · · · · · · · · · · · 323

尹(윤) · · · · · · · · · · · · · · · · · · · 45

乙(을) · · · · · · · · · · · · · · · · · · · 94

義(의) · · · · · · · · · · · · · · · · · · 142

夷(이) · · · · · · · · · · · · · · · · · · 112

彝(이) · · · · · · · · · · · · · · · · · · 190

寅(인) · · · · · · · · · · · · · · · · · · 302

一(일) · · · · · · · · · · · · · · · · · · · 32

壬(임) · · · · · · · · · · · · · · · · · · · 51

ㅈ

子(자) · · · · · · · · · · · · · · · · · · · 82

者(자) · · · · · · · · · · · · · · · · · · 290

在(재) · · · · · · · · · · · · · · · · · · · 50

宰(재) · · · · · · · · · · · · · · · · · · 303

猪(저) · · · · · · · · · · · · · · · · · · 156

奠(전) · · · · · · · · · · · · · · · · · · 188

田(전) · · · · · · · · · · · · · · · · · · 320

情(정) · · · · · · · · · · · · · · · · · · 256

帝(제) · · · · · · · · · · · · · · · · · · · 87

祭(제) · · · · · · · · · · · · · · · · · · 182

祖(조) · · · · · · · · · · · · · · · · · · · 42

鳥(조) · · · · · · · · · · · · · · · · · · 160

朝(조) · · · · · · · · · · · · · · · · · · 214

罪(죄) · · · · · · · · · · · · · · · · · · 258

舟(주) · · · · · · · · · · · · · · · · · · · 54

柱(주) · · · · · · · · · · · · · · · · · · · 56

鑄(주) · · · · · · · · · · · · · · · · · · · 61

衆(중) · · · · · · · · · · · · · · · · · · 136

地(지) · · · · · · · · · · · · · · · · · · · 97

知(지) · · · · · · · · · · · · · · · · · · 300

辰(진) · · · · · · · · · · · · · · · · · · · 98

眞(진) · · · · · · · · · · · · · · · · · 248

朕(짐) · · · · · · · · · · · · · · · · · 52

△(집) · · · · · · · · · · · · · · · · · 64

ㅊ

窓(창) · · · · · · · · · · · · · · · · · 127

隻(척) · · · · · · · · · · · · · · · · 162

天(천) · · · · · · · · · · · · · · · · 106

屮(철) · · · · · · · · · · · · · · · · · 44

鏃(족) · · · · · · · · · · · · · · · · 307

醜(추) · · · · · · · · · · · · · · · · 186

秋(추) · · · · · · · · · · · · · · · · 235

祝(축) · · · · · · · · · · · · · · · · 184

春(춘) · · · · · · · · · · · · · · · · 230

取(취) · · · · · · · · · · · · · · · · · 66

ㅌ

土(토) · · · · · · · · · · · · · · · · · 96

ㅍ

播(파) · · · · · · · · · · · · · · · · 324

貝(패) · · · · · · · · · · · · · · · · 296

畢(필) · · · · · · · · · · · · · · · · 306

ㅎ

夏(하) · · · · · · · · · · · · · · · · 232

桓(한) · · · · · · · · · · · · · · · · 208

韓(한) · · · · · · · · · · · · · · · · 218

盒(합) · · · · · · · · · · · · · · · · 326

亥(해) · · · · · · · · · · · · · · · · 154

鄕(향) · · · · · · · · · · · · · · · · 298

兄(형) · · · · · · · · · · · · · · · · 204

虎(호) · · · · · · · · · · · · · · · · 297

禍(화) · · · · · · · · · · · · · · · · 264

和(화) · · · · · · · · · · · · · · · · 280

禾(화) · · · · · · · · · · · · · · · · 305

梟(효) · · · · · · · · · · · · · · · · 161

兇(흉) · · · · · · · · · · · · · · · · 126

熙(희) · · · · · · · · · · · · · · · · 132

참고도서

1.『한단고기(桓檀古記)』임승국 번역, 주해 정신세계사 刊

2.『금문신고(金文新攷)』낙빈기 저

2.『금문의 비밀(金文의 秘密)』김대성 엮음, 컬처라인 刊

3.『나를 다시하는 동양학』박현 著, 바나리 刊

4.『설문해자주(說文解字注)』許愼 撰 段玉裁 注 上海古籍出版社 刊

5.『강희자전(康熙字典)』中華書局 刊

6.『명문신옥편(明文新玉篇)』明文堂 刊

7.『말은 어떻게 태어났는가?』朴炳植 지음, 조선일보사 刊

8.『한자(漢字)는 우리가 만든 한글(韓字)이다』김용길 著

9.『이아(爾雅)』上海古籍出版社 刊

10.『산해경(山海經)』上海古籍出版社 刊

13.『만화 한단고기 1,2,3』한재규 글·그림, 북캠프 刊

14.『실증 한단고기(實證 桓檀古記)』이일봉 저, 정신세계사 刊

15.『쥐뿔이야기』반재원 著, 한배달 刊

11.『한자정해(漢字正解)』李樂毅 著 朴琪鳳 譯 비봉출판사 刊

12.『한자의 수수께끼』阿哲次 지음, 이기형 옮김

13.『한자의 고사(漢字的故事)』達世平·田松青 編著 南京大學出版社 刊

14.『동방문자의 뿌리』진태하 지음, 명문교육 간.

외 기타 자료 다수

21세기新
설문해자

1판 1쇄 인쇄 | 2015년 10월 20일
1판 1쇄 발행 | 2015년 10월 25일

지은이 | 조옥규
펴낸이 | 윤옥임
펴낸곳 | 브라운힐
서울시 마포구 신수동 219번지
대표전화 (02)713-6523, 팩스 (02)3272-9702
등록 제 10-2428호

ISBN 978-89-90324-92-4 03720

값 18,000원